Irene und Thomas Frei
Das Lebensspiel

arkana

Irene und Thomas Frei

Das Lebensspiel

Die Regeln verstehen,
anwenden – und gewinnen

arkana

Verlagsgruppe Random House FSC-DEU-0100
Das für dieses Buch verwendete FSC®-zertifizierte Papier
Munken Premium Cream liefert Arctic Paper Munkedals AB, Schweden.

2. Auflage
Originalausgabe
© 2011 Arkana, München
in der Verlagsgruppe Random House GmbH
Lektorat: Ralf Lay
Satz: EDV-Fotosatz Huber/Verlagsservice G. Pfeifer, Germering
Druck und Bindung: GGP Media GmbH, Pößneck
Printed in Germany
978-3-442-34109-2
www.arkana-verlag.de

Inhalt

8   Inhalt

Danke!

Liebe Leserin und lieber Leser, herzlichen Dank für Ihr Interesse an den hier vorgestellten Themen!

Es freut uns sehr, Ihnen diese spannenden Zusammenhänge und wichtiges Wissen weitergeben zu dürfen. Ein Wissen, das es Ihnen ermöglicht, noch **mehr Freude, Lebensqualität** und **Glück** in Ihr Leben zu ziehen. Lernen Sie, das Gefüge des Lebens besser zu verstehen, und damit, Ihre eigene Schöpferkraft zu steuern.

Es gibt einen bestimmten Grund, weshalb Sie dieses Buch gekauft oder geschenkt bekommen haben. Vielleicht sind Ihnen einige dieser Gründe bereits bekannt, doch erfahrungsgemäß werden Ihnen die meisten wahren Hintergründe erst im Verlauf der Beschäftigung mit diesem Buch bewusst werden. Auf jeden Fall ist es genau richtig, dass es den Weg zu Ihnen gefunden hat. Seien Sie froh darüber, dass Sie nun nur noch einen kleinen Schritt vom Erfolg entfernt sind. Freuen Sie sich auf eine **spannende Entdeckungsreise in Ihr Inneres.**

Danke auch den vielen Lehrern in unserem Leben. Den Menschen, die uns etwas gespiegelt haben, wodurch wir Wesentliches lernen konnten. Insbesondere auch für die unangenehmen Geschenke, die uns gemacht wurden. Gerade die schwierigsten Situationen oder Krisen waren die besten Lehrmeister. Denn vieles, was verdrängt oder verneint wurde, kam eben durch unbequeme Erfahrungen an die Oberfläche, was uns letztlich direkt **ins Glück hineinführte.** Sämtliche der hier beschriebenen Geschichten sind wirklich passiert. Um die Privatsphäre der verschiedenen Personen zu gewährleisten, haben wir in bestimmten Fällen ihre Namen geändert und ihr Umfeld etwas verändert dargestellt.

Wir wünschen Ihnen beim Lesen dieses Buches viele spannende Erkenntnisse und freuen uns, wenn auch Sie beginnen, alle Geschenke des Lebens so anzunehmen, wie sie sind, und sie gebührend schätzen zu lernen.

Herzlichst,
Irene und Thomas Frei

PS: Ein persönliches und exklusives Begrüßungsvideo zum Buch finden Sie auf der Website www.DasLebensspiel.com/willkommen. Dort finden Sie wertvolle Tipps zum Buch, und gleichzeitig können Sie uns persönlich kennen lernen. Am besten gleich jetzt das Video anschauen ...

Hallo, ich bin Trias und freue mich, dich durch das Buch begleiten zu dürfen. Meine Frau Trixi und ich zeigen dir viele Bilder, damit es noch einfacher zu verstehen ist. Viel Spaß!

Trias

Vorwort
Es begann mit einem Traum

Von Irene Frei-Stadler

Seit vielen Jahren beschäftige ich mich mit den Auswirkungen der bewussten und unbewussten Gedanken sowie dem Rätsel, wie man das Unbewusste bewusst machen könnte. Dabei kristallisierte sich ein Fokus auf die Unterscheidung zwischen dem Ego-Denken des logischen Verstands und der Intuition heraus, die auch »wahrhaftige« oder »Herzenswahrnehmung« genannt wird. Immer wieder stellte sich mir die Frage: Wie kann man die reine Intuition von Wunschdenken, Projektionen und Ängsten unterscheiden? Angetrieben von dem Wunsch, Antworten auf diese Frage zu finden, begann eine lange Reise. Sie führte schließlich in eine riesige Schatzkammer an Wissen und Erfahrungen, durch die ich so reich beschenkt wurde, dass mein Begriffsvorrat nicht ausreicht, um meiner Wertschätzung dafür gebührend Ausdruck zu verleihen.

Wahres Wissen ist selbst erfahrenes Wissen

Ein großer Teil meiner Kenntnisse wurde mir über die Jahre hinweg durch ganz unterschiedliche Lehrer, Trainer und Autoren vermittelt. In der Tat kann man sich viel Wissen übers Lesen, aber auch übers Hörensagen, in Schulen oder Seminaren aneignen. Dies ist unbedingt empfehlenswert, da es uns enorm inspiriert. Wirklich wahrhaftiges Wissen ist jedoch nur solches, das man durch eigene Erfahrung erwirbt, ein Wissen, das man selbst erspürt und durchlebt hat. Dieses Erleben gestaltet sich für jeden Menschen individuell und ist somit oft nur abstrahiert reproduzierbar. Dieses Buch ist daher vor allem auch als Inspiration gedacht, die angesprochenen Zusammenhänge im eigenen Alltag zu durchleben und die erworbenen Kenntnisse zum eigenen und zum Nutzen aller anzuwenden.

Es existieren zahlreiche Möglichkeiten, sich neues Wissen anzu-eignen. Neben den offensichtlichen Sinneswahrnehmungen Sehen, Hören, Riechen, Schmecken und Fühlen gibt es auch unterschiedliche Bewusstseinszustände, in denen uns Wissen zuteilwerden kann, wie beispielsweise die Intuition, auch »der sechste« Sinn genannt. Der Bewusstseinszustand, in dem wir uns wohl am häufigsten befinden, ist das Wachbewusste. Außerdem gibt es aber weitere Bewusst-seinszustände, die in unserer westlichen Gesellschaft immer noch verhältnismäßig selten genutzt werden. Mit einer eher unkonventio-nellen Variante, der Möglichkeit, sich im Traum Wissen anzueignen, machte ich zum Beispiel bahnbrechende Erfahrungen.

Im Traum kam die Erleuchtung

Ich träumte eines Nachts von der sogenannten Dualität des Daseins: Alles im Leben spielt sich in der Natur grundsätzlich wertfrei zwi-schen zwei gegensätzlichen Polen ab. Ich erfuhr geradezu auf plasti-sche Weise, dass der Mensch durch seine beschränkte Wahrnehmung jeweils nur oder überwiegend einen Pol des Ganzen wahrnimmt bzw. subjektiv wertet, den anderen Pol aber mehr oder weniger ausblen-det. Dies geschieht, obwohl jedem theoretisch klar sein müsste, dass eine Medaille immer zwei Seiten hat und beide das Ganze erst ermöglichen. Durch dieses mehr oder weniger unbewusste Ignorieren des in Wirklichkeit präsenten anderen Teils resultiert eine unbewusste Bewertung. Der bevorzugt wahrgenommene Pol wird automatisch mit »positiv« oder »negativ« assoziiert, ohne dabei seine Einbettung in ein übergeordnetes Ganzes gebührend zu berücksichtigen. So entsteht aus der an sich wertfreien Polarität die bewertende menschliche Dualität mit einseitiger Ausrichtung auf nur einen Teil des Ganzen.

Weiter wurde mir gezeigt, dass der Mensch gerade durch das Spannungsfeld zwischen den beiden Polen unzählige Möglichkeiten erhält, Erfahrungen zu sammeln, um sich seiner selbst bewusster zu werden. Je nachdem, wo er sich gerade auf seinem Spannungsspielfeld befindet, wird er sich gewahr, dass es noch eine andere Seite als die gerade wahrgenommene geben muss. Meist spürt er aber nur, dass irgendetwas in seinem Leben im Ungleichgewicht ist, wenn ihn irgendwie »der Schuh drückt«. Dieses Unangenehme ist dann in Wirklichkeit eine gute und notwendige, also »die Not wendende« Gelegenheit, sich seiner selbst bewusst zu werden. Durch das Erkennen des Ungleichgewichts entsteht letztlich die Möglichkeit, es mehr oder weniger selbständig auszugleichen. Wenn dann die Spannung zwischen den Polen wieder harmonisch schwingt, wird es uns möglich, beide Pole in ihrer Ganzheit und Einheit zu erfahren. Dadurch entsteht auch die Chance, sich daran zu erinnern, dass es lediglich eine Illusion des Menschen ist, von der großen Einheit, der Liebe, getrennt zu sein.

Seit diesem Traum beschäftigte ich mich mehr und mehr mit Themen dieser Art und forschte unermüdlich. Dies hatte zur Folge, dass mir noch viele weitere Träume und Eingebungen zuteilwurden. »Das Lebensspiel« ist mir während eines Jahres praktisch jede zweite oder dritte Nacht in meinen Träumen erfahrbar gemacht worden. Doch damit nicht genug: Als ich mich tagsüber für meine Arbeit an den Computer setzte, um kurze E-Mail-Anfragen der Teilnehmer an unseren Seminaren zu beantworten, kam ich während des Antwortens in einen »Flow«, und ich schrieb einfach. Quasi von allein schrieb ich und empfand mich selbst dabei bloß noch als Beobachter. Irgendetwas in mir schrieb seitenweise Sätze, die von meinem Verstand nicht ersonnen und bewusst ausformuliert worden waren.

Zu meinem Erstaunen waren es sehr wertvolle Informationen über Zusammenhänge, die sich als äußerst stimmig herausstellen sollten. Als ich das Geschriebene schließlich wiederholt durchlas, erinnerte es mich stark an die Informationen, die ich auf andere Weise während der Nacht in meinen Träumen erfahren hatte. Es gab immer mehr und mehr Notizen, und ein Papierberg an Weisheiten begann zu wachsen.

Solche »Schreibeinheiten« brachten mir immer wieder enorm viel Energie. Voller Tatendrang und regelrecht energetisiert hätte ich danach jeweils Bäume ausreißen können. Diese Schreibeinheiten erfüllten mich mit einem unglaublichen Glücksgefühl, für das ich aus tiefstem Herzen dankbar bin.

Plötzlich erinnerte ich mich an einen Traum, den ich sechs Jahre zuvor gehabt hatte. Hierin erfuhr ich, dass Wissen, welches ich selbst verfasste, irgendwie vervielfältigt und so anderen Menschen zugänglich gemacht würde. Damals hatte ich mit dieser Information noch nicht viel anfangen können. Ich verstand sie als Metapher für die Arbeit, der ich bereits nachging. Ich war nämlich damit beschäftigt, theoretisches Wissen möglichst klar verständlich in Seminaren zu vermitteln und für die Teilnehmer praktisch erfahrbar zu machen. Und das tat ich mit Leidenschaft. Was das Niederschreiben von Wissensinhalten betraf, sah ich daher keinen Handlungsbedarf und beschäftigte mich auch nicht weiter damit. Als diese Schreibeinheiten jedoch Jahre später, einfach so aus dem Nichts heraus, regelrecht »passierten«, war ich begeistert und unsicher zugleich. Diese Informationen brachten viele extrem komplexe Zusammenhänge auf einen einfachen Nenner. Weisheiten, wie ich sie in ihrer Genialität und Einfachheit zuvor noch nie erfahren oder gelesen hatte. Sie schienen uns in der Tat so genial, dass mein Mann und ich begannen, sie selbst anzuwenden und so für uns selbst erfahrbar zu machen.

Es erstaunte uns auch nicht sonderlich, dass wir durch die Umsetzung dieser Erkenntnisse große Erfolge realisierten und mehr und mehr wahre Lebensqualität erreichten. Irgendwie schienen wir zu *wissen*, dass all diese Dinge »funktionieren« würden. Und schließlich gab uns gerade die Erfahrung der eigenen Umsetzung auch den Mut, diese Erkenntnisse nach und nach in Einzelcoachings, später dann ebenso in unsere Seminare einfließen zu lassen. Die erfolgreiche und nachhaltige Umsetzung unserer Teilnehmer war und ist für uns Grund zu riesiger Freude. Also waren es letztlich auch sie, die mich – neben den neuen, immer wiederkehrenden Träumen – motivierten, das niedergeschriebene Wissen zu systematisieren und zu überarbeiten, sodass schließlich dieses Buch entstand, das Sie nun in Händen halten. So wurde mein Traum, den ich mehr als sechs Jahre zuvor geträumt hatte, in konsequenter Weise Wirklichkeit – und zwar ohne dass ich dies alles bewusst initiiert und gesteuert hätte.

Wie der Mensch funktioniert

Wenn etwas im Leben nicht mehr stimmig ist und nicht so läuft, wie wir es uns mit unserem begrenzten Verstand vorgestellt haben, dann sind wir äußerst kreativ auf der Suche nach Ursachen und beginnen, im Außen nach Antworten zu suchen. Ohne es zu merken, katapultieren die Menschen sich dadurch selbst in eine klassische Opferrolle. Aufgrund ihrer subjektiven Wahrnehmung möchten sie jedoch Herr der Lage sein und fangen an, die leidige Situation im Außen zu verändern …

Die Begrenztheit unseres Verstands ist in diesem Zusammenhang nicht als Wertung zu verstehen. Der Ausdruck »begrenzt« soll lediglich daran erinnern, dass unsere bewusste Wahrnehmung äußerst beschränkt ist. Denn der überwiegende Anteil sämtlicher Reize, die ein menschliches Gehirn aufnimmt (99 Prozent), wird unbewusst wahrgenommen. Die bewusste Wahrnehmung ist folglich kleiner als 1 Prozent. Insofern sind die Begriffe »beschränkt« und »begrenzt« hier schon eher eine quantitative Aussage, wenn wir vom Verstand sprechen.

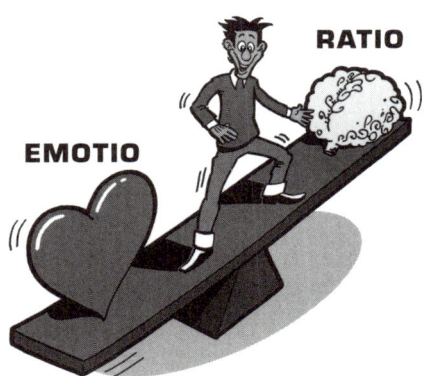

Immer mehr Menschen reflektieren über sich selbst und die Gesetze des Lebens. Wer in Wirtschaft und Privatleben mithalten will, kommt nicht mehr umhin, sich über seine Fachkompetenz hinaus mit seiner Persönlichkeit zu beschäftigen. Doch auch wenn man bereits angefangen hat, sich gelegentlich mit sich selbst auseinanderzusetzen, ist es durchaus menschlich, zeitweise in eine Art Betriebsblindheit zu fallen. Ganz besonders dann, wenn man in einer unangenehmen Situation steckt, fällt es einem nicht immer leicht, die schwierigen Ereignisse in der Partnerschaft, der wirtschaftlichen Situation, am Arbeitsplatz oder in der Gesundheit aus einer übergeordneten Perspektive zu betrachten und kausal mit sich selbst in Verbindung zu bringen.

Viele Modelle zu ganzheitlichen und realistischen Problemlösungen wurden in den letzten Jahrzehnten verbreitet. Doch nicht alle wurden optimal erfasst und umgesetzt. Gerade der Ansatz des positiven Denkens wurde von vielen Protagonisten und Anhängern missverstanden. Eine große Zahl von Menschen begannen dadurch, sich noch mehr aus der eigenen Balance zu manövrieren, auch wenn sie dies bei sich selbst meist nicht so wahrnehmen. Durch die missverstandene Information, man solle all dem, was einem Unangenehmes passiert, keine Energie schenken und sich auf etwas Positives konzentrieren, begann de facto eine regelrechte Welle von Verdrängungsstrategien. Unannehmlichkeiten, Konflikte, Auseinandersetzungen wurden einfach großzügig aus den Gedanken – bzw. dem Leben – verbannt. Die Menschen begannen vor den schwierigen Situationen in sämtlichen Lebensbereichen davonzulaufen oder mit aller Mühe und Kraft die äußeren Umstände zu verändern. Selbstverständlich sehen dies die Betroffenen nicht als eine Flucht an. Solche Umstände werden oft geschickt verkauft. Dann heißt es etwa, man sei »sein eigener Chef« oder man ließe sich von anderen nicht mehr alles gefallen.

Derartige Argumentationen begünstigen natürlich den Trend, Probleme noch eifriger beiseitezuschieben und der ganzen Situation mit immer wieder neuen positiven Gedanken und Ideen entfliehen zu wollen. Zugegeben, die Verdrängungsstrategien (Ablenkung, Zudecken, Ausblenden und so weiter) können eine Weile äußerlich ganz gut funktionieren. Sie verschaffen einem Zeit, um sich von Verletzungen, Schmerzen oder den vergangenen Strapazen zu erholen. In Anbetracht der Tatsache, dass jede Erfahrung weiterhin als Energie im persönlichen morphischen Feld eines Menschen mitschwingt – gleich, ob sie vom Bewusstsein verdrängt, verneint, ausgeblendet oder »überschrieben« worden ist –, empfiehlt es sich, die Auswirkungen dieser unbewussten Schwingungen einmal genauer unter die Lupe zu nehmen.

Denn aufgrund solcher unbewussten Resonanzen wird man früher oder später erneut Ereignisse in sein Leben ziehen, die ähnliche bis nahezu dieselben unangenehmen Gefühle auslösen. Obwohl man dachte, solche Ereignisse und Emotionen durch Verdrängung oder Unterdrückung endgültig verbannt zu haben, suchen sie einen wieder heim. Ob man will oder nicht – das Negative ist wieder da, möglicherweise in anderer Gestalt, oft aber auch mit größerer Vehemenz. Wie konsequent eine solche Wiederkehr vonstattengehen kann, ist am Beispiel von Erika sehr deutlich erkennbar.

Erikas Erfahrungen

Erika aus Luxemburg ist verheiratet und hat zwei Kinder. Doch ihre Ehe verläuft problematisch. Sie hält es nicht mehr aus und möchte diesen unangenehmen Gefühlen ein Ende bereiten. Die ständigen Streitigkeiten gehen dabei so weit, dass sie schließlich keinen anderen Ausweg mehr sieht, als eine Überdosis Schlaftabletten zu nehmen. Doch wie durch ein Wunder wird sie gefunden, und ihr Magen wird rechtzeitig ausgepumpt. Sie überlebt zwar, kann die Situation mit ihrem Mann jedoch nicht mehr länger ertragen und beschließt, die Scheidung einzureichen.

Die Ehe wird geschieden, doch Erika möchte nicht allein sein, da sie auch diesen Zustand nicht ertragen kann. Einige Wochen später lernt sie auf einem Persönlichkeitsseminar einen jungen Mann vom Bodensee kennen, und die beiden verlieben sich ineinander. Eine wunderbare »Long-Distance-Beziehung« beginnt, und alle scheinen »happy« zu sein. Doch bald genügt es Erika nicht mehr, ihre Beziehung aus der Entfernung zu leben. Sie will plötzlich eine Entscheidung von ihrem neuen Freund, und das sofort: Entweder sie ziehen zusammen, oder sie beenden das Ganze – dies waren aus Erikas Sicht die einzigen Möglichkeiten. Ihr Freund liebt sie und möchte sie nicht verlieren. Daher stimmt er einem gemeinsamen Hausstand zu.

Erika gibt ihr ganzes Hab und Gut in Luxemburg auf und zieht etwas überstürzt mit ihrer jüngeren Tochter an den Bodensee. Da ihre ältere Tochter kurz vor dem Abitur stand, musste diese beim Vater in Luxemburg bleiben.

Der junge Freund, der bisher viele Jahre überzeugter Single war, hatte nun plötzlich »zwei Frauen« in seiner Wohnung und war mit der ganzen Situation vollkommen überfordert. Denn ab sofort war er nicht mehr nur für sich allein, sondern auch für Frau und Kind verantwortlich. Von heute auf morgen veränderte sich sein Leben grundlegend. Er wurde vom freiheitsliebenden Single in die Rolle des Familienvaters katapultiert, von dem man eine verantwortungsbewusste Haltung erwartete. Er reagierte auf diese Situation, indem er sich immer mehr in sich selbst zurückzog und kaum noch mit Erika kommunizierte. Die Beziehung wurde zunehmend schwieriger, und es kam zu immer mehr unausgesprochenen Konflikten.

Schon nach wenigen Monaten war Erika wieder von der Realität eingeholt worden! Sie empfand fast die gleichen Gefühle wie seinerzeit mit ihrem Exmann. Sie erfuhr zwar nicht genau dieselben äußeren Umstände wie damals, doch die Emotionen, die inneren Reaktionen waren ähnlich. Erikas erster Ehemann war aufbrausend, unkontrolliert und beleidigend. Dies löste bei Erika das Gefühl aus, missachtet zu werden und sich wertlos zu fühlen. Ihr neuer Freund reagierte jedoch genau umgekehrt. Er war zurückgezogen, emotional kontrolliert und konnte sich einfach nicht mitteilen. Doch auch dieses Verhalten löste bei Erika wieder das Gefühl aus, missachtet zu werden und sich wertlos zu fühlen, da er schließlich nicht mit ihr sprach.

Es wurde zunehmend unerträglich für Erika, sie glaubte es nicht mehr aushalten zu können, missachtet zu werden, und eines Tages beendete sie die Beziehung, packte wieder die Koffer und zog mit der Tochter zurück nach Luxemburg. Nach nicht einmal einem Jahr war die zweite Beziehung also ebenfalls gescheitert.

Sich selbst erkennen

Dreimal waren für Erika die Gegebenheiten so unerträglich, dass sie glaubte, ihr Dasein durch neue »äußere Umstände« verändern zu müssen. Zuerst wollte sie sich das Leben nehmen, dann ließ sie sich scheiden, und schließlich trennte sie sich auch vom nächsten Mann.

Sie gab immer dem Außen die Schuld und sah sich in der Opferrolle. Immer dann, wenn es nicht mehr weiterzugehen schien, wollte sie den Konflikten ein Ende setzen, statt sich mit ihnen zu beschäftigen und nach einem sinnvollen Umgang mit ihnen zu suchen.

Obschon sie sich bereits intensiv mit sich selbst und ihren Lebensumständen auseinandergesetzt hatte, war es ihr nicht möglich, die Überschneidungen der drei unterschiedlichen Situationen zu finden. Bei allen drei Ereignissen empfand sie dieselben Gefühle, und doch reichten diese Kongruenzen nicht aus, dass sie sie mit sich selbst in Verbindung brachte. Sie erkannte nicht, dass sie etwas in ihrem Inneren hätte ändern sollen und dass all jene Situationen ihr signalisieren wollten, dass eine mentale Kursänderung sinnvoll wäre.

Energetisch und auch direkt physisch gesehen liegt jedem Problem und jeder Situation, die nicht als befriedigend bewertet werden kann, ein Ungleichgewicht innerhalb des eigenen Systems zugrunde. Unter einem System verstehen wir ein feinenergetisches Feld, das jeder Mensch in seinem Inneren und in seiner näheren Umgebung hat. Einfacher und konkret ausgedrückt: Wenn wir von einem Schicksalsschlag heimgesucht werden (sei es im Beruf, in der Partnerschaft, auf den Gebieten Gesundheit oder Finanzen, bei Konflikten oder anderen Herausforderungen, aber auch im »ganz normalen« Alltag), dann ist dies immer ein Zeichen dafür, dass irgendetwas innerhalb des eigenen Systems nicht mehr im Gleichgewicht ist. Und es gilt, etwas zu ändern, damit sich die kontraproduktiven Muster nicht ständig wiederholen.

Erika beleuchtete immer nur eine Seite der Medaille und merkte nicht, wie sie dabei lediglich den einen Pol wahrnahm und diesen bewertete. In einer solchen Situation fällt es uns nicht leicht zu glauben, dass alles, was da passiert, eine direkte Spiegelung dessen ist, was unbewusst in uns abläuft, statt dass das Schicksal uns so übel mitspielt. In der Theorie ist es relativ einfach, sich vorzustellen, dass bei solchen Schicksalsschlägen etwas in unserem System aus der Balance geraten ist. Wenn man jedoch selbst in ein solches Ereignis involviert ist, hat man nicht unbedingt die nötige Distanz und den Überblick, um die Situation richtig einzuschätzen.

Das Gleichgewichtsprinzip zeigt auf, dass bei solchen Erlebnissen irgendein Bereich (meist ein unbewusster) bei den beteiligten Personen einseitig gelebt wird. Dies führt zu einer Disharmonie. Da das natürliche Gleichgewicht aber keine Disbalancen duldet, versucht es automatisch, die natürliche Balance wiederherzustellen. Genau wie Ebbe und Flut, Anziehungs- und Fliehkraft immer in einem ausgewogenen Verhältnis zueinander stehen, versucht die Natur, auch das menschliche Gleichgewicht stets auszutarieren. Doch viel zu selten erkennt der Mensch diese Hilfestellungen der Natur, die sich nach außen oft als unangenehme Schicksalsschläge zeigen. Die meisten sträuben sich sogar gegen solche vermeintlichen Einbrüche. Die Betroffenen suchen wie Erika nach Ursachen und Gründen in der Außenwelt und versuchen, die äußeren Umstände zu ändern, ohne über die eigene Innenwelt nachzudenken.

Doch auch dieses Verhalten ist weder gut noch schlecht; es ist einfach nur »menschlich«. Es gehört zur Palette unserer Lebensbewältigungsmechanismen dazu, und gerade über derart »suboptimale« Erfahrungen haben wir auch immer noch die Chance, zu lernen und uns allmählich unseres Selbst bewusster zu werden.

Alles, was in unserem Leben passiert, hat mit unseren bewussten oder unbewussten Gedanken und Überzeugungen zu tun. Ganz nach dem Prinzip von Ursache und Wirkung. Somit ist der Verursacher jeglicher Situation der »leidtragende« Mensch selbst. Doch der beschränkte Verstand, das Ego, rebelliert bei dieser Vorstellung und verneint eine solche Aussage insbesondere dann, wenn sie einen selbst betrifft und schmerzt: »Da kann ich doch nichts dafür ...« oder »Das hat mit mir direkt überhaupt nichts zu tun ...« – solche Aussagen sind wie gesagt »menschlich« und spiegeln einmal mehr die »begrenzte« Sichtweise unserer Spezies wider.

Genauso begrenzt ist das menschliche Erkennen der Zusammenhänge von Schicksalsschlägen und Zufällen. Doch sobald man die Prinzipien der Natur kennt, öffnen sich neue Wege, um unser Bewusstsein auszudehnen. Es fällt einem nun leichter, die Zusammenhänge nicht nur im Außen, sondern auch in Verbindung mit dem eigenen Inneren zu verstehen und sie so intern zu verändern.

Wer das schafft, den erwartet eine Belohnung: Wem es gelingt, die verschiedenen Lebensbereiche und Verhaltensweisen aus dem Inneren heraus in Balance zu bringen, der wird letztlich mehr Lebensqualität, Glück, Erfolg und innere Freude erfahren. Die Schwingung der Liebe, die in der Situation allgegenwärtig ist, wird so bewusst spürbar.

Die Naturprinzipien des Lebens

Auf eines sollten Sie sich vorab einstellen: Nach der Lektüre dieses Buches wird Ihr Weltbild womöglich ins Wanken geraten sein. Denn wer die Lebensprinzipien einmal erkannt und verstanden hat, wird sie nicht mehr leugnen können. Doch um die übergeordneten Zusammenhänge des Lebens zu verstehen, ist es wichtig, dass man zunächst die seit Jahrtausenden bekannten energetischen Naturprinzipien kennt. Dies könnte beim einen oder anderen bedeuten, dass er aufgefordert ist, sich für neues Wissen zu öffnen.

Neues zu erfahren bedeutet, offen zu sein und auch Altes loszulassen. Auf jeden Fall entsteht dadurch Veränderung und Bewegung. Die Herausforderung beim Lernen von Neuem ist, dass man aus seiner Komfortzone heraustritt oder zumindest die herkömmliche Bewertung anhand überkommener Sichtweisen aufgibt.

Durch eine möglichst wertfreie offene Haltung, ähnlich, wie uns dies Alice im Wunderland vormacht, ist es viel leichter, neues Wissen zu gewinnen. Eine solche offene und nichtwertende Einstellung ist in der Tat für viele eine Herausforderung. Das Schlimmste, was einem beim Lernen von Neuem passieren könnte, ist nämlich zu erkennen, dass die bisherigen Sichtweisen anders waren als diejenige, zu der man gerade aufgrund besserer Einsicht gelangt. Man wird praktisch gezwungen, sein gewohntes Denken und seinen Glauben kritisch zu reflektieren.

Die sieben »Spielregeln«

Im Lebensspiel gilt es, vor allem sieben Spielregeln oder Urprinzipien zu beachten:

1. das Prinzip von Ursache und Wirkung,
2. das Prinzip der Resonanz (»Anziehung und Abstoßung«),
3. das Prinzip der Polarität und des Schattens,
4. das Prinzip des Gleichgewichts,
5. das Prinzip der Spiegelung (»Wie im Innen, so im Außen«),
6. das Prinzip des Rhythmus und
7. das allem zugrunde liegende Prinzip der Einheit (»energetische Verbundenheit«), der Liebe.

Diese sieben Prinzipien begegnen uns bei der Lektüre dieses Buches immer wieder. Die Grenzen zwischen ihnen verlaufen fließend, und sie sind alle miteinander verbunden. Deswegen werden sie im Folgenden nicht lehrbuchmäßig systematisch nach Kategorien geordnet, sondern gehen ineinander über und sind jeweils Teil des anderen. Alle sieben Prinzipien treten an verschiedenen Stellen wiederholt auf, um sie aus jeweils neuen Perspektiven erneut zu betrachten.

Eine neue Betrachtung wird automatisch mit den Attributen »richtig« oder »falsch« versehen. Und hier liegt ein weiterer Stolperstein. Durch das automatische Bewerten könnte es passieren, dass man seine bisherigen Sichtweisen als »falsch« einordnet oder beim Neuen plötzlich unsicher wird. Dies löst bekanntlich ein unangenehmes Gefühl aus. Denn die meisten Menschen geben nur ungern zu, dass sie in der Vergangenheit etwas falsch gedacht oder gemacht haben. Doch mit der Bewertung wird den – alten wie neuen – Denkmustern, Sichtweisen oder Weltanschauungen Unrecht getan. Sie sind weder richtig noch falsch. Sie *sind* einfach. Sie sind unter verschiedenen Perspektiven unterschiedlich zutreffend oder relevant, doch ganz sicher nicht ausschließlich schwarz oder weiß zu kategorisieren.

Was ist Wahrheit?

Auch wenn die Wissenschaft ihre gesicherten Erkenntnisse jeweils als allgemeingültig und richtig postuliert, behalten diese Nachweise immer nur so lange ihre Gültigkeit, bis etwas Neues, anderes bewiesen wird. Im Grunde genommen gibt es keine richtige oder falsche Wahrheit, denn die Wahrheit ist immer auch an den Entwicklungsstand desjenigen gekoppelt, der nach der Wahrheit sucht. Daher muss die Wissenschaft immer wieder ihre Wahrheiten und Weltbilder revidieren. Ein achtzigjähriger Mensch im Mittelalter hatte ein ganz anderes Weltbild als ein Achtzigjähriger im 21. Jahrhundert. Genauso haben wir heute mit Sicherheit ein anderes Weltbild als die Menschen, die in hundert Jahren leben werden. Jede Wahrheit wächst automatisch mit der Entwicklung und dem Bewusstsein eines Menschen und einer Gesellschaft. Nehmen wir beispielsweise den technischen Fortschritt: Denken Sie nur daran, was jemand vor fünfzig Jahren über PCs, Smartphones, Social Networks und so weiter gedacht hätte und wie er das heute sieht. Etwas Vergleichbares würden wir wohl in weiteren fünfzig Jahren beobachten können. Ähnlich verhält es sich auch mit dem Bewusstsein und den Erkenntnissen des Menschen. Daher ist die Wahrheit also nie endgültig, sondern gleichzeitig mit der individuellen Persönlichkeits- und Bewusstseinsbildung wie auch mit der gesellschaftlichen Entwicklung erweiterbar. Diese Betrachtungsweise schließt aber nicht aus, dass ein solch hoher Bewusstseinsstand auch schon vor Tausenden von Jahren erreicht werden konnte.

Die Wahrheit ist immer an den Entwicklungsstand desjenigen
gekoppelt, der nach der Wahrheit sucht.

Irene Frei-Stadler

Die Theorien in diesem Buch sind Hypothesen, zu denen wir auf der
Basis eigener Erfahrungen gefunden haben. Obwohl sie geprüft und
mehrfach in der Praxis erprobt wurden, bleiben sie letzten Endes eben
hypothetisch. Die Zusammenhänge sind teilweise auch wissenschaftlich untermauert. Die wirkliche Evidenz erschließt sich jedoch erst
durch die eigene Praxis und Erfahrung. Daher laden wir Sie ein, offen
zu sein, Neues zu erfahren, um anschließend das Erfahrene kritisch zu
hinterfragen. Damit öffnet sich Ihnen bereits eine erste Trainingseinheit, um Ihre eigene Balance zwischen Zweifel und Vertrauen zu finden.

Alles, womit wir uns bewusst oder eben auch unbewusst beschäftigen, ziehen wir automatisch an. Wer Zweifel sucht, wird Zweifel
bestätigt erhalten. Wer nach der Wahrheit sucht, wird seine Wahrheit
finden.

Der Unterschied zwischen Gesetz und Prinzip

Die Begriffe »Prinzip« und »Gesetz« werden im allgemeinen Sprachgebrauch oft miteinander verwechselt oder gleichgesetzt: Häufig wird die
Bezeichnung »Gesetz« dort benutzt, wo »Prinzip« unseres Erachtens
viel passender wäre – oder umgekehrt. Zum Beispiel sprechen viele
von den »Gesetzmäßigkeiten des Lebens«, obschon sie damit die
»Prinzipien des Lebens« meinen. Ohne eine wissenschaftliche Abhand-
lung über beide Definitionen versuchen zu wollen, möchten wir zum
Verständnis kurz erläutern, weshalb wir den Begriff »Prinzip« dem
Begriff »Gesetzmäßigkeit« hier vorziehen.

Der Ausdruck »Gesetz« im herkömmlichen Sinne wird vor allem im Rechtswesen verwendet. Gesetze werden von Menschen aufgestellt und können auch von ihnen abgeschafft oder ignoriert werden. Wo kein Kläger, da kein Richter. Ein Nichtbeachten eines Gesetzes hat im juristischen Sinne lediglich dann eine Konsequenz, wenn die Einhaltung von einem Kläger gefordert wird. Zudem gelten viele Gesetze nicht für alle Menschen im gleichen Maße. Wenn ein Krankenwagenfahrer oder ein Polizist im Notfall über Rot oder zu schnell fährt, droht ihnen keine Buße, da hier eine gesetzliche Ausnahmeregelung greift.

Im Unterschied zu Gesetzen gibt es bei Prinzipien keine Ausnahmen. Sie haben unantastbare Gültigkeit, auch wenn man sich nicht daran hält oder nicht daran glaubt. Prinzipien können zwar immer wieder ergänzt und erweitert, jedoch niemals widerlegt oder abgeschafft werden. In der Praxis wird immer dann von einem Prinzip gesprochen, wenn man hinter einem bestimmten Effekt einen übergeordneten Plan vermutet. Ein Prinzip basiert oft auf Beobachtungen von natürlichen und physikalischen Zusammenhängen. Diese spielen stets eine dem menschlichen Gesetz übergeordnete Rolle. Daher haben wir uns in diesem Buch auch bewusst auf die Zusammenhänge der Naturprinzipien fokussiert, die seit Menschengedenken bestehen. Die Naturprinzipien sind für jeden Menschen gleich – egal, welchen Bildungsstand man hat, ob man daran glaubt oder nicht oder aus welchem sozialen Gefüge man stammt.

Auch bei den Begriffen »Unter-«, »Überbewusstsein« und »Unbewusstes« herrscht vielfach Verwirrung. Oft wird das Wort »Unterbewusstsein« dort eingesetzt, wo im Grunde das Unbewusste gemeint ist. Das Unterbewusstsein sehen wir jedoch lediglich als einen Teil des Unbewussten. Wenn man so will, umfasst das **Unbewusste** nämlich Unter- und Überbewusstsein. Spricht man vom Unterbewusstsein, dann wäre das die dunkle, chaotische Seite des Unbewussten. Das

Überbewusstsein meint das Lichtvolle-Göttliche, das unser menschliches Verstehen unendlich weit übersteigt. Da »Unter-« und »Überbewusstsein« aus diesem Blickwinkel betrachtet eher polarisierende Ausdrücke sind, sprechen wir bewusst vom »Unbewussten«, da dieses wertfrei alles impliziert, was nicht dem Bereich des »Bewussten« zuzuordnen ist.

Die Macht unserer Gedanken

Gedanken sind nicht direkt sinnlich wahrnehmbar wie Schallwellen oder sichtbare Objekte, dadurch werden sie meist unterschätzt und viel zu wenig beachtet. Feinstofflich gesehen sind Gedanken eine besondere Form von Energie. Es sind Energieschwingungen, die als Informationsträger dienen. Aus der Physik kennt man den Energieerhaltungssatz, der besagt, dass Energie nicht verlorengeht, sondern lediglich transformierbar ist. Auf unsere Gedanken übertragen bedeutet dies, dass keiner unserer Gedanken oder Erfahrungen physikalisch ausgelöscht werden kann. Weshalb ist dies so wichtig zu wissen? Das heißt, unsere Gedanken schwingen und bewegen sich und wirken sich immer auf etwas aus. All dies geschieht, obwohl wir es mit dem bloßen Auge oder mit einem anderen Sinnesorgan nicht wahrnehmen können. Dennoch wäre es naiv zu glauben, dass Gedanken frei seien und keinerlei Auswirkungen auf uns selbst oder unsere Umwelt hätten.

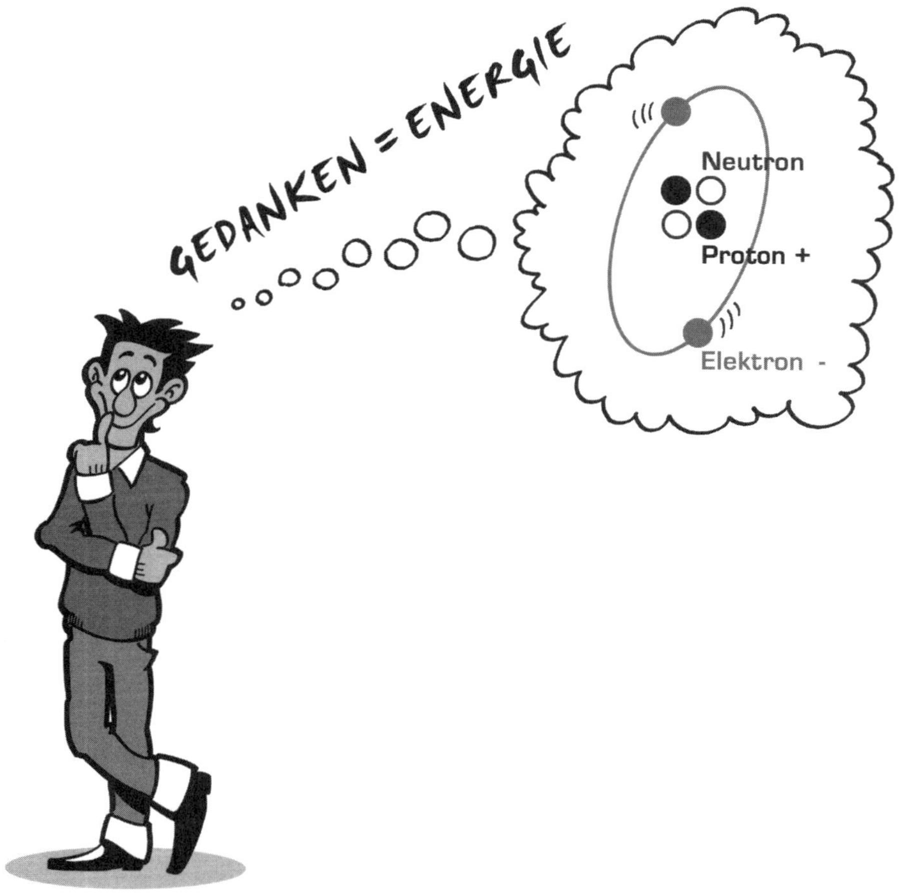
GEDANKEN = ENERGIE
Neutron
Proton +
Elektron -

Wie stark Gedanken Materie oder andere Lebewesen beeinflussen können, haben bereits in den achtziger Jahren Peter Tompkins und Christopher Bird aufgezeigt. Durch ihre Experimente und Forschungen konnten sie beweisen, dass Pflanzen die Gedanken und Absichten eines Menschen aufnehmen und darauf reagieren.

Bei ihrem Experiment wurde eine Pflanze an ein Messgerät angeschlossen. Kurz darauf gingen verschiedene Probanden nacheinander in den Raum, in dem sich die Pflanze befand. Das Ziel war es herauszufinden, ob die Pflanze auf die Personen und ihre unterschiedlichen gedanklichen Absichten reagieren würde. Jede dieser Personen hatte gegenüber der Pflanze eine andere Absicht. Erstaunlicherweise haben die Messungen beim Probanden, der der Pflanze ein Blatt abzuschneiden vorhatte, massiv ausgeschlagen. Die unterschiedlichen Absichten der Versuchspersonen wurden also von der Pflanze aufgenommen und spiegelten sich in den subtilen Messungen wider. Es schien, als könnte die Pflanze die Gedanken und Absichten bereits im Voraus erkennen.

Ein weiterer sehr interessanter Versuch gelang dem Japaner Masaru Emoto. Er hat Wasser gleichen Ursprungs in kleine Behältnisse abgefüllt und diese mit verschiedenen Programmierungen versehen, indem er sie mit Etiketten versah, auf denen unterschiedliche Wörter standen. Anschließend legte er die kleinen Abfüllungen in den Tiefkühler. Nach bereits zwei Stunden holte er die Proben wieder heraus, um das darin gefrorene Wasser unter dem Mikroskop zu untersuchen. Erstaunlich war, dass die durch das Einfrieren entstandenen kristallinen Formen des Wassers je nach Programmierung unter dem Mikroskop extrem unterschiedliche Bilder ergaben. Bei einer positiven Programmierung wie zum Beispiel beim Wort »Liebe« war ein harmonischer Eiskristall entstanden, bei einer negativen Programmierung wie dem Wort »Teufel« ein eher dissonantes Bild, bei dem kaum mehr »schöne« Eiskristalle zu erkennen waren.

Auch die Erfahrungen aus unseren Kinderseminaren bestätigen obige Untersuchungen. Unsere jungen sieben- bis zwölfjährigen Forscher testeten die Auswirkungen ihrer Gedanken gleich selbst aus. Ähnlich wie Emoto besprachen und programmierten sie Blumentöpfe mit Sonnenblumenkernen und frischgekochten Reis. Sie bekamen zwei gleiche Blumentöpfe und zwei gleiche Reisschalen. Sie durften selbst auswählen, welchem sie ihre positiven und förderlichen Gedanken schenkten und welchem sie ihre negativen, nicht so schönen Gedanken und Programmierungen gaben. Damit sie die beiden Töpfchen auseinanderhalten konnten, wurden diese unterschiedlich bemalt und gekennzeichnet. Das eine mit hellen, freudigen Farben und mit lachenden Sonnen sowie Herzchen. Das andere mit dunklen düsteren Farben sowie trüben Symbolen. Jeden Tag nahmen sie zwei Programmierungen auf die jeweiligen Töpfe und Schalen vor.

Beim Reis konnte man bereits nach wenigen Tagen drastische Unterschiede feststellen. Der wohlwollend behütete Reis war selbst nach fünf Tagen noch frisch und wohlriechend. Der gleiche Reis, der mit düsteren, abträglichen Gedanken bedacht wurde, begann bereits nach kurzer Zeit unangenehm zu riechen. Bei den keimenden Sonnenblumenkernen brauchte das Experiment etwas länger. Die gleichen Keime, beide gleich oft gegossen, entwickelten sich komplett unterschiedlich. Die liebevoll behandelten Pflanzen wuchsen um ein Vielfaches stärker, schneller und waren viel stabiler als die negativ programmierten Sonnenblumensamen, welche zum Teil nicht einmal richtig zu keimen begonnen hatten.

Professor John Hasted vom Birkbeck College in London hat unzählige Experimente durchgeführt, bei denen Metallgegenstände durch bloße Gedankenübertragung verbogen wurden. Der französische Metallbieger Jean-Paul Girard hat unter Aufsicht von Dr. Crussard und Dr. Bouvaist Metallstäbe verbogen, die man zuvor in Glasröhren versiegelt hatte. Durch eine Reihe von wissenschaftlichen Experimenten wurde bewiesen, dass man mit Hilfe der Vorstellungskraft Materie beeinflussen kann.

Dabei ist jedoch ganz wichtig zu beachten, dass das Gehirn nicht unterscheiden kann, ob diese Gedanken nun bewusst oder unbewusst, bloß mental gedacht oder real erlebt wurden. Untersuchungen ergaben, dass unser Körper automatisch auf mentale Übungen, aber auch auf sämtliche Vorstellungen und Programme reagiert, welche unbewusst abgespeichert sind.

Bereits bei pränatalen Untersuchungen hat man festgestellt, dass der Körper der schwangeren Frau nicht unterscheiden kann, ob sie sich einen Horrorfilm nur anschaut oder selbst real an einer Horrorszene teilnimmt und diese erlebt. Jagt ein Horrorfilm der Mutter eine Gänsehaut über die Glieder, laufen automatisch hormonelle Reaktionen ab. Dies auch dann, wenn der Verstand ganz genau weiß, dass es sich »eigentlich« nur um einen Film und nicht um die Realität handelt. Das ungeborene Kind allerdings erlebt den Schrecken, ohne zu wissen, dass alles gar nicht so schlimm ist und sich das Szenario nur im Fernseher oder auf der Leinwand abspielt.

> Gedanken sind eine hochorganisierte Form von Energie und damit auch von Schwingungen, die übertragen werden.

Sowohl bei Tieren als auch beim Menschen konnte immer wieder wissenschaftlich bestätigt werden, dass Gedanken eine besondere Form von Energie sind. Eine feinstoffliche Energieform, die auf Materie übertragen wird und wirkt. Bezeichnenderweise geht das Wort »Energie« auf das Griechische zurück und bedeutet »wirkende Kraft«. Die Physik definiert Energie als die Fähigkeit, Arbeit zu verrichten, und die Quantenphysik lehrt uns, dass *alles* Energie ist und schwingt.

Ab einer gewissen Gedankendichte wird die gedankliche Energie
zu fester Materie. Die Gedanken eines jeden Menschen, egal ob
bewusst oder unbewusst, wirken sich also signifikant auf Materie aus.
Dank den Untersuchungen von Emoto haben wir festgestellt, dass
insbesondere Wasser ein ganz besonders guter Empfänger und Träger
von Informationen (Gedanken und Programmierungen) ist. Vor diesem Hintergrund sollte man sich immer wieder bewusst machen,
dass unser Körper zu 70 bis 80 Prozent aus Flüssigkeit besteht und
damit ein empfindlicher Transponder sowohl für positive als auch
für negative Informationen ist. Stellen wir uns doch einmal vor, was
wir tagtäglich über uns, unsere Mitmenschen sowie über das Leben
denken ... Was für ein Schwingungsbild bewirken wohl diese Mittei-
lungen in der Körperflüssigkeit unserer Zellen? Dabei ist es ganz
wichtig, nicht zu vergessen, dass unser Körper gegenüber unseren
Gedanken ja den nächsten Resonanzkörper darstellt. Selbst das, was
man über andere denkt, erfährt der eigene Körper als Erster. Wenn
man beispielsweise beim Autofahren über denjenigen schimpft, der
einem gerade den Weg abschneidet, dann wirken diese Botschaften in
erster Linie auf den eigenen Körper, obwohl er eigentlich gar nicht
der Adressat war.

> Ein Genie hat das gleiche »Rohmaterial« wie Sie – seine
> Gedanken!

Daher empfiehlt es sich, regelmäßig eine Art »Gedankenhygiene« zu
betreiben. Dies bedeutet nichts anderes, als dass man sich immer wieder bewusst wird, welche inneren Dialoge und Bilder man gerade
ablaufen lässt und wie sich dies auf die eigenen Äußerungen auswirkt. Die bewusste Frage, ob das, was man gerade denkt, das ist, was
man in seiner äußeren, physischen Realität auch tatsächlich realisiert
sehen möchte, kann dabei ein Ansatz sein. Alles, was man denkt oder

spricht, ist eine Form von Energie und wird eine wie auch immer geartete Wirkung haben. Und je öfter und intensiver man etwas tut, desto stärker wird ebenjene Wirkung sein.

Ursache und Wirkung

Das Prinzip von Ursache und Wirkung wird oft zitiert und gerade im Mentaltraining sehr erfolgreich eingesetzt – mit der Macht der Gedanken und unserer Vorstellungskraft. Bereits Isaac Newton hatte dieses Prinzip als »Gesetz« definiert. Es handelt sich dabei um das Newton'sche »Gesetz« von Aktion und Reaktion: Wenn eine Kraft (Aktion oder Ursache) auftritt, muss immer auch eine Gegenkraft (Reaktion oder Wirkung) mit derselben Intensität auftreten *(actio = reactio)*. Zum besseren Verständnis kann man sich dazu eine Person vorstellen, die sich gegen eine Wand stemmt. Gleichzeitig wirkt die Wand mit derselben Kraft zurück.

Sämtliche Gedanken, Wünsche und Programme sind eine Form feinstofflicher Energie, die in das morphische Feld übertragen wird. Dieses gestalterzeugende Feld, auf das wir später noch zu sprechen kommen, nimmt alles wertfrei auf, egal, ob förderlich oder kontraproduktiv. Es ist ein reines Speicherfeld, das keinen der Gedanken auf Richtigkeit, Wertigkeit oder moralisch-ethischen Gehalt überprüft. Je nach Intensität jener bewussten oder unbewussten Programme werden diese Gedanken dann real. Salopp ausgedrückt ist es dem morphischen Feld völlig egal, welche Gedanken gesendet werden. Es überprüft ihren Inhalt nicht, es ist nur »Auftragsempfänger« und führt diese »Anordnungen« aus!

Nach dem Prinzip von Ursache und Wirkung lassen sich Ziele also relativ einfach programmieren. Es funktioniert stets nach dem schlichten Prinzip »Wie innen, so außen«. Vorstellungskraft schafft

Wirklichkeit! Diese Zusammenhänge waren bereits den alten Griechen bekannt. Insbesondere seit das klassische Mentaltraining in den unterschiedlichsten Disziplinen wie Raumfahrt, Sport, Wirtschaft usw. eingesetzt wird, erfahren auch wir Heutigen dazu jeden Tag entsprechende Beispiele. Aus dem Mentaltraining weiß man, dass sich Dinge, die man sich mental vorstellt, in der physischen Realität manifestieren können. Je nachdem, wie viel Energie, Intensität und Absicht man in die Vorstellung hineinlegt.

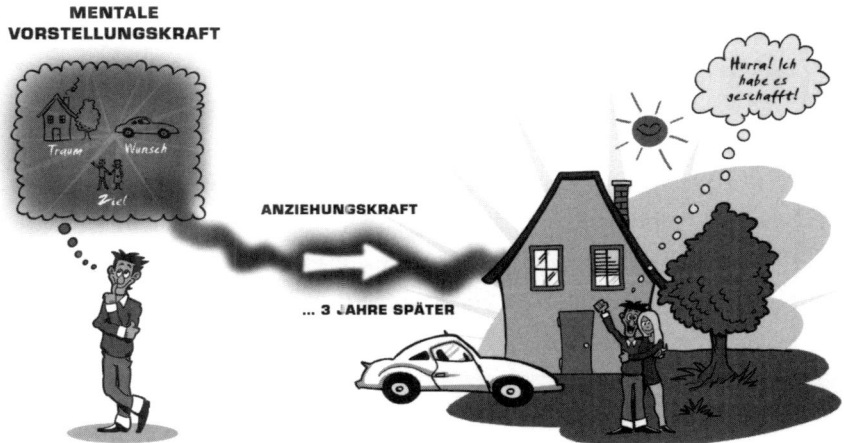

Die moderne Erfolgsliteratur zeigt zwischenzeitlich in vielfacher Auflage, wie es funktionieren kann: Man stellt sich das gewünschte Ziel vor und visualisiert es. Dabei ist entscheidend, dass bei der Vorstellung wirklich alle Gefühle einbezogen werden.

Viele machen dabei den Fehler, dass sie sich vorstellen, wie es wäre, wenn sie das Ziel erreicht haben. Das Fatale hierbei ist jedoch, dass man auf diese Weise die gesamte Gedankenenergie von sich weg, in die Zukunft sendet. Besser wäre es, sämtliche Gedanken im Hier und Jetzt zu bündeln. Auf diese Weise erreicht man eine viel höhere

Gedankendichte und damit mehr Wirkung. Es ist daher ausschlaggebend, dass man während der Zielvorstellung so tut, als hätte man das
Gewünschte bereits erreicht. Man holt gewissermaßen die Zukunfts-
vision in die Gegenwart und fühlt, wie es ist, das Gewünschte bereits
erreicht zu haben. Wenn alles »richtig« gemacht wird, dann entsteht
während einer solchen Programmierung automatisch eine tiefe,
berührende Dankbarkeit und Wertschätzung.

Durch die Intensität dieser Gefühle, insbesondere auch durch die
Wertschätzung, wird im morphischen Feld eine starke energetische
Bündelung erzeugt. Diese Dichte der Informationen ist entscheidend
für das Erreichen von Zielen. Um jene Konsistenz zu erreichen, gibt
es zwei Möglichkeiten:

1. Wie bereits erwähnt wurde, entsteht eine hohe Dichte durch eine
   starke emotionale Intensität der Visualisierung. Das bedeutet, dass
   man intensive Gefühle mit dem Gewünschten verbindet.
2. Andererseits kann diese Dichte auch durch zahlreiche Wiederholungen der Wunschvorstellung entstehen, indem man immer wieder über einen längeren Zeitraum an etwas denkt oder sich dasselbe vorsagt.

Doch Vorsicht: Viele sind sich nicht bewusst, dass diese wiederholen-
den Programmierungen auch funktionieren, falls man sich immer
wieder mit etwas Negativem oder Unerwünschtem beschäftigt. Wenn
man beispielsweise zu jeder Gelegenheit sagt: »Ich versteh das nicht«,
»Das ist aber schwierig« oder »Das geht doch nicht«, werden sich
genau diese Zustände manifestieren. Bei jedem Gedanken oder jeder
Aussage entsteht durch die vielen Wiederholungen nämlich ebenfalls
eine starke Dichte im morphischen Feld. In der Folge werden diese
Gedanken (wenn auch unbewusst) zu einem erfolgverhindernden
Glaubenssatz.

Doch keine Angst: Es reicht natürlich bei weitem nicht aus, nur ein-, zweimal unbeteiligt an etwas zu denken, damit es sich in die Tat umsetzt. Viele Menschen beschäftigen sich im Geiste aber ständig mit Situationen, vor denen sie Angst haben oder die sie vermeiden möchten, und ziehen ebenjene unglücklichen Umstände geradezu an.

Die Voraussetzung für die Anziehung ist also eine starke gebündelte Informationsenergie, die dann ähnlich wie ein Magnet wirkt. Wie es zu dieser Dichte kommt, ist letztendlich unerheblich. Fest steht nur, dass durch die gedankliche Ausstrahlung des verdichteten Wunsches automatisch eine Resonanz zum gewünschten Ziel entsteht. Das Gewünschte wird angezogen.

Weshalb funktioniert das Programmieren nicht immer?

Häufig hören wir von unseren Klienten Sätze wie: »Ich habe mein Ziel schon so oft programmiert, aber es funktioniert einfach nicht!« Wer das Prinzip »Vorstellungskraft schafft Wirklichkeit« bereits in die Praxis umzusetzen versucht hat, wird sicher auch die Erfahrung gemacht haben, dass es zwar manchmal wirkt, manchmal aber auch nicht. Woran liegt das?

> Das Glück deines Lebens hängt von der Beschaffenheit deiner Gedanken ab.
>
> *Marc Aurel*

Einige »Programmierungsphilosophen« sagen uns, dass es beim Erreichen der Programmierung darauf ankäme, wie genau man sein Ziel formuliere. Dies macht durchaus Sinn, doch raten wir davon ab,

bei einer Visualisierung eine ganze Liste von Eigenschaften des Ange-
strebten aufzusetzen. Irgendetwas Wichtiges wird dabei immer vergessen. Es empfiehlt sich lediglich, dem Gewünschten das Wort
»optimal« anzufügen: den optimalen Partner, den optimalen Job, das
optimale Heim und so weiter. Das Wort »optimal« berücksichtigt
nämlich bereits sämtliche Eventualitäten, worauf wir allerdings später noch gezielter eingehen werden.

Linda, eine Seminarteilnehmerin, machte beispielsweise folgende
Erfahrung. Sie visualisierte einen Partner und präzisierte ihren
Wunsch mit einer Liste von Eigenschaften. Tatsächlich zog sie bereits
nach kurzer Zeit potenzielle Partner an, mit denen sie sich eine Beziehung vorstellen konnte. Interessanterweise hatte jedoch jeder dieser
möglichen Gefährten für sie und ihre Wertvorstellungen ein Handi-
cap. Der eine war bereits in einer festen Beziehung, ein zweiter lebte
auf einem anderen Kontinent, ein weiterer wollte keine feste Bindung
usw. Sie ergänzte ihre Liste. Doch auch die nächsten Dates und Beziehungen waren »Flops«. Über Jahre hinweg wollte das Vorhaben einer
glücklichen Partnerschaft trotz kontinuierlicher Visualisierung einfach nicht wirklich funktionieren.

Beim Nichtgelingen von Programmierungen haben unsere Untersuchungen ergeben, dass – egal, wie ausführlich und detailliert die
Zielliste auch sein mag – ein unbewusstes, kontraproduktives Programm verborgen ist. Ein sogenanntes Anti-Erfolgs-Programm
schlummert im persönlichen Unbewussten. Dies wurde immer dann
ganz klar, wenn wir uns intuitiv über das morphische Feld des Betreffenden »einloggten«. Immer fanden wir das Fehlprogramm, das den
Erfolg sabotierte.

Doch nur die wenigsten Menschen sind sich dessen überhaupt
bewusst. Beispielsweise hatte ein Seminarteilnehmer das Ziel, sein
Finanzfeld zu stärken. Dies visualisierte er, wie er es gelernt hatte,
beständig über ein Jahr lang. Doch leider hatte dieser Mann in sei-

nem persönlichen morphischen Feld ein unbewusstes »Anti-Geld-Programm« gespeichert. Diese unterschwellige Abwehrhaltung sorgte dafür, dass nie viel Geld in das Leben dieses Menschen floss. Es funktionierte wie eine Art Thermostat, der ansprang, wenn auf seinem Konto ein gewisser Betrag überstiegen war. Über die Resonanzen hatte diese Person dann das Geld nicht angezogen. Und war einmal mehr da als sonst, sorgte das »Programm« dafür, dass das Geld wieder wegfloss, damit der unbewusste Glaubenssatz »Ich bin es nicht wert, viel Geld zu haben« seine Entsprechung in der Realität erfüllen konnte.

Mittels der Intuitionstechnik, die später noch genauer erklärt wird, überprüfte Linda ihre Überzeugungen und stellte fest, dass sie ein tiefes, unbewusstes »Anti-Männer-Programm« internalisiert hatte. Ihr Unbewusstes registrierte automatisch die Formel »›Beziehung gleich Nähe‹ und ›Nähe gleich Schmerz‹«. Letzteren wollte sie natürlich meiden. Diese erfolgverhindernde Überzeugung sorgte immer wieder dafür, dass ihr Vorhaben, einen Partner zu finden und auch zu behalten, nicht gelingen wollte. Linda entdeckte über den Zugang zu ihrem Unbewussten schließlich, dass dieser verborgene Grundsatz bereits vor langer Zeit in ihr angelegt wurde.

Es stellte sich heraus, dass er bereits in der Kindheit manifestiert wurde. Auslöser war ein Konflikt mit ihrem Vater. Bezeichnenderweise war es die erste »große Liebe«, der Vater, der ihr diesen tiefgehenden Schmerz zugefügt hatte. Konkret trennte sich dieser von seiner Ehefrau und bürdete so auch (der damals noch jungen) Linda den Schmerz einer Trennung auf. Erst als Linda dieses Feld bewusst erkannt hatte, konnte sie es verändern, und der Weg für eine glückliche Partnerschaft wurde frei.

Programmierung findet immer außen und innen statt

Wie bereits gesagt wurde, ist das Wichtigste bei der Zielprogrammierung das Gefühl, das man durch das Erreichen des Gewünschten empfindet. Bleibt dabei die tiefe Empfindung von Wertschätzung aus, ist es sehr wahrscheinlich, dass unbewusst irgendeine erfolgverhindernde Überzeugung der Zielerreichung entgegensteht.

Weitet man das physikalische Gesetz »actio = reactio« als Prinzip auf die feinstoffliche Ebene im Bereich unserer Gedanken aus, folgen unseren Gedanken (gleich, ob bewusst oder unbewusst) also immer irgendwelche Reaktionen oder Taten. Diese Aktivitäten erzeugen eine Wirkung oder auch ein Ergebnis. Es er*folgt* sowohl im Innen wie im Außen. Dies ist eine ganz wichtige Tatsache, der bisher viel zu wenig Beachtung geschenkt wurde. Unsere Gesellschaft ist weitgehend auf die Wahrnehmung im Außen konditioniert. Wir nehmen daher meist nur das wahr, was außerhalb unser selbst im Physischen erfolgt. Die Wirkung im Psychischen, im Innern, ist mit unserer begrenzten Wahrnehmung meist nicht sofort zu erkennen. Dies führt dazu, dass der Mensch dazu tendiert, die Wirkung in der Außenwelt für das Ganze zu halten, auch wenn diese bestenfalls nur 50 Prozent der gesamten Wirkung entspricht. Nur weil die anderen 50 Prozent der psychischen, inneren Wirkung mit unseren Augen nicht fassbar sind, heißt das noch lange nicht, dass diese innere Wirkung nicht existent ist (mehr zu diesem Thema erfahren Sie, wenn wir auf das Thema »Verdrängung« zu sprechen kommen).

Es verwundert daher nicht, dass der Begriff »Erfolg« in der Umgangssprache dort eingesetzt wird, wo ein Ergebnis für alle sichtbar ist. Falls das Ergebnis im Außen nicht so ausfällt wie gewünscht, wird dies häufig als »Misserfolg« bezeichnet. Wenn alles so *erfolgt* wie gewünscht, bezeichnet man dies als Erfolg. Auch wenn hier die Wirkung im Innern vielleicht gar nicht dem entspricht, was man sich gewünscht hat. Man nimmt es nicht wahr, also existiert es auch nicht. Ganz nach dem Motto: Erfolgreich ist, wer bekommt, was er will. Glücklich ist, wer das nimmt, was er bekommt.

Obschon der Begriff »Erfolg« in der Regel mit etwas Positivem in Verbindung gebracht wird, ist er in seinem Ursprung wertneutral. Das Wort in sich sagt es bereits aus: Es »er-folgt« etwas, und zwar auch unabhängig davon, ob wir das, was erfolgt ist, wahrnehmen oder nicht. Wenn wir es wahrnehmen, kommt es nicht darauf an, ob es so gewollt oder eher ungewollt ist. Im komplexen Zusammenhang der Naturprinzipien erfolgt immer das, was man im Voraus direkt oder indirekt gedacht bzw. sich gewünscht hat. Da der größte Teil unserer Gedanken und Wünsche jedoch unbewusst »vor sich hin schwingt«, kann es gut sein, dass Programme in unserem inneren System mitschwingen, die das angestrebte Ziel sabotieren. Selbst wenn wir uns dessen nicht bewusst sind. Da es ohnehin nicht möglich ist, sich erschöpfend im Voraus mit seinen unbewussten Programmen zu beschäftigen, bemerkt man diese kontraproduktiven Gedanken oft erst dann, wenn der »Erfolg« in der Außenwelt ausbleibt oder etwas ganz anderes eintritt, als man sich ersehnt hat.

Von der Auswirkung zurück zur Ursache

Auf jede Ursache, beispielsweise einen Gedanken, erfolgt eine Wirkung, ein Resultat. Im Umkehrschluss bedeutet dies, dass jedem Resultat, also sämtlichen positiven wie auch negativen Wendungen des Schicksals, eine Ursache vorausgegangen sein muss. Es geht bei dem Thema also nicht nur darum, eine Ursache zu setzen und damit ein künftiges Ereignis zu programmieren. Wichtig ist es auch, sich selbst als Verursacher zu erkennen für Situationen, die bereits eingetreten sind und die wir uns teilweise nicht erklären können. Da die meisten Anlässe verborgen in unserem Unbewussten liegen, ist es über den Verstand oft nicht möglich, sie in unser Blickfeld zu bringen. Verändert der Mensch jedoch seinen Bewusstseinszustand, wird es ihm möglich, in die Tiefe des Unbewussten zu tauchen. Eine solche Möglichkeit bietet zum Beispiel die Intuition, die in Folge der Synchronisation beider Gehirnhälften neue Informationen aus der Tiefe ins Bewusstsein bringt.

Diese Tatsache, dass allem, was uns passiert, auch ein entsprechendes Feld (eine Ursache) vorausgegangen sein muss, werden wir in den folgenden Kapiteln noch genauer behandeln. Denn mit diesem Verständnis kann der Mensch einen großen Schritt in Richtung Selbsterkenntnis und so die unbewussten Felder bewusst machen.

Alles ist miteinander verbunden

Immer öfter begegnet man in der einschlägigen Literatur den Begriffen »morphogenetische« oder »morphische Felder«, die wir schon erwähnt haben. Aus der Schulzeit sind uns allenfalls die Bezeichnungen »Gravitations-« oder »elektromagnetisches Feld« bekannt. Doch nirgends, weder im Biologie- noch im Physikunterricht, erfährt man etwas über »morph(ogenet)ische Felder« (MGF). Dabei haben bereits Anfang der zwanziger Jahre diverse Biologen unabhängig voneinander dieses Phänomen erforscht. Es handelt sich bei den MGF um sogenannte formgebende Felder (abgeleitet von dem griechischen Wort *morphogenetiké* für »die Entstehung der Form«). Diese gestalterzeugenden Felder wurden in den dreißiger Jahren durch den Biologen C. H. Waddington weiter untersucht. Er kam zu der Auffassung, dass die Form jeglicher Lebewesen – sei es beim Menschen, bei Pflanzen oder bei Tieren – nicht, wie weithin geglaubt, in deren Genen abgespeichert ist, sondern in ebenjenen feinenergetischen Feldern. Bis heute konnte übrigens kein formbildendes Gen gefunden werden. Vielmehr vertrat Waddington die Meinung, dass die Form eines Lebewesens (weshalb ein Fisch aussieht wie ein Fisch, ein Vogel wie ein Vogel, ein Mensch wie ein Mensch usw.) in diesen merkwürdigen Feldern hinterlegt sei.

Einige Jahrzehnte später wurde der Begriff von dem renommierten Naturwissenschaftler und Verhaltensforscher Rupert Sheldrake wieder aufgegriffen. In den achtziger Jahren stellte er seine provokante Idee der morphischen Felder vor. Diese Idee erregte weltweites

Aufsehen. Sie gab vielen Naturwissenschaftlern den Anstoß, auch in anderen Fachbereichen als der Biologie zu diesem Thema zu forschen. Sheldrake experimentierte zu Beginn mit Tauben, Termiten, Affen und Hunden, später unternahm er sogar Untersuchungen mit Menschen. Nach all seinen Studien kam er zu dem Schluss, dass es eine telepathieartige Verbindung zwischen Organismen unabhängig von Raum und Zeit geben müsse. Diese Verbindung nennt er morphische Felder (MF). Sheldrake zufolge sind dies unsichtbare, dabei aber klar organisierte Strukturen. Sie enthalten nicht nur die Informationen über die Form eines Lebewesens, sondern seien sogar für die feinstofflichen Formen von Atomen, Molekülen, lebendigen Organismen, Organisationen oder auch mentalen Gewohnheiten relevant.

Morphische Felder, das Weltgedächtnis!

Auch wenn der Begriff der »morphischen Felder« erst im vorigen Jahrhundert durch die Naturwissenschaft geprägt wurde, ist der Hintergrund dieses Ausdrucks schon beinah so alt wie die Menschheit. Die Vorstellung eines allumfassenden Weltgedächtnisses, in dem die gesamten Informationen des Universums abgespeichert sind, hat eine lange Tradition und taucht immer wieder im Zusammenhang mit philosophischem, theologischem und esoterischem Gedankengut auf. So symbolisieren beispielsweise die Begriffe »Akasha-Chronik« oder »Anima Mundi« (»Weltenseele«) im Prinzip dasselbe wie der moderne naturwissenschaftliche Begriff der »morphischen Felder«. Auch der Schweizer Psychiater C.G. Jung meinte dieses Phänomen, als er vom »kollektiven Unbewussten« sprach: »Wir sind Teil eines kollektiven Gedächtnisses, auf das wir alle zurückgreifen können. Unbewusst sind wir mit allem und jedem verbunden.« Durch den Einfluss Hollywoods spricht man heute sogar von der »Matrix«. Der Blockbuster ist zwar durch die moderne Illusionsindustrie geprägt; die Idee dahinter, nämlich dass sämtliche Handlungen und Gedanken unabhängig von Raum und Zeit in dieser Matrix gespeichert werden, ist allerdings gar nicht so abwegig. Mittlerweile werden die morphischen Felder auch das »Urwissen der Natur« genannt. Im Grunde genommen ist die Bezeichnung »Feld« nicht ganz zutreffend. Sie erzeugt leicht den Eindruck, als handle es sich hier um etwas Begrenztes oder Abschließendes. Dabei geht es bei den morphischen Feldern gerade um Verbindungen, die unbegrenzt und unendlich sind. Da diese unsichtbaren Felder in und um die gesamte Erde herum existieren, kann man sagen, dass sämtliche Menschen unbewusst miteinander verbunden sind.

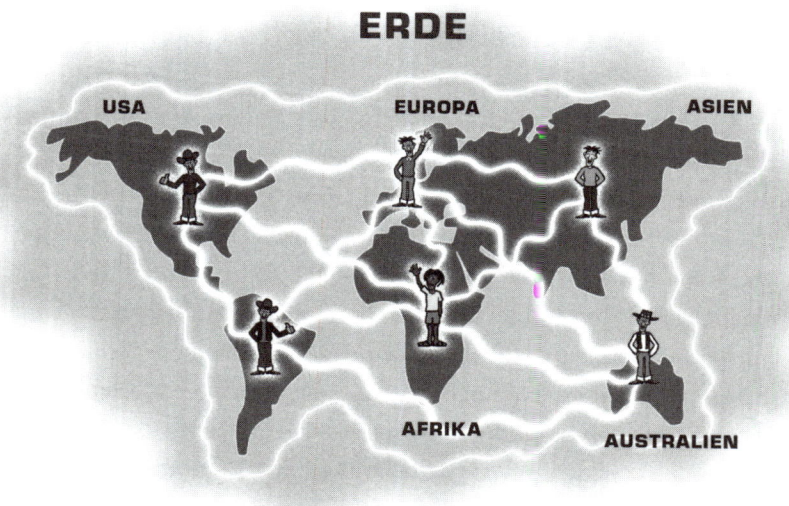

Alle Menschen sind über ein unsichtbares energetisches Feld
miteinander verbunden, das sich über die ganze Erde ausdehnt

Diese gesamtheitliche Verbundenheit bestätigten nicht nur Kapazitäten wie C. G. Jung, sondern auch die moderne Quantenphysik. Um das Geschehen im Leben zu verstehen, ist das Wissen um diese Zusammenhänge sehr hilfreich. Durch das Verständnis der morphischen Felder fällt es viel leichter zu erkennen, dass es im Leben keine Zufälle gibt, sondern dass sich die Ereignisse und Umstände wie auch Gegenständliches über Resonanzen anziehen oder abstoßen. Es wird so plausibler, dass selbst die komplexesten Ereignisse immer in irgendeiner kausalen Beziehung zum eigenen morphischen Feld stehen.

Wie entstehen diese Programme?

Es gibt zwei Arten, wie diese persönlichen morphischen Felder entstehen: entweder durch eine große Anzahl von Wiederholungen gewisser Gedanken und Ereignisse. Oder eben durch eine starke emotionale Intensität. Eine einmalige Erfahrung mit einer bestimmten Emotion kann so stark sein, dass sie ausreicht, ein Feld zu hinterlegen, das eine nachhaltige Wirkung erzeugt.

Das Beispiel von Peter zeigt klar auf, wie eine unbewusste Blockade entstanden ist. Peter ist heute 33 Jahre alt und hat im Beruf einfach immer Pech. Nichts geht wirklich weiter, da ihn stets irgendetwas blockiert. Ein unbewusstes Feld hindert ihn am Erfolg und sorgt dafür, dass er das Glück beruflich nicht auf seiner Seite hat. Die Ursache dafür lag in einer unbewussten Überzeugung, wie er später intuitiv herausfand. Ein unbewusster Teil in ihm war davon überzeugt, dass er ein Versager sei, obwohl er vom Verstand her unbedingt erfolgreich sein wollte. Dieses Programm saß so tief, dass Peter es zunächst nicht mal bemerkte. Schließlich wollte er den Gedanken, dass er ein Versager sei, nicht zulassen.

In einer Session fand er heraus, dass er im Alter von acht Jahren ein prägendes Erlebnis in der Schule hatte. Als er etwas vortragen musste und es nicht gelang, fertigte ihn sein Lehrer mit der pädagogisch dilettantischen, wenn nicht verhängnisvollen Prophezeiung ab: »Aus dir wird ja nie etwas!«

Dies geschah vor der ganzen Klasse, und Peter erlebte diese Situation wie einen Schock, der ihm regelrecht unter die Haut ging. Da dies sehr emotional war, reichte jene singuläre Situation aus, um ein starkes emotionales Muster im morphischen Feld zu hinterlegen. Dieses Erlebnis brannte sich tief ein, und es wirkt bis heute. Als Peter dann im Alter von zwanzig Jahren eine Arbeit suchte, zeigten sich erste Auswirkungen des prägenden Ereignisses. Sein Feld holte ihn sozusagen wieder ein, und die unbewusste Programmierung wurde zur sich selbst erfüllenden Prophezeiung. Ein Job nach dem anderen entwickelte sich zum Reinfall. Peter hatte kein Glück und kam in Firmen, wo er entweder nach kurzer Zeit wegrationalisiert oder ersetzt wurde. Auch ihm anvertraute Projekte wurden nie zum wirklichen Erfolg.

Entrüstet und enttäuscht von der Situation schob Peter die Schuld jahrelang »den anderen« (dem Außen) zu und sah sich als Opfer. Eines Tages erkannte er jedoch, dass eben nicht sein Umfeld die schwere Schuld trug, sondern dass sein berufliches Scheitern in seinen eigenen wiederkehrenden Mustern wurzelte. Es lag an seinem eigenen Feld. Egal, wo er arbeitete – dieses Feld kam immer mit. Es waren genau diese negativen Resonanzen, über die er Versagen und Misserfolg ausstrahlte. Er brachte sich also immer wieder selbst in diese Situationen.

Die eigenen Programme steuern das Leben

Jeder Mensch besitzt ein eigenes, ein individuelles morphisches Feld.
Auf diesem Feld sind alle Überzeugungen, Talente, Programme,
Fähigkeiten und Muster abgespeichert. Alles, was der Mensch je
gedacht oder erlebt hat, alle seine Energien sind hier wie in einer großen Bibliothek aufbewahrt. Dieses persönliche Feld nennt man
»individuelles morphisches Feld«. Es strahlt 24 Stunden am Tag aus.
Aufgrund des Prinzips der Resonanz zieht es bestimmte Dinge an
und stößt andere ab. Bei einigen Menschen handelt es sich um ein
Erfolgsfeld. Dies sind Leute, die scheinbar immer Glück zu haben
und im Leben voranzukommen scheinen. Bei anderen Menschen

sind die Programme auf Misserfolg eingestellt. Folgerichtig ist es vom Unbewussten schon programmiert, dass diese antizipierten Fehlschläge auch Realität werden.

Somit sind die Erfahrungen, die wir machen, nicht eine reine Folge von Zufällen, sondern stark abhängig von den Programmen, die wir nach innen wie nach außen senden. Wenn die Teilnehmer unserer Seminare diese individuellen Felder entsprechend verändern, dann sehen wir auch sofort eine Veränderung in ihrem Leben, die in Richtung Ausgleich geht.

Genauso ist es auch mit den Ängsten. Wenn bei einem Menschen in seinem Feld ein starkes Angsterlebnis präsent ist, dann wird er immer wieder mit furchterregenden Situationen konfrontiert, da er dieses Feld permanent ausstrahlt. Will jemand also möglichst schnell eine Veränderung zum Besseren herbeiführen, dann ist es empfehlenswert, zuerst die eigenen Programme anzuschauen und an diesen zu arbeiten.

Nicht nur jeder einzelne Mensch hat ein eigenes Feld, sondern auch jede Familie. Besonders beim Familien-Stellen wird dies deutlich erkennbar. Das ist eine systemische Therapie, die vor allem durch Bert Hellinger Bekanntheit erlangte. Genauso hat auch jedes Unternehmen oder jede Gruppe ein kollektives Feld. Bei Fußballmannschaften sieht man das unmittelbar. Einige Vereine haben immer das gewisse Quäntchen Glück auf ihrer Seite, und andere wiederum scheinen trotz vergleichbar guter Leistung das Pech geradezu anzuziehen.

Etwas Ähnliches spielt sich in Unternehmen und Organisationen ab. So, wie der Boss eingestellt ist, ist auch der Erfolg der Mitarbeiter. Alle zusammen bilden das kollektive Firmenfeld. Je nach Disposition des Chefs kann das Feld am einen Ende des Spektrums sehr positiv programmiert sein, und die Firma wird auf der Erfolgswelle reiten und damit noch weitere sehr gute Mitarbeiter anziehen – oder das genaue Gegenteil ist der Fall. Darüber hinaus ergibt auch die Summe der persönlichen morphischen Felder jedes Einzelnen einer bestimmten Gruppe ein sogenanntes kollektives morphisches Feld.

Das morphische Feld ist in und um den Menschen herum; alle Programme sind dort gespeichert

Diese kollektiven Felder sind sogar auf einer höheren Ebene spürbar – in einem ganzen Land oder auf einem Kontinent. Das Feld in Italien oder Spanien ist somit anders als das in Dänemark oder Schweden. Genauso ist die Mentalität in Europa anders als in Asien. Am eindrücklichsten kann man diese Felder wahrnehmen, wenn man in eine neue Firma kommt und zu erspüren versucht, welche Schwingung vorherrscht. Oder wenn man in den Urlaub reist. Kaum ist man in einem Hotel oder anderen Land angekommen, verändert sich auch die eigene Schwingung, die sich mit den Gegebenheiten vor Ort in der Regel synchronisiert.

Zusammengefasst bedeutet dies, dass ein kollektives Feld immer mehr als die Summe der Einzelnen ist, die eine gegenseitige Resonanz haben. Der Erfolg einer Firma, eines Vereins usw. ist immer abhängig vom kollektiven Gruppenfeld. Dieses Feld kann man mittels der »Intuitionstechnik« recht genau erfassen und sehen, wie die Programmierungen sind.

Wo ist das Unbewusste – im Kopf oder im Bauch?

Wenn sich die Menschen im Alltag über das Unbewusste unterhalten, sprechen viele vom sogenannten Bauchgefühl. Die wenigsten wissen dabei jedoch, wo dieses Gefühl wirklich zu lokalisieren ist. Aufgrund der Untersuchungen mit den morphischen Feldern kann davon ausgegangen werden, dass das vielzitierte Unbewusste eben nicht nur, wie im täglichen Sprachgebrauch oft angenommen, im »Kopf« oder »Bauch« eines Menschen auszumachen ist. Es befindet sich vielmehr auch außerhalb des organischen Körpers, nämlich in ebenjenen morphischen Feldern. Diese Felder sind feinstofflich und somit überall. Der »Bauch« ist dabei nur so etwas wie die »Verlängerung des

Gefühls«, des sechsten Sinns. Doch das Unbewusste wird geprägt durch die morphischen Felder, die prinzipiell auch für jeden anderen zugänglich sind, da wir keine abgeschlossenen, abgeschotteten System sind.

Einige Therapeuten oder Heilpraktiker haben die Fähigkeit, in das individuelle morphische Feld eines Klienten zu blicken und so bereits wertvolle Hinweise über die Ursachen der Nöte ihres Anbefohlenen zu erfahren, noch ehe dieser überhaupt vor Ort ist. Aufgrund seiner Programme und Felder sind auch seine Krankheiten entstanden, und es können entsprechende Lösungsansätze gefunden werden.

Das Resonanzprinzip
von Anziehung und Abstoßung

Das Prinzip der Resonanz ist wohl eines derjenigen, die am meisten zur Anwendung kommen. In der Umgangssprache wird es auch das »Prinzip von Anziehung und Abstoßung« genannt. Kennen Sie zum Beispiel nicht auch Menschen, die regelmäßig ähnlich destruktive Partner in ihr Leben ziehen? Und wenn dann eine Beziehung mit großem Drama zu Ende gegangen ist, dauert es nicht lange, bis sie sich auf ein neues Abenteuer einlassen, in dem die gleichen Muster greifen. Wiederkehrend werden sie beispielsweise betrogen, belogen, ausgenutzt oder verlassen.

Oder kennen Sie nicht auch Kollegen, die an ihrem Arbeitsplatz nie glücklich sind und immer wieder in ähnliche Konflikte mit den Vorgesetzten, Mitarbeitern oder den Kunden verwickelt werden? Aus lauter Frust wechseln sie dann den Arbeitgeber. Doch schon bald hat sie das gleiche Muster wieder eingeholt.

Wie kommt es, dass gewisse Menschen immer wieder denselben Typ als Partner anziehen oder immer wieder in vergleichbar destruktive Situationen kommen? Im Beruf immer wieder ähnliche Mitarbeiter, Vorgesetzte oder Gegebenheiten anziehen? Rein von der Wahrscheinlichkeit her gäbe es doch etliche andere Anziehungsmöglichkeiten.

Genauso ist es mit den Finanzen. Warum gibt es Menschen, die einfach nie genügend Geld haben oder, wenn sie mal etwas besitzen, es sofort wieder verlieren? Vermeintlich aus heiterem Himmel erreicht sie plötzlich eine Aufforderung zur Steuernachzahlung, ein

Bußgeld oder eine hohe Rechnung für Reparaturen, den Zahnarzt oder sonst wen. Sie scheinen einfach nicht mit Geld umgehen zu können. Sie können offensichtlich tun und lassen, was sie wollen – trotzdem ist das Bankkonto regelmäßig bereits Mitte des Monats in den Miesen. Manche erfahren einfach immer wieder ähnliche Situationen, bei denen sie draufzahlen oder keinen Weg finden, um ihren Finanzfluss zu erhöhen. Und dies, obwohl theoretisch genügend Kapital für jeden Menschen auf unserem Planeten vorhanden wäre. Wie kommt es, dass das Geld nur zu denjenigen zu fließen scheint, die ohnehin schon ausreichend davon haben?

Das Stichwort »Resonanzen« liefert eine mögliche Erklärung für diese Situationen. Genau genommen geht es um die Schwingung jeglicher »Materie«, die sich wiederum durch die beschriebenen morphischen Felder fortbewegt. Das Wort »Resonanz« ist vom Lateinischen abgeleitet, *resonare* bedeutet wörtlich übersetzt »zurückklingen«. Dies besagt, dass die Ausstrahlung einer Schwingung sich so lange bewegt, bis sie auf einen anderen Körper trifft. Das Ganze wiederholt sich, bis sie letztendlich dorthin zurückkehrt, von wo sie ursprünglich ausgesendet wurde.

> Das, was ausgestrahlt wird, kehrt früher oder später zurück wie ein Bumerang.

Wie man in den Wald ruft, so schallt es zurück

Am deutlichsten lässt sich diese Wiederkehr zur entsprechend disponierten Person mit folgenden Beispielen allegorisieren: Man nehme zehn Stimmgabeln und verteile sie in einem Raum. Anschließend schlägt man willkürlich eine einzige Stimmgabel an. Was passiert daraufhin mit den anderen? Viele, denen wir dieses Beispiel vorgestellt hatten, glauben, dass dann alle Stimmgabeln zu schwingen begännen. Doch dem ist nicht so! Lediglich diejenigen Gabeln, die dieselbe Eigenfrequenz, das heißt denselben Ton (inklusive Obertönen) wie die angeschlagene Gabel haben, zeigen eine Reaktion. Dies tun sie zwangsläufig, auch wenn sie nicht angeschlagen worden sind. Alle anderen Gabeln, die eine andere Eigenfrequenz besitzen, bleiben stumm.

Eine Geige kann mit einem bestimmten Ton eine solche Schwingung erzeugen, dass sie ein Glas mit dieser Frequenz in Resonanz bringt, welches dann zerbricht.

Wenn man einen Ball mit voller Wucht auf eine Wand wirft, dann kommt er mit dieser Wucht zurück. Wirft man den Ball aber ganz weich und sanft, dann wird der Ball auch weich zurückkehren.

Dies macht anschaulich, dass jede ausgesendete Dynamik so lange schwingt, bis sie auf einen Resonanzkörper trifft. Dieser wiederum reflektiert die Energie und schickt sie mit derselben Kraft zum Verursacher zurück. Ganz nach dem Sprichwort »Wie man in den Wald ruft, so schallt es zurück«.

Gleiches zieht Gleiches an – Ungleiches stößt sich ab

Ähnlich funktioniert das Prinzip der Resonanz beim Menschen. Das, was bewusst oder unbewusst an Gedanken, Programmen und Informationen ausgestrahlt wird, stößt automatisch auf einen Resonanzkörper mit derselben Frequenz. Von dort strahlt es weiter, bis es letztendlich zu demjenigen zurückkehrt, der es ursprünglich ausgesandt hat.

Ein Mensch, der ständig nörgelt und sich aufregt, einer, der über alles schimpft, sendet automatisch die Frequenz dieser seiner Charakterzüge aus. Nach dem Prinzip der Resonanz muss er daher immer wieder Situationen oder andere Menschen anziehen, bei denen genau seine Eigenschwingung bestätigt wird. Also sollte sich dieser Zeitgenosse nicht wundern, dass er immer wieder Leuten begegnet, die nörgeln oder schimpfen – bzw. den Anlass dazu bieten.

Wenn jemand in irgendeinem Bereich seines Lebens nicht ehrlich ist, sollte er nicht erstaunt sein, wenn man auch ihm gegenüber nicht aufrichtig ist. Umgekehrt wird jemand, der viel Freude und Spaß hat, immer wieder auf Menschen stoßen, die ihm diesen Spaß und diese Begeisterung widerspiegeln.

Nicht selten passiert es sogar, dass jemand, der gerade frisch verliebt ist, wiederum andere Menschen anzieht, die sich in ihn »verknallen«. Denn in der »Honeymoon«-Phase strahlt diese Person ein starkes Feld von Liebe aus, das andere wie magnetisch anzieht. Und mit in dem Satz »Gleiches zieht Gleiches an« ist nicht unbedingt das Gleiche im Außen gemeint, sondern die feinstoffliche Schwingung, die man selbst ausstrahlt und die der Resonanzköper aufgrund seiner Programme aussendet. Konkret heißt das: Alles, was uns begegnet, ist im Grunde genommen ein Spiegel unserer bewussten und unbewussten Gedanken.

Das Prinzip der Resonanz könnte gleichwohl auch »Prinzip von Anziehung und Abstoßung« heißen. In der Tat sind die Grenzen zwischen den Prinzipien auch fließend. Gleiche Schwingungen ziehen sich an, ungleiche Schwingungen stoßen sich ab.

Dies kann man mit folgendem Beispiel sehr anschaulich machen: Man nehme eine Schüssel Wasser und füge ein paar Tropfen Speiseöl hinzu. Nach wenigen Minuten ziehen sich die Tropfen wie magnetisch an und verbinden sich. Nun leere man das Wasser zusammen mit dem Öl in eine Flasche und schüttle diese kräftig durch. Auch wenn sich im ersten Moment das Wasser und das Öl zu mischen scheinen, wird sich das Öl nach kurzer Zeit wieder mit den Öltropfen verbinden und das Wasser mit dem Wasser. Automatisch stoßen sich Öl und Wasser gegenseitig ab.

Das Prinzip der Resonanz sorgt dafür, dass man gewisse Felder anzieht und solche abstößt, die nicht zum eigenen Schwingungsfeld passen. Diese Feststellung liefert ein entscheidendes Puzzlestück, das uns dabei hilft, das Bild des Lebens besser zu verstehen.

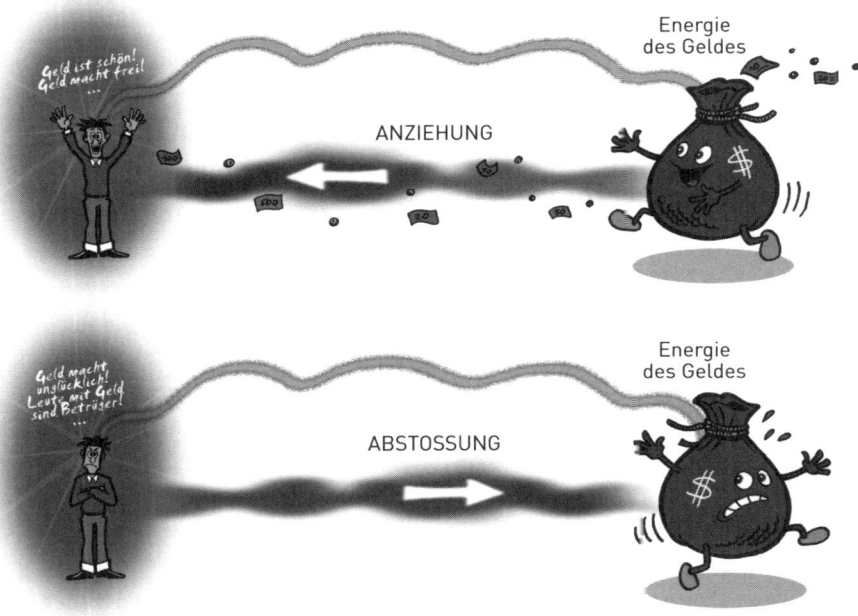

**Geld ist nur Energie, doch die Frage ist,
ob man die Energie anzieht oder abstößt**

Wie dieses Prinzip im Alltag funktioniert, kann man sehr deutlich am Beispiel eines Teilnehmers erkennen, der in Geldschwierigkeiten steckte. Wie im klassischen Fall konnte er tun und lassen, was er wollte, er brachte es einfach nicht fertig, mehr Geld auf die Seite zu tun.

Selbst als er noch einen zusätzlichen Job annahm und mit seinem 150-Prozent-Pensum entsprechend mehr Lohn bekam, schien der Monat stets ein paar Tage länger zu sein, als sein Bankkonto das erlaubte. Während unseres Seminars fand er über sein Unbewusstes heraus, dass auch er, ohne es zu wissen, eine Art »Anti-Geld-Überzeugung« internalisiert hatte. Seine Überzeugung war: »Alle Reichen haben irgendwo Dreck am Stecken und sind auf unehrliche Art zu ihrem Geld gekommen.« Er war verblüfft, doch verstand er jetzt sofort, weshalb es bei ihm über all die Jahre trotz regelmäßiger Programmierung nicht klappen wollte, mehr Geld ins Leben zu ziehen. Sein unterbewusstes Programm hatte dafür gesorgt, dass er auf keinen Fall viel Geld besitzen durfte.

Kommt Ihnen eine solche Überzeugung bekannt vor? Überzeugungen werden häufig von den eigenen Eltern übernommen, aber auch von der Kirche oder von Spielfilmen sind wir geprägt. Die häufigsten »Anti-Geld-Programme« sind Klischees wie »Man muss arm sein, um gut zu sein«, »Zu viel Geld verdirbt den Charakter«, »Dies ist ein *stink*reicher Mann«, »Geld macht nicht glücklich«, »Die Armen sind die Guten, und die Reichen sind die Bösen« oder »Lieber glücklich und arm als reich und unzufrieden«.

Die Umwelt ist ein Spiegel deiner selbst!

Es ist bestimmt nicht die ursprüngliche Aufgabe des Geldes, uns glücklich oder unglücklich zu machen. Doch setzt das Unbewusste Geld mit Ungutem, Verderben, Stinken oder Unglück gleich, dann kann sich das ungünstig auf den Finanzfluss auswirken und auch unsere Stimmung nicht unerheblich beeinflussen. Bei solchen unbewussten Überzeugungen ist die Informationsschwingung auf Abstoßung von Geld ausgerichtet. Während 24 Stunden am Tag wird dabei eine »Anti-Geld-Information« über das morphische Feld gesendet.

Leider sind solche erfolgverhindernden Programme häufig nicht auf den ersten Blick erkennbar. Oft verbergen sie sich tief unter der Oberfläche im Unbewussten. Obwohl sie sich zu tarnen scheinen, führen sie ihre Arbeit effizient aus.

Der Seminarteilnehmer aus unserem Beispiel hat sich schließlich dieser »Anti-Geld-Überzeugung« angenommen und sich über seine Intuition zeigen lassen, wie er dieses negative Schwingungsfeld am einfachsten aufzulösen vermochte. Einerseits ging es um die Gedanken und seine Einstellung, die er revidieren konnte, andererseits waren da noch Ängste, welche er neutralisierte (wie das funktionieren kann, wird später noch besprochen). Schon bald änderte sich sein Finanzfeld, und heute ist »knapp bei Kasse« zu sein für ihn längst kein Thema mehr. Er hat sozusagen die Polung seines »Finanzfelds« von »Abstoßung« auf »Anziehung« gedreht und konnte sogar ein kleines Vermögen aufbauen.

Alles im Leben ist Resonanz und schwingt

Doch aufgepasst! Das vielbesagte »Gleiche« ist nicht immer auf den ersten Blick als solches erkennbar. Es kann sogar als etwas komplett Gegenteiliges wahrgenommen werden. Erinnern wir uns nochmal an die Geschichte von Erika aus Luxemburg, die zuerst mit einem Mann verheiratet war, der sich sehr aufbrausend und unkontrolliert gebärdete. Nachdem sie sich von ihm getrennt hatte, zog sie genau das Gegenteil an: einen Mann, der seine Gefühle vollkommen kontrollierte und nicht zeigen konnte. Das gemeinsame Element war jedoch das Gefühl, das sie während den Partnerschaften spürte. Die Schwingung zwischen ihr und den beiden Männern war beide Male dieselbe. Nur im Außen schien es, als hätte sie etwas völlig anderes angezogen. Doch obwohl beide Männer gegensätzlich waren, strömten sie dieselbe Schwingung aus. Was bei Erika beide Male das Gefühl einer Art von »Unwillkommensein« auslöste.

Die Voraussetzung dafür ist, dass eine Energie überhaupt existiert, dass sie zwischen zwei Polen angesiedelt ist und sich zwischen diesen bewegen kann. Ohne dies käme es zum Stillstand. In unserem Fall sind die beiden Pole die zwei gegensätzlichen Partner, zwischen denen dieselbe Energie schwingt. Dies erklärt, weshalb man manchmal genau das Gegenteil von dem anzieht, von dem man meint, es ausgesendet zu haben. Das ist ebenso ein typisches Verhalten in Beziehungen: Erika wollte keinen aufbrausenden Mann mehr, also zog sie einen Mann an, der still war und sich zurückzog. Doch beide Männer lösten bei ihr die gleichen Gefühle aus, weil Erika ihr Grundproblem nicht gelöst hatte. Man kann einem Problem nur eine Zeit lang davonlaufen, doch sobald man eine Pause macht, holt es einen wieder ein. Zudem ist das schnelle Rennen enorm anstrengend und kostet wertvolle Lebensenergie. Nur wer stehen bleibt und sich mit dem Problem auseinandersetzt, wird danach befreit weitergehen können.

Die richtige Frequenz einstellen

Man kann im Leben nur das anziehen, worauf man eine Resonanz erzeugt bzw. was man aus dem eigenen Feld aussendet. Dazu ein weiteres Beispiel, das der Deutlichkeit wegen ein bisschen überzeichnet ist: Zwei Menschen kaufen das gleiche Radio und schließen es zu Hause an. Nach zwei Wochen treffen sie sich wieder, und der eine schwärmt über die fantastischen Klänge und die berührenden Musikstücke. Der andere beklagt sich, dass man immer wieder Werbung hört, negative Nachrichten und Staumeldungen. Beide besitzen das gleiche Radio, schaffen sich jedoch mit der Wahl des Senders ihre eigene Realität. Jeder hat das erfahren, was in seinem System eingestellt ist.

Es kommt also darauf an, wie man selbst eingestellt ist und was man somit aussendet. Doch Vorsicht: Wer nur ein aufgesetztes Lächeln zustande bringt und Freundlichkeit nicht aus vollem Herzen empfindet, wird keine Freundlichkeit anziehen. Positiv denken, schön reden oder sich äußerlich nett darstellen sind Maßnahmen, die nur an der Oberfläche wirken. Wenn man sich alles lediglich einredet, aber das Herz nicht daran glaubt, dann zieht man weiterhin die unterdrückten und negierten Programme an. Solange die negativen Gefühle verdrängt werden, gibt es keine Chance, in die Wahrhaftigkeit des Herzens zu kommen. Auch hier spielen die unbewussten Programme eine wesentliche Rolle. Solche Muster zu transformieren setzt ein waches, weites Bewusstsein voraus, da die meisten dieser

Prozesse unbewusst ablaufen. Daher sind sich viele Menschen nicht im Klaren darüber, nach welchen Mustern sie leben und welche Signale sie aussenden. Je nach Bewusstsein unterscheidet sich die Eigenwahrnehmung nämlich merklich von der Fremdwahrnehmung.

Fassen wir an dieser Stelle noch einmal zusammen: Alles im Leben ist Resonanz und schwingt. Durch das Resonanzprinzip ziehen wir bestimmte Dinge an oder stoßen sie ab. Es geht somit darum zu erkennen, was auf uns zukommt, und dessen Resonanz zu deuten. Widerfährt einem im Leben also etwas Unerwünschtes, ist es nicht sinnvoll zu klagen, sondern zu hinterfragen, warum man genau diese Situation angezogen hat. Oder hat man ein bestimmtes Ziel vor Augen, das man allerdings trotz größter Bemühungen nicht erreicht, sollte man sich fragen, welche unbewussten »Anti-Programme« wirken, die ein Erreichen des Ziels verhindern. Doch hat das alles nichts mit Versagen oder Unglück zu tun – lediglich die Schwingungen sind *noch* nicht optimal …!

Das Prinzip der Polarität

Das Prinzip der Polarität ist wohl eines der elementarsten Naturprinzipien. Oberflächlich betrachtet ist die Polarität in ein paar Sätzen erklärt. Schaut man jedoch etwas genauer hin, erkennt man kausale Interdependenzen mit weiteren Naturprinzipien. Quasi automatisch gelangen wir immer mehr zu einem Gespür für die Genialität und Komplexität allen Seins, was uns zu einer Haltung der tiefen Demut und größter Dankbarkeit führen wird.

Das auf das mittellateinische Wort *polaris* zurückgehende Adjektiv »polar« bedeutet »gegensätzlich bei wesenhafter Zusammengehörigkeit«. Das Prinzip besagt, dass das gesamte Universum durch zwei sich gegenüberliegende komplementäre Kräfte aufgebaut ist. Zu allem gibt es ein Gegenstück. Auch in unseren Gedanken gibt es immer zwei Ansichten, zwei Meinungen. Ganz nach dem Motto: Eine Medaille hat immer zwei Seiten! Scheinbar widersprüchlich, ergänzen und bedingen sie jedoch einander. Dies bedeutet, dass die eine Seite ohne die andere nicht existent wäre. Denn wie würde eine Medaille sich nur mit einer Seite allein präsentieren können?

Aus der hermetischen Philosophie wissen wir: Alles ist zweifach, alles hat zwei Pole. Doch diese Pole sind in ihrer inneren Natur identisch. Mann und Frau sind identisch in ihrem Menschsein und doch gegensätzlich. Yin und Yang sind entgegengesetzt und doch in sich übereinstimmend. Sie bilden zusammen eine Ganzheit. Auch bei der Erde findet sich das Prinzip in den beiden geografischen Polen wieder. Man betrachtet sie als physische Gegensätze, da sie einander genau gegenüberliegen. Dennoch sind sie nicht getrennt voneinander denkbar. Durch die Erdoberfläche und auch durch den ganzen Erdball sind sie miteinander verbunden. Ohne das eine wäre das andere nicht vollständig. Das eine macht das andere erst aus.

Beispiele der Polarität

Ohne ... *Pluspol*	... gäbe es ... *Beide Pole sind in ihrer inneren Natur identisch. Zusammen ergeben sie eine Ganzheit, eine Einheit, die sich als neutrale Schwingung bewegt.*	... kein(e/n) *Minuspol*
Tag	Tageszyklus	Nacht
Hell	Licht	Dunkel
Sonne	Helligkeit	Schatten
Oben	Raum	Unten
Hoch	Perspektive	Tief
Himmel	Raum	Erde
Spirituell-geistig	Seele	Menschlich-körperlich
Nord	Nord-Süd-Achse	Süd
Mann	Spezies Mensch	Frau
Männlich	Kraft/Energie	Weiblich
Vater	Eltern/Erzeuger	Mutter
Vorderseite	Medaille	Rückseite
Freude	Gefühl	Trauer
Flut	Gezeiten	Ebbe
Sonne	Gestirne	Mond
Sommer	Jahreszeiten	Winter
Krank	Gesundheit	Gesund
Ampere (Stromstärke)	Strom/Elektrizität	Volt (Spannung)
Elektrizität	Schwingung	Magnetismus
Täter	Schöpfer	Opfer
Stur	Charakter	Flexibel
Yin	Lebensenergie Qi	Yang

Um die Vollkommenheit eines Ganzen wahrnehmen zu können, braucht es das Verständnis beider Seiten. So entsteht ein Tal erst durch einen Berg. Würde man den Berg wegnehmen, wäre gleichzeitig auch das Tal verschwunden. Genauso ist es mit der Freude. Diese kann man erst erfahren, wenn man einmal die Trauer erlebt hat. Gäbe es keine Trauer, würde man nicht merken, was Freude ist. Wenn der Mensch beispielsweise nur immer »positive« Freude erführe und keine »negative« Trauer, dann hätte er keine Referenz zur Freude. Ohne Gegenpol wäre Freude neutral und könnte nicht als freudiges Glück wahrgenommen werden. Erst durch die Erfahrung ihres Gegenteils wird es möglich, die Freude bewusst in ihrer wahren Pracht zu erfahren und wertzuschätzen. Auch wäre es nicht möglich, Licht als solches zu erfahren, wenn da nicht das Wissen über die Dunkelheit bestünde. Würde man das Negative im Leben nicht erleben, könnte man das Positive nicht erkennen.

Zu allem gibt es immer ein Gegenstück. Auch in unseren Gedanken gibt es wie gesagt immer zwei Ansichten, zwei Meinungen: These und Antithese sollen zur Synthese führen. Wenn es nicht Plus und Minus, Männliches und Weibliches, Helles und Dunkles, Frau und Mann gäbe, wäre die Fortpflanzung sämtlichen Lebens nicht mehr gewährleistet. Kurz gesagt: Ohne die Polarität wäre kein Leben möglich. Beide Pole brauchen einander. Erst gemeinsam werden sie zu einem Ganzen.

Es gibt von allem immer zwei

Entscheidend ist, dass sich der Grundsatz der Polarität sowohl im unendlich großen Universum als auch in der kleinsten Ewigkeit, dem Ursprung der Materie, wiederfindet. So treffen wir das Prinzip der Polarität zwischen den Gestirnen (Sonne/Mond), bei der Erde

(Nord-/Südpol), in der Natur und in jedem Lebewesen (Tiere/ Pflanzen/Menschen) an. Selbst beim menschlichen Körper sind beide Pole vorhanden: Jedes Organ funktioniert nach dem Prinzip der Polarität. Das Gehirn besitzt eine linke und eine rechte Gehirnhälfte, und unsere Lunge besteht aus zwei Lungenflügeln, der Mund für den »Input«, der Anus für den »Output«, die oberen Zähne und die unteren Zähne, zwei Nieren, und auch in jeder Zelle schwingen zwei Pole.

Beide Pole treten immer gemeinsam auf, niemals getrennt

Obwohl sich viele Menschen des Vorhandenseins dieser Polarität bewusst sind, wird oft vergessen, dass die Pole auch stets gemeinsam in Erscheinung treten. Es sind immer zwei Pole vorhanden – selbst wenn das manchmal aus dem Blickfeld gerät.

Konkret heißt dies, dass etwas Schönes, Reines und Lichtvolles niemals *nur* schön, rein und lichtvoll sein kann. Schließlich existiert es nie getrennt von seinem Gegenpol. Irgendwo ist immer auch das Unschöne und Dunkle vorhanden. Im Alltag ist das für den Menschen oft schwierig zu realisieren. Im Allgemeinen zählt nämlich immer nur das, was sich einem gerade offenbart und was man sich plausibel machen kann. Genau darin besteht für viele Menschen eine Herausforderung. Die energetische Verbindung der beiden Pole ist häufig nämlich nur über das Verständnis der morphischen Felder, nicht aber nach Maßstäben des Alltagsbewusstseins nachvollziehbar. Neben dieser Einschränkung der Wahrnehmung tut sich der Mensch auch deshalb schwer, die Pole gemeinsam als verschmolzene Einheit zu erkennen, weil Minus- und Pluspol vielfach im wertenden Sinne als negativ und positiv eingestuft werden. Das führt automatisch zu einer Verdrängung, Ausblendung und einem Meiden des negativen Pols.

> Wo Sonne ist, ist gleichzeitig immer auch ein Schatten. Und wo ein Schatten ist, muss auch Sonne vorhanden sein.

Mit einer Nadel kann man ein tolles Experiment machen. Wenn man ein Ende der Nadel mit einem Magneten magnetisiert, dann entsteht zeitgleich am anderen Ende die entgegengesetzte Kraft. Das heißt, wenn das Südende anzieht, stößt das Nordende ab und umgekehrt. Physikalisch gesehen tauschen sich beide Pole jeweils über eine verbindende Achse bzw. Schwingung aus, egal, ob diese Verbindung wie bei der Nadel sichtbar oder wie so oft für uns Menschen visuell nicht erkennbar ist.

Die Gegensätze wirken gegen- und miteinander. Sie sind energetisch nicht zu trennen und ergeben im Zusammenspiel stets ein Ganzes. Während sich der eine Pol stärker ausdehnt, wird der andere schwächer – und umgekehrt. Sie bewegen sich also in einem ewigen Wechselspiel. Alle Anlagen des einen Pols sind auch im anderen vorhanden.

Energiefluss

Wenn wir dieses Prinzip nun auf das menschliche Leben übertragen, bedeutet dies zum Beispiel Folgendes: Jede Beziehung, egal ob gut oder schlecht, weist auch eine nicht sinnlich wahrnehmbare energetische Verbindung auf, und zwar auch noch dann, wenn sie im Außen getrennt wird. Energetisch gesehen ist sie nämlich nicht zu trennen. Alles, was einmal zusammen war, tauscht sich auch nach der Trennung weiter aus. Bei den quantenphysikalischen Forschungen hat man dazu folgende Feststellung gemacht: Bei sogenannten Zwillingsphotonen spürt das eine Teilchen, wenn etwas beim anderen verändert wird, unabhängig davon, wie weit sie voneinander entfernt sind. Sie müssen sich weiterhin gegenseitig über ein morphisches Feld ausgetauscht haben. Dies mag auch erklären, warum bei einer Trennung zweier Menschen die Felder weiterhin wirken könnten.

Mit dem Prinzip der Polarität wird verständlich, dass zwei gegensätzliche Kräfte sich bedingen und zusammen eine Ganzheit ergeben. Im umgekehrten Sinn gilt natürlich dasselbe. Jede Ganzheit birgt in sich jeweils zwei gegensätzliche Kräfte.

Wie wir am Beispiel der Zwillingsphotonen feststellen konnten, bestimmen sich diese Kräfte weiterhin, auch wenn sie physisch, für das menschliche Auge, getrennt sind. Feinstofflich gesehen bleiben sie jedoch ewig verbunden, gleich, wie weit sie geografisch voneinander entfernt liegen.

In der Folge bedeutet dies: Selbst wenn man nur einen Pol auslebt, muss der andere energetisch zwangsläufig ebenfalls vorhanden sein. Dennoch kann sich ein solcher Mensch nicht als ganz und in seiner Einheit fühlen; schließlich ist nur eine Seite seiner Existenz überproportional aktiviert. Jegliche überstarke Polarisierung ist gleichzeitig auch eine Verdrängung des anderen Pols, was nicht nur zu einem Ungleichgewicht führt. Das Prinzip der Polarität möchte auch zum Ausdruck bringen, dass es sich immer lohnt, beide Pole zu integrieren und nicht den einen als besser oder schlechter zu bezeichnen und daher abzulehnen. Dazu bedient sich der verdrängte Teil nicht selten verschlungener Wege, um dennoch zum Zug zu kommen. Manchmal wählt er als Mittel, um mit der nötigen Aufmerksamkeit bedacht zu werden, dann auch Krankheiten mit mehr oder weniger schwerem Verlauf.

Alles, was Lebensenergie in sich trägt, besteht aus zwei gegensätzlichen Polen, die wir erst einmal wertfrei, ähnlich wie bei einer Batterie, einfach mit »Plus« und »Minus« deklarieren.

Wie der Tag und die Nacht trägt auch der Mensch diese Polarität in sich. Ohne sie wäre er gar nicht lebensfähig, denn dann gäbe es keine Spannung zwischen den Polen und damit im übertragenen Sinn auch keine Lebensenergie.

Da wir emotional an unser »automatisches Wertesystem« gekoppelt sind, ist es uns freilich nur auf intellektueller Ebene möglich, diese Pole wertfrei zu betrachten. Unbewusst werden diese beiden Pole konditionsgemäß kategorisiert und bewertet, besonders natürlich, wenn wir selbst betroffen sind. Nüchtern betrachtet bedeutet die permanente Präsenz dieser Pole, dass *jeder* Mensch zu 50 Prozent aus »Licht« (einem positiven Pol) und zu 50 Prozent aus »Schatten« (einem negativen Pol) besteht. Unabhängig davon, wie weit entwickelt man zu sein glaubt. Um es noch einmal zu betonen: Es braucht diese beiden entgegengesetzten Pole, damit eine Spannung entsteht und die Lebensenergie überhaupt fließen kann.

Ein wesentlicher Unterschied zwischen einer Batterie mit Plus- und Minuspol und einem Menschen im Umgang mit seiner Lebensenergie ist der, dass es der Batterie, selbst wenn sie es könnte, niemals einfallen würde, die gegensätzlichen Pole zu bewerten, geschweige denn zu verurteilen. Bei den Polen des Menschen jedoch ist es nahezu unmöglich, diese nicht zu bewerten. Es ist lediglich die Spezies Mensch, die über den Intellekt verfügt und damit diese beiden Pole überhaupt bewerten kann. Aber auch dies ist grundsätzlich weder »richtig« noch »falsch«, sondern eins der Kriterien, die unser Menschsein überhaupt ausmachen. Energetisch gesehen sind jedoch beide Pole wertneutral, ob es sich nun um die Elektrizität handelt oder um die positiven oder negativen Seiten des menschlichen Lebens.

Yin und Yang bilden die Einheit

Aus dieser Sicht ist es interessant zu erkennen, dass es keinen Unterschied macht, welche Kraft oder Eigenschaft als »Plus-« bzw. »Minuspol« bezeichnet wird. Die beiden gegenüberliegenden Kräfte könnten untereinander sogar ausgetauscht werden. Ob die Ebbe nun auf dem Pluspol oder Minuspol stünde, spielt für das Prinzip der Polarität überhaupt keine Rolle. Genauso verhält es sich mit der Flut. Das Prinzip drückt lediglich die Gegensätzlichkeit der beiden Pole aus. Die Polarität selbst gibt nämlich keiner der beiden Seiten einen höheren oder niedrigeren Stellenwert.

Diese Sichtweise ist für die menschlichen Belange oft etwas schwieriger zu verinnerlichen. Im Kopf verstehen wir zwar das Prinzip, doch wie gesagt tendiert der Mensch dazu, die Pole aufgrund ihrer Gegensätzlichkeit und der Auswirkungen in der Praxis zu bewerten. In der Natur gibt es aber keine Bewertungen nach diesem Muster. Bei der Polarität ist der oder das eine nicht besser, aber auch nicht schlechter als der oder das andere. Beide Pole sind immer wertgleich, schließlich bedingen sie einander.

In den chinesischen Traditionen kennt man diese Wertgleichheit aus der Philosophie von Yin und Yang: Yin, die weibliche, und Yang, die männliche Kraft. Bei den Gegensätzen spricht man auch von Minus und Plus, dem empfangenden und dem gebenden Prinzip – wobei dies wiederum nicht wertend zu verstehen ist. Bei der männlichen, positiven und aktiven Kraft assoziiert man Begriffe wie »Wille«, »tun«, »geben«, »heilen«, »Produktives erschaffen«, »ein Kind zeugen« usw. Unter der weiblichen, negativen und passiven Kraft versteht man die Eigenschaften von »Glauben«, »empfangen«, »annehmen«, »sich helfen lassen«, »sich tragen lassen«, »für andere da sein«, »Hingabe«, »Gedeihen« und »zur Entfaltung bringen« und dergleichen. Die beiden Pole charakterisieren dabei nicht Mann und Frau als Individuum oder konkrete Person, sondern nur Eigenschaften, die den Geschlechtern idealtypisch als Symbole zugeordnet werden, aber weder ethisch-moralisch oder qualitätsdifferenzierend noch sonst wie wertend gemeint sind. Wichtig ist zu verstehen, dass sowohl die femininen wie auch die maskulinen Elemente sich nicht gegenseitig bekämpfen, sondern als Ergänzung zueinander stehen. Darüber hinaus ist das eine jeweils auch im anderen enthalten, was in der Monade, dem taoistischen Yin-Yang-Symbol, ein Sinnbild findet: Der Kreis, der das Ganze darstellt, ist durch eine geschwungene Linie in zwei Hälften geteilt. Eine Hälfte ist schwarz, dunkel (Yin), die andere weiß, hell (Yang). Dennoch ist in dem schwarzen Feld ein weißer Punkt und in dem weißen Feld ein schwarzer.

Alles, was lebt,
schwingt zwischen zwei Polen

Bei allem, was in irgendeiner Art und Weise Lebensenergie in sich birgt, sich bewegt oder fließt, treffen wir das Prinzip der Polarität an. Interessant ist, dass bereits das Wort »Polarität« von seinem Ursprung her etwas ist, was »Bewegung« bedeutet und schwingt. Es leitet sich vom griechischen Begriff *pólos* ab, der »Drehpunkt« oder »Achse« bedeutet. Dieser geht wiederum zurück auf das Verb *pélein*, was so viel heißt wie »in Bewegung sein«. Das Wort »Polarität« symbolisiert also eine Achse, die in sich selbst in Bewegung ist bzw. schwingt. Daher verwenden wir in diesem Buch nun für die Verbindung zwischen den beiden Polen den Ausdruck »Schwingung«.

Ein sehr anschauliches Beispiel der energetischen Polarität finden wir in der Elektrizität. Damit Strom fließen kann, braucht man immer zwei gegensätzliche Pole. Bei einer Batterie gibt es stets den Plus- und den Minuspol. Erst durch diese Spannung kann der Strom letztendlich fließen. Die elektrische Kraft ist nichts anderes als die Differenzschwingung, die sich als Spannung zwischen den beiden gegensätzlichen Polen aufbaut.

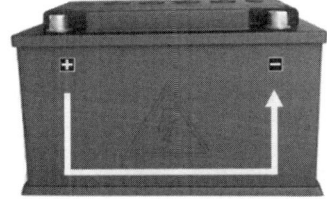

Dasselbe Spannungsprinzip findet sich auch beim Fortpflanzungsakt wieder: Die hierzu erforderliche Sexualkraft entsteht durch die Verbindung der Pole von Mann und Frau. Jede Wechselwirkung zwischen den beiden Polen hat ihre Bedeutung. Die Sexualkraft schwingt dementsprechend als Spannung aus dem Unterschied zwischen Yin und Yang.

Wenn wir über das Spannungsprinzip noch etwas weiter nachdenken, können wir es überall beobachten. Nach einer Nacht, der Dunkelheit, folgt ein Tag mit der Helligkeit. Der Zyklus entspricht energetisch gesehen der Spannung aus der Verschiedenheit zwischen Tag und Nacht. Überall, wo etwas fließt oder sich fortbewegt, geht dies nur, weil eine Bewegung, eine Spannung zwischen zwei Polen stattfindet. Selbst die Schwerkraft funktioniert nach diesem Prinzip. Damit das Wasser in einem Fluss sich fortbewegen kann, braucht es einen »Höhe-Pol«, von dem aus das Wasser in eine Tiefe, zum »Tiefen-Pol«, fließen kann.

Wenn wir zum allgemeinen Verständnis noch die Polaritätsdefinition von Goethe herbeiziehen, lässt sich auch dort das energetische Prinzip erkennen: »Polarität = das ewige Ein- und Ausatmen der Welt.« Mit dieser Erklärung knüpfte Goethe an älteste menschliche Erfahrungen an.

Der Grundsatz der Polarität ist seit Jahrtausenden geregelt und funktioniert immer nach demselben Rhythmusprinzip.

Die Bewertungen des Menschen

Die Polarität ist zwar stets wertfrei; der Mensch erzeugt jedoch durch seine Einteilung in »Gut« und »Schlecht« eine Dualität. Über diese verschiedenen Bedeutungen der Begriffe »Polarität« und »Dualität« sind sich viele im Unklaren. Nicht selten werden sie sogar vertauscht. Zum besseren Verständnis erklären wir hier nochmals kurz den Unterschied.

Die *Dualität* ist ein mentales, menschliches Konzept, bei dem Gegensätzlichkeiten bewertet und als voneinander getrennt wahrgenommen werden. Die *Polarität* dagegen ist ein wertfreies existenzielles Prinzip als neutraler Ausdruck der Natur. Nur weil die Dualität die Ganzheit beider Pole nicht zu kennen scheint, heißt das noch lange nicht, dass sie deshalb etwas »Negatives« oder zu Meidendes wäre. Der Mensch wäre nämlich nicht vollständig, würde er nicht bewerten. Bewertungen gehören zum Menschsein dazu.

Nach einem Vortrag meldete sich ein junger Mann und sagte stolz: »Ich finde Bewerten nicht gut, da man immer in Schubladen denkt.« Doch was hat er gerade wieder getan? Statt das Bewerten zu beurteilen, wäre es in der Konsequenz paradoxerweise richtig zu akzeptieren, dass es wie das Amen in der Kirche zu unserer menschlichen Realität gehört. Aufgrund des Polaritätsprinzips muss die Bewertung an sich nämlich ebenfalls einen positiven Aspekt aufweisen.

Manche spirituell orientierten Menschen, die das Ganze irgendwie missverstanden haben und überall nur das sogenannte Positive betonen, neigen dazu, auch sich selbst ins Licht zu setzen. Sie dünken sich als heilig und glauben, dass sie selbst voll reinem Licht sind und Gutes verbreiten. Sie versuchen also, aus untrennbar zueinandergehörenden hälftigen Anteilen von Licht oder Schatten ein hundertprozentiges Licht zu schaffen. Da jedoch die Hälfte, der »Schatten«, energetisch gesehen nicht zerstörbar ist, bleibt sie mit ihrem Anteil von 50 Prozent am Ganzen natürlich bestehen, ob man sie nun sehen will oder nicht. Je mehr jemand nun polarisiert und glaubt, ein guter Mensch mit erhöhtem Bewusstsein zu sein, desto mehr besteht die Gefahr, dass er einen wesentlichen Teil seiner selbst aus den Augen verliert.

Den Ausgleich finden im Leben

Die Kunst des Lebens besteht darin, den Ausgleich zwischen den Polen zu finden. Seit geraumer Zeit ist zum Beispiel das Schlagwort von der »Work-Life-Balance« in aller Munde, wobei es darum geht, eine Mitte zwischen den Polen Arbeit und Freizeit zu finden, um in Harmonie zu gelangen. Doch was ist »eine Mitte«? Eine Mitte kann nur entstehen, wenn es zwei entgegengesetzte »Extreme«, zwei Pole gibt. Erst wer beide Enden und die vielen Zwischentöne kennt, kann die Mitte finden. Um zur Harmonie zu gelangen, sollte die Ausgewogenheit zwischen den beiden »Extremen« angestrebt werden.

Eine Möglichkeit hierzu bietet die indische Lehre des Yoga, die auch im Westen mittlerweile zum Trend avanciert ist. Das Wort »Yoga« bedeutet so viel wie »Vereinigung« – es wird eine Harmonie der Gegensätze zwischen Körper und Geist, zwischen Bewusstsein und Unbewussten und zwischen dem männlichen und weiblichen Prinzip angestrebt. Auch in den indischen Philosophien ist man nämlich überzeugt davon, dass die Welt durch die beiden Urkräfte gestaltet wird.

Freiheit erfahren durch das Polaritätsprinzip

Für die Erfahrung der Qualitäten Liebe, Glück, Freiheit und Lebensqualität ist es wichtig, sich des Zusammenspiels der Kräfte nach dem Prinzip der Polarität bewusst zu werden, insbesondere wenn die Verbindung der diametralen, aber komplementären Energien nach dem gewöhnlichen Wahrnehmungsmuster nicht erkennbar ist. Mit dem Verständnis der Zusammenhänge der Naturprinzipien wird es möglich, in Einklang und Harmonie mit ihnen zu leben.

Wer einen der untrennbar miteinander verbundenen Pole jedweder Angelegenheit nicht erkennen und akzeptieren will, wird nicht in die Einheit kommen. Denn erst die Bewusstheit der Einheit, also des Einsseins von allem, bringt inneren Frieden. Wer einen Pol ablehnt, stärkt automatisch den Gegenpol. Doch der abgelehnte oder verdrängte Pol wird sich wie gesagt früher oder später *Gehör* verschaffen. Er *gehört* schließlich unweigerlich zur Gesamtheit dazu.

Es geht stets darum, allen Aspekten des Seins angemessen Rechnung zu tragen. Wer wie oben beschrieben nur einen Pol wahrnimmt, beispielsweise den »guten«, lebt zwangsläufig einseitig und gerät durch seine illusorische Weltsicht früher oder später in eine Schieflage: Es besteht beispielsweise die Gefahr, dass er einem Zwang verfällt, in diesem »guten« Pol sozusagen steckenbleibt und mit »guter« Absicht etwas »Schlechtes« bewirken kann – also wiederum das Gegenteil von dem, was er eigentlich wollte.

Dass alles »Schlechte« ausgeblendet oder verdrängt wird, ist ein Verhalten, das man von den bereits erwähnten Zeitgenossen kennt, die das Prinzip des positiven Denkens missverstanden haben. Bei Kursteilnehmer Dieter wurde dieses Phänomen sehr deutlich sichtbar. Er zog zwar viele Probleme des Lebens an, doch als notorischer Optimist blendete er diese schlichtweg aus und sah immer die positive Seite. Es gab für ihn keine Probleme, sondern nur noch Dinge, die er optimieren konnte. Das Polaritätsprinzip zeigte es deutlich: Er blendete den – aus seiner Sicht – »negativen« Pol aus und zog daher im Außen ständig weitere Konflikte und Probleme an. Denn auch dieser Teil der Realität wollte in seiner »Daseinsberechtigung« erkannt werden und gebührend Beachtung finden. Hätte Dieter diesen Pol mehr angenommen, hätte er sich nicht so ausdrücklich in Form von Problemen zeigen müssen.

Wie Dieter sind sich viele Menschen beim mentalen Ausblenden des einen Pols nicht bewusst, dass dieser deshalb nicht einfach verschwindet. Im Gegenteil: Er bleibt energetisch nach wie vor bestehen und zieht weiterhin (manchmal sogar verstärkt) Resonanzen an. Dasselbe gilt natürlich auch beim einseitigen Annehmen des als »schlecht« bezeichneten Pols. Ein solches Steckenbleiben geschieht, wenn man zu inflexibel ist, die jeweils gegenüberliegende Seite anzunehmen.

Der Mensch sollte ganzheitlich ausdrucksfähig sein, das betrifft auch die »männlichen« und »weiblichen« Aspekte seines Daseins. Jeder, ob Mann oder Frau, besitzt in sich nämlich auch einen gegenteiligen Pol. Ein Mann hat durchaus weibliche Wesensanteile. Genau-

so trägt jede Frau einen männlichen Anteil in sich. Erst wer beide
Seiten in sich annimmt und gebührend berücksichtigt, kann ausge-
wogen in Balance, in seine Mitte, in seine Ganzheit, ins Einssein kommen. Gerade in unserer leistungsorientierten Gesellschaft sind viele
Menschen aus ihrem natürlichen Gleichgewicht gefallen. Das drückt
sich auch darin aus, dass viele Männer entweder zu weiblich oder zu
sehr in der männlichen Rolle verhaftet sind. Genauso verhält es sich
bei Frauen, die ihren männlichen Teil überbetonen oder diesen zu
sehr unterdrücken.

Freiheit entsteht, wenn man beide Pole lebt. Einer unserer Kursteilnehmer beispielsweise verharrte oft in einer extremen Sturheit,
die natürlich auch viele Vorteile hatte. Er erreichte schnell seine Ziele,
da hierzu ja prinzipiell ein bestimmtes Maß an Konsequenz erforderlich ist. Er jedoch war so engstirnig, dass kein angemessener Raum
mehr blieb für die notwendige Flexibilität und Spontaneität. »Zufälligerweise« zog er dann auch eine Partnerin an, die ihm genau diesen
Gegenpol spiegelte. Somit waren die Konflikte programmiert. Denn
sie war äußerst disponibel und ließ es allenthalben an der erforderli-
chen Kontinuität mangeln. Immer wenn es größere Konflikte gab, lag
dies daran, dass beide nur in ihrer jeweiligen Perspektive verhaftet
waren. Ein gedeihliches Miteinander wäre entstanden, wenn die zwei
aufeinander zugegangen wären und ein mehr oder weniger ausgegli-
chenes Verhältnis ihrer beider Wesensmerkmale ermöglicht hätten.

Ähnlich braucht es für den Erfolg die männliche und die weibliche
Kraft. Wer sich nur am männlichen, überwiegend leistungsorientierten Prinzip ausrichtet, der wird sehr viel Aufwand betreiben und
einen großen seelischen und körperlichen Verschleiß haben. Ideal
wäre es, wenn man in ausgewogenem Verhältnis einerseits die männliche Kraft aktiviert und ins Tun kommt, doch andererseits auch »loslassen« kann, vertraut und in die weibliche Kraft übergeht, also bereit
ist zum Empfangen.

Es gibt natürlich auch das Gegenextrem. Die Rede ist von Menschen, die im Missverständnis des weiblichen, empfangenden Prinzips grundsätzlich warten, bis die Dinge auf sie zukommen. Ihnen fehlt der männliche, aktive »Part«, der erforderlich ist, um etwas in Gang zu bringen.

Die Umsetzung im Alltag

Das hört sich theoretisch ja alles gut an. Doch wie setzt man diesen Ausgleich nun im Alltag um? Wie gelangt man als Mann oder als Frau in seine Mitte? Wie findet man in die Balance, wenn man in einer Krise steckt, ein Problem sich aufzeigt oder Ängste eine große Herausforderung darstellen?

Das Ungleichgewicht in Folge von Krisen jedweder Art macht sich natürlich unangenehm bemerkbar, was einem den Blick auf das Ganze je nach Intensität mehr oder weniger verstellen kann. Zunächst geht es also erst einmal darum herauszufinden, in welchem Bereich seines Alltags oder in welcher Hinsicht man zu sehr in einer Disbalance lebt. Versuchen Sie, sich bewusst zu machen, wo Sie einen Pol möglicherweise zu stark aktiviert haben und den entsprechenden Gegenpol dadurch überhaupt nicht beachten. Im zweiten Schritt geht es darum, den anderen Pol wieder »einzublenden« und schließlich angemessen zu integrieren.

Doch auch das ist leichter gesagt als getan. Der Hauptgrund, weshalb man oft nicht einfach zum anderen Pol »switchen« kann, ist nämlich der, dass sich dort eine unbewusste Blockade oder Angst verbirgt, also ein Feld, das einem den Weg in den anderen Pol versperrt. In diesem Fall kommt es darauf an, der Situation gemäß zu agieren. Viele machen jetzt nämlich den Fehler und versuchen, ihre Angst einfach abzutöten, was auch eher einem Verdrängen als einem

Lösen des Problems entspricht. Das ist dann so, als ginge man in einen dunklen Raum und versuchte, die Dunkelheit zu »besiegen«. Das kann nicht gelingen. Es gelingt aber sehr wohl, eine Kerze anzuzünden …

Am einfachsten erscheint es bei einem Ungleichgewicht, »mental« so schnell wie möglich vom Krisen- zum Gegenpol zu wechseln. Das ist auch das, was viele Menschen in solchen Fällen tun. Doch auch dies bringt keine dauerhafte Lösung, sondern lediglich eine oberflächliche Symptombekämpfung, vor allem wenn dabei die Kategorien nicht beachtet werden. Durch den Wechsel von einem zum anderen Pol ergibt sich nämlich nicht per se ein Ausgleich, ein Gleichgewicht, zwischen den Polen. Vielmehr bleibt das Ungleichgewicht auch durch einen undifferenzierten Polwechsel weiterhin bestehen. Um es überspitzt zu formulieren: Es ist nur möglich, innerhalb *zweier zusammengehörender* Pole auszugleichen. Man kann nicht von »hell« zu »warm« wandern, sondern nur von »hell« zu »dunkel« oder von »warm« zu »kalt«. Eigentlich eine Binsenweisheit, und doch wird genau dieses unsinnige Verhalten in so manchen mentalen Techniken praktiziert. Oft werden unangenehme Programme »überschrieben« oder zu löschen versucht. Dabei ist dies rein physikalisch gesehen gar nicht möglich. Lediglich in der Fantasie kann solch ein illusionäres Vorgehen eine gewisse Zeit aufrechterhalten werden.

Nachhaltig sind derartige Löschungen oder Überschreibungen nicht. Denn wie wir mittlerweile wissen, existiert der Teil des Überschriebenen energetisch weiter und holt einen irgendwann wieder ein. Bei Programmlöschungen wird versucht, die Information bzw. die Blockade zu zerstören. Doch in Anbetracht der Tatsache, dass diese Programme energetische Informationen sind und Energie nicht zerstört werden kann, kann auch keine Löschung stattfinden. Sie kann lediglich transformiert werden. Dies ist energetisch gesehen sehr wichtig, wenn es darum geht, emotionale Blockaden oder Ängste zu verändern. Man kann sie nicht einfach »wegmachen«, obwohl manche Menschen das gern glauben möchten.

Beim Bearbeiten von Blockaden, Krisen oder Problemen vergisst der Mensch häufig auch, dass innerhalb eines Pols auch wieder eine Polarität besteht. Wenn er sich dessen bewusst ist, kann er relativ leicht innerhalb des einen Pols, zum Beispiel der Krise, in die Tiefe gehen und dort, also innerhalb dieses Pols, den Ausgleich, eine Harmonie zu schaffen versuchen. Zeitgleich würde sich dann im übergeordneten Verhältnis, dem Gegenpol der Krise, auch automatisch ein Ausgleich einstellen, ohne dass der Gegenpol speziell angeschaut werden müsste.

Jeder Pol hat in sich wieder zwei Pole

Um diesen Vorgang genauer zu verstehen, muss man sich bewusst machen, dass jeder Pol in sich eine Polarität besitzt. Die Eigenschaft der Sturheit zum Beispiel bildet für sich einen Pol. Der Pol »Sturheit« ist das Gegenstück zur »Flexibilität«. Die Sturheit an sich ist aber weder nur gut noch nur schlecht. Sie ist beides und damit wiederum bipolar. Als Vorteil von Sturheit kann man es betrachten, dass man mit ihr ein gestecktes Ziel verfolgt und es eher erreicht als durch Nonchalance und dass man »seiner Linie treu bleibt«. Der Nachteil wird sein, dass man im Bedarfsfall von einer einmal eingeschlagenen Linie nicht abweichen kann und dadurch mehr und mehr in einer Inflexibilität erstarrt.

Die Grafik der »Monade in der Monade« soll grafisch deutlich machen, dass ein Pluspol und ein Minuspol auch wieder aus je zwei Polen bestehen. Dass beispielsweise die Eigenschaft »schön« (Gegenpol »hässlich«) prinzipiell auch wieder ein Gegensatzpaar von Plus und Minus enthält, zum Beispiel die Schönheit, an der man sich um ihrer selbst willen erfreut (Plus), und die »Schönheit«, die man einsetzt, um eigennützige Interessen auf Kosten anderer durchzusetzen (Minus). Dasselbe gilt innerhalb eines Minuspols. Dieses Prinzip setzt sich immer weiter so fort.

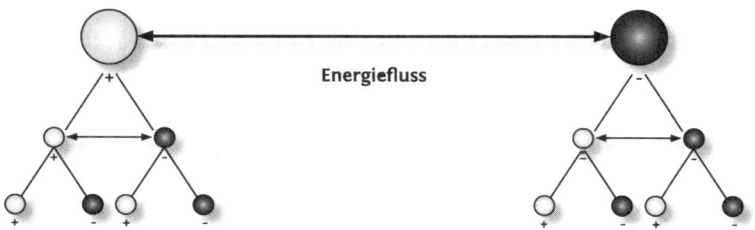

**Das Plus ist auch im Minus enthalten, und innerhalb
des Plus gibt es auch wieder ein Minus und Plus**

Also müsste im Grunde genommen das traditionelle Zeichen von Yin und Yang so aussehen, dass die kleinen weißen und schwarzen Kreise in sich wiederum die Polarität aufzeigen.

Das Gleichgewichtsprinzip

Im vorhergehenden Kapitel haben wir die Polarität mit ihren gegensätzlichen Extremen sowie deren Einheit besprochen. Wir haben festgestellt, dass es darum geht, jeweils bewusst eine Balance zwischen den beiden Seiten zu finden. Daher stellt sich hier auch die Frage: Welche Bedeutung besitzt dieser Ausgleich als Grundsatz in der Natur? Ähnlich wie bei einer Waage sucht die Natur nämlich mit Hilfe von Resonanzen – ohne Aufforderung und vollautomatisch – immer wieder den Ausgleich.

So geschieht es zum Beispiel bei den natürlichen Kreisläufen: Nach dem Tag folgt die Nacht, nach jedem Sturm folgt irgendwann wieder die Sonne, nach dem Sommer der Winter usw. Wenn also in der Natur irgendetwas polarisiert, dann gleicht sich dies quasi automatisch wieder aus.

Etwas Vergleichbares scheint aber auch bei Ereignissen zu geschehen, die nicht unbedingt nach einem solch rhythmischen, voraussehbaren Zyklus eintreten. Während des Zweiten Weltkriegs zum Beispiel sind sehr viele Soldaten, also überwiegend Männer, ums Leben gekommen. Nach dieser Zeit wurde eine überdurchschnittlich hohe Geburtenrate von Jungen festgestellt. Es ist, als ob die Natur »gespürt« hätte, dass die annähernd gleiche Verteilung von Menschen weiblichen und männlichen Geschlechts sonst nicht mehr gewährleistet wäre.

Als Metapher lässt sich der energetische Ausgleich mit Hilfe eines Wasserbehälters darstellen: Was passiert mit einem Behältnis, das durch das Einfüllen von Wasser zunächst auf der linken Seite viel mehr Flüssigkeit hält als auf der rechten (siehe die Abbildung)? Der Druck des Wassers wird immer höher, und durch das Gefälle bzw. die Verbindung von links nach rechts wird sich das Wasser automatisch, ohne einen äußeren Einfluss, auf beiden Seiten gleich verteilen und glätten.

▶Wasser fließt in diese Richtung und verteilt sich gleichmäßig▶

Nach diesem Muster streben sämtliche Energien im Universum danach, sich auszugleichen. Übertragen bedeutet dies auch für unseren Alltag, dass alle Lebensenergien von Natur aus immer wieder und automatisch ohne unser Dazutun einen Ausgleich suchen. Das Gleichgewichtsprinzip existiert nämlich allerorts, wo es zwei Pole gibt, und zwei Pole gibt es ja bekanntlich überall.

Wenn die Natur aus Prinzip immer und überall innerhalb sämtlicher Polaritäten den Ausgleich sucht, würde dies dann nicht bedeuten, dass der Mensch die Harmonie zwischen den beiden Polen gar nicht selbst herbeiführen müsste? Da das Prinzip des Gleichgewichts dies ja von allein tun würde? Grundsätzlich ist dies richtig. Die Natur gleicht prinzipiell aus. Dennoch geht es beim Erreichen von Lebensqualität darum, dass wir uns die Gegensätzlichkeiten vor Augen führen und mit ihnen bewusst in Einklang kommen, statt das Ungleichgewicht durch unsere Aktivitäten hervorzurufen oder einen Ausgleich zu verhindern.

Die Natur schafft automatisch Ausgleich, und dies tut sie im Zusammenspiel mit der Resonanz, also dem Prinzip von Anziehung und Abstoßung. Alles strebt zur Harmonie, zum Ausgleich. Der Fluss allen Lebens heißt Gleichgewicht, aber nicht Stillstand.

> Wer in einem Ungleichgewicht lebt, wird früher oder später automatisch das Streben der Natur nach der Wiederherstellung des Gleichgewichts erfahren, denn diese gleicht alle Energien immer wieder aus.

Immer wieder werden wir gefragt: Wenn nun alles ausgeglichen wäre, gäbe es doch keine Spannung mehr zwischen den Polen. Dies würde nach den bisherigen Erläuterungen bedeuten, dass es keinen Fluss, keine Entwicklung, kein Leben, sondern einfach nur so etwas wie eine undefinierbare Neutralität von allem gäbe. Die Frage ist sehr berechtigt. Denn da das Leben ständig weitergeht, die Natur sich entwickelt und die Spannung zwischen den Polen aufrechterhalten bleibt, kann ein absoluter Ausgleich zwischen beiden Polen ja gar kein Dauerzustand sein. Statt um einen völligen Ausgleich geht es also vielmehr darum, dass beide Pole gerade so viel miteinander in Harmonie schwingen, dass die Lebensenergie nicht zum Erlöschen kommt, sondern als Spannung aufrechterhalten bleibt. Es ist nicht das Ziel, dass sich durch ein Gleichgewicht beide Pole gegenseitig aufheben und ein Neutrum oder ein Nichts entsteht, also etwas, was manche westliche Auslegungen fälschlicherweise unter dem Nirwana verstehen. Vielmehr hat die Medaille auch hier wieder zwei Seiten: Die eine ist das Nirwana – das Überweltliche, Absolute –, die andere ist das Samsara – die weltliche, relative Sicht …

Für uns bedeutet dies, dass jemand, der über längere Zeit nur einen Pol auslebt, früher oder später den anderen Pol erfahren muss. Das Gleichgewicht wird dadurch auf Dauer auf einem solchen Niveau gehalten, dass das System einerseits nicht »kippt«, andererseits nicht durch den vollkommenen Ausgleich der Antagonisten aufgehoben wird. Dies ist das Naturprinzip.

Wenn man etwas unterdrückt, dann muss man dafür sehr viel Energie aufbringen. Unbewusst fokussiert man auf diese Weise jede Menge Energie auf das Ausblenden des Gegenpols. Die Folge ist, dass der Gegenpol einen enormen Energieschub erhält und dadurch kräftiger und mächtiger wird. Man zieht also auf diese Weise an, was man eigentlich abzustoßen versucht.

Wer etwas verdrängt, gibt Energie in dieses Feld und zieht es über Resonanzen erst recht an. Wenn beispielsweise jemand dauernd gestresst und angespannt ist und den Gegenpol der Ruhe nicht lebt, ja sogar verdrängt, dann wird das natürliche Gleichgewichtsprinzip früher oder später dafür sorgen, dass es zu einem Ausgleich kommt. Das Resonanzfeld wird irgendeine Situation anziehen, durch die der Betreffende zwangsläufig in eine Entspannung kommen muss. Und sei es, dass er durch eine Krankheit ans Bett gefesselt wird. Oft geschieht dies auch in Form von plötzlich eintretenden, scheinbar unvorhersehbaren Ereignissen. Es kann manchmal lange dauern, sogar viele Jahre, aber eines Tages holt einen das entsprechend programmierte Feld unvermeidlich ein.

Warum gibt es Schicksalsschläge?

Wenn bei einem Menschen ein x-beliebiger Lebensbereich permanent mit weniger Energie versorgt wird als die anderen, kommt es zu einem Ungleichgewicht. Die Naturprinzipien, konkret die Resonanzen, sind bestrebt, solche Disbalancen automatisch wieder auszugleichen. Oft findet dieser Kompensationsversuch statt, indem wir durch sogenannte Schicksalsschläge wachgerüttelt werden sollen.

Im Berufsleben kann das eine Kündigung sein, in der Partnerschaft eine Trennung oder ein großer Streit, im Bereich der Finanzen beispielsweise ein Geldverlust, oder man wird bestohlen. Auch kann es die Gesundheit in Form einer Krankheit oder eines Unfalls treffen. Etwas im System fällt aus dem Gleichgewicht, und der Körper oder das Umfeld reagiert. Solch ein energetisches Ungleichgewicht merkt der Mensch spätestens dann, wenn es ihm irgendwo wehtut, weswegen die Reaktion auf das Ungleichgewicht eben in der Regel eine schmerzhafte ist! Also gibt es auch einen direkten Zusammenhang zwischen Wirkung (Krankheit) und Ursache (Disbalance). Oft liegt diese Ursache in den unbewussten Gedanken oder unterdrückten bzw. ignorierten Emotionen.

Nehmen wir doch ein weiteres Mal das Beispiel von Erika aus Luxemburg. Sie unterdrückte mit Beharrlichkeit das Gefühl des Nichtangenommenseins. Zunächst bei ihrem ersten Mann, der sehr aufbrausend war, dann bei ihrem Freund vom Bodensee, der sich nicht mitteilen konnte. Wessen sich Erika nicht bewusst war, ist, dass dieses von ihr negativ bewertete Gefühl ebenfalls als Teil zum Ganzen gehört. Ohne dieses Gefühl, das sehr viele Menschen nicht wahrhaben möchten, wäre der Mensch nicht vollkommen, nicht ganz. Erika schmerzte dieses Gefühl jedoch so sehr, dass sie sich sogar das Leben nehmen wollte. Damit sie nicht mehr Gefahr lief solche Schmerzen zu verspüren, tat sie unbewusst alles, um sie zu vermeiden oder zu unterdrücken. Wie so viele Menschen wechselte sie vom einen Pol, dem des Sich-nicht-angenommen-Fühlens, zum anderen Pol, indem sie das Außen veränderte, und zwar durch die Scheidung. Dadurch war sie nicht mehr in so hohem Ausmaß den Emotionen ihres Mannes ausgeliefert. Das andere Mal durch die erneute Trennung und den Umzug vom Bodensee zurück nach Luxemburg. Beide Male hat die Veränderung im Außen dazu geführt, dass sie kurzfristig das innere Gefühl des Nichtangenommenseins nicht mehr spüren musste.

Doch wie bereits gesagt wurde, waren diese Maßnahmen lediglich Symptombehandlungen an der Oberfläche, ohne den tiefen ursächlichen Umstand zu ändern. Durch den Wechsel vom einen zum anderen Pol, vom einen zum anderen Partner, vom einen zum anderen Ort hat sie keinen wirklichen Ausgleich ins System gebracht. Der ganze Wechsel hat lediglich eine Verlagerung des Ungleichgewichts produziert. Daher erstaunt es auch nicht, dass ihr zweiter Partner, obwohl er das totale Gegenteil von ihrem Exmann war, genau dieselben unterdrückten Gefühle bei ihr ausgelöst hatte wie Ersterer.

Wenn wir in der Geschichte von Erika noch weiter zurückgehen, können wir erkennen, dass sie das Gefühl des Nichtangenommenseins bereits in ihrer Kindheit erfahren und schon damals geflissentlich zu unterdrücken gelernt hatte. Tatsächlich war dieses Gefühl in ihrer Ursprungsfamilie sehr zentral, sodass sie sich entschloss, dem Ganzen durch eine frühe Heirat zu entkommen.

Eine Unterdrückung innerhalb eines Systems führt immer zu einem Ungleichgewicht.

Bei einem Schicksalsschlag, einem Konflikt oder einer Krankheit fokussiert sich der Mensch zunächst wieder auf nur einen Pol. Oft ist dies der negative. Weil dieser Schmerzen oder Probleme verursacht, scheint er den anderen Teil nicht wahrnehmen zu können, und er bewertet diese Schmerzen nochmals als negativ.

Dieser Abwärtsspirale aus eigener Kraft zu entkommen ist ab einem gewissen Grad nicht einfach, aber dennoch immer möglich. Es bedarf allerdings etwas Übung, um auch in prekäreren Situationen zu erkennen, dass sich alles in dem oben beschriebenen Sinne kausal verhält. Durch das genaue Anschauen und Bewusstwerden hat jeder Mensch die Chance, die Zeichen des Lebens zu erkennen. Wer dies einmal verinnerlicht hat, sieht recht bald die wahren Hintergründe für sein Los und kann dementsprechend schnell darangehen, etwas zur Veränderung zu unternehmen. Wichtig dabei ist jedoch auch, »Ursache« nicht mit »Schuld« zu verwechseln. Sich selbst oder anderen Vorwürfe zu machen würde die Situation sicher nicht zum Besseren wenden.

Weshalb fallen wir immer wieder aus der Balance heraus?

Wenn also die Balance, der Ausgleich, die Harmonie der natürliche Zustand des Lebens ist, aus welchem Grund gerät alles immer wieder aus diesem Gleichgewicht heraus?

In der Genesis wird dies mit dem Verhalten von Adam und Eva erklärt. Sie lebten im Paradies, im Garten Eden, alles war vollkommen. Einzig durften sie nicht die Früchte vom Baum der Erkenntnis essen. Doch die Schlange erklärte eines Tages: »Wenn ihr davon kostet, werden euch die Augen aufgetan, und ihr werdet wissen, was gut und böse ist.« Eva aß die Frucht und überredete Adam, ihr in die

neue Welt zu folgen. Bis zu dem Moment waren sie nackt gewesen,
doch hatten sie noch nichts davon gewusst. Sie wussten nicht, was
Trauer und Schmerz ist, kannten weder Erfolg noch Misserfolg –
noch Angst, Freude oder Kummer. Sie lebten in der Einheit im Sein.
Indem sie aber die Frucht aßen, trennten sie sich von ihrer Identität,
und die Reise begann in einer neuen Welt der Illusion des Getrenntseins. Sie verloren die instinktive Verständigung mit Gott und gewan-
nen die Freiheit, etwas erfahren zu können, indem sie die Dualität
erlebten. Dies ist die Metapher dafür, wie der Mensch von der Einheit
in die Dualität gekommen ist.

ALL-EINS verbunden   **Ich, allein, Ego**

Energetisch gesehen ist es in diesem Zusammenhang jedoch wichtig,
die Spannung und die Bewegung zwischen den Polen zu verstehen.
Wenn man die Schwingungen unter physikalischen Gesichtspunkten
betrachtet, erkennt man, dass die Balance nur durch die Spannung
zwischen den beiden Polen entstehen kann. Konkret bedeutet dies

einmal mehr, dass es stets beide Pole braucht, damit diese »Einheits-schwingung«, die Harmonie, überhaupt existieren kann. Ohne Pole keine Balance. Der Grund, weshalb die Natur einschließlich des Men-schen immer wieder aus der Balance fällt, ist, weil das ganze System sich bewegt. Dabei entstehen zwangsläufig Disbalancen in die eine oder andere Richtung, bei denen ein Überschuss auf der einen Seite ein Defizit auf der anderen bewirkt, das wiederum nach Kompensa-tion strebt.

Das Geheimnis des Gleichgewichts heißt Liebe

Viele Menschen haben das Ziel, in sämtlichen Lebensbereichen in der Balance zu stehen. Doch was bedeutet das eigentlich, »im Gleichge-wicht« oder »in Harmonie« zu sein?

Über die Energie zwischen den Polen wird philosophiert, seit der Mensch denkt. Einmal wird sie »Lebensenergie«, »Qi«, genannt. Ein anderes Mal nennt sie sich »Sexualkraft« usw. Was jedoch oft verges-sen wird, ist, dass diese Energie bedingungslos ist. Sie strömt absolut wertfrei und fließt hier und überall. Sie urteilt nicht und bewegt sich immer ausgeglichen. Sie *ist* einfach und fließt als stärkste Kraft im Universum. Die Spannung zwischen jeglichen Polen ist die Kraft der Liebe. Ja, richtig. Liebe! Sie ist bedingungslos und unendlich, allge-genwärtig und überall, wo es zwei Pole gibt.

Mit dieser Sichtweise haben die Menschen im ersten Moment so ihre Schwierigkeiten. Für viele ist die Liebe nämlich etwas eindeutig Positives. Mit dieser Bewertung wird man der Liebe jedoch bei wei-tem nicht gerecht. Die Liebe ist weder positiv noch negativ. Sie umfasst beides und noch viel mehr und ist doch – nichts von alle-dem. Sie ist allein die Spannungsenergie zwischen den Polen.

Diese »wertfreie« Urkraft ist für die Natur das Normalste, was es überhaupt gibt. Ihr käme es nie in den Sinn, diese Energie mit einem moralisch wertenden Attribut zu versehen. Lediglich der Mensch lebt die Illusion des Getrenntseins. Er lebt in der Dualität und assoziiert in ihr immer wieder nur das Positive mit der Liebe. Gerade weil er sie sucht, bewertet er diese als »gut«; doch solange er dies tut, wird er sich nicht bewusst werden können, dass er bereits Teil dieser Einheit, der Liebe, der Vollkommenheit ist, zu der auch der Gegenpol des »Guten« gehört.

Dennoch gibt es immer mehr Menschen, die sich – wenn auch nur für kurze Zeit – daran erinnern können, Teil von einem Ganzen zu sein. Doch so schnell sie sich erinnern, so schnell haben sie es wieder vergessen und halten an der Illusion der Trennung fest.

Die Lebensenergie der Liebe bewusst wahrnehmen zu können ist eines der größten Lernziele des Menschen. Die Natur gibt sich dieser Vollkommenheit, dem Fluss der Polarität bedingungslos hin.

Bewertungen und Meinungen

Was ist eine Tatsache und
was nur eine Bewertung?

Wie bereits gesagt wurde, ist die Tendenz des Bewertens ein wichtiger Stolperstein, über den es sich lohnt ein weiteres Mal genauer nachzudenken. Dabei ist eine Bewertung dadurch gekennzeichnet, dass der Fokus auf einen Pol gelegt und so getan wird, als wäre die andere Seite inexistent. Durch das Bewerten fallen wir automatisch ins Polarisieren. Unser Verstand teilt blitzschnell und oft auch unbewusst in richtig oder falsch und gut oder schlecht. Es ist ein Ausdruck unserer subjektiven, begrenzten Wahrnehmung.

Machen Sie einmal einen Test: Nehmen wir an, es ist sommertags bei 30 Grad. Wie würden Sie diesen Tag beschreiben, ohne ihn zu bewerten, also nur die Fakten benennen? Die meisten geben eine Antwort wie: »Schön und warm«, doch impliziert dies bereits eine Bewertung, denn ob man etwas ›schön‹ oder »nicht schön« findet, hängt von subjektiven Wertmaßstäben ab. Für den einen sind 30 Grad ideal, für den anderen ist es zu heiß. Jemand, der drei Monate in der Wüste bei 45 Grad gelebt hätte, empfände diese 30 Grad vielleicht sogar als relativ frisch. Sobald wir also Adjektive wie »schön«, »gut«, »schlecht«, »optimal« verwenden, handelt es sich immer um subjektive Empfindungen und somit Bewertungen. Tatsachen wären lediglich meteorologische Beschreibungen wie Gradzahl, Bewölkungsverhältnisse, Windrichtung oder Luftfeuchtigkeit.

Übertragen wir dies nun einmal beispielhaf auf eine Situation, wie sie vielleicht in Ihrem Leben vorkommen kann. Nehmen wir an, Sie gewinnen ein Tennisturnier – ist dies nun gut oder schlecht? Die meisten geben hier als Antwort: »Natürlich gut.« Doch auch das Gute hat in sich einen Gegenpol. Wer nämlich gewonnen hat, produziert automatisch auch Verlierer, also einen Schatten. Zudem steht derjenige, der einmal gewonnen hat, unter dem Druck, den Standard zu halten. Und selbst wenn er sich noch verbessert, ist die Freude darüber sicher nicht so groß wie beim ersten Sieg, weil man dies ja sozusagen von ihm erwartet. Sosehr wir einen Sieg in welcher Disziplin auch immer anstreben, ist die Situation aus ganzheitlicher Sicht also immer »neutral«, da sich positive und negative Energien gegenseitig ausgleichen.

Doch wie sieht es aus, wenn ein Erdbeben oder ein vergleichbares Unglück geschehen ist? Wie ist dies einzustufen? Die meisten Menschen sehen hier wieder allein den negativen Aspekt, obschon es nach dem Prinzip der Polarität auch einen positiven geben muss. Einmal abgesehen davon, dass solche natürlichen Ereignisse sich selbstredend nicht danach richten, wie wir sie einstufen könnten, soll an dieser Stelle kein Leid bagatellisiert oder auch nur relativiert werden, dennoch entstehen beispielsweise auch neue Chancen: Man wird sich wieder bewusster über die Werte im Leben, man baut Neues auf, es wächst ein neues verbindendes Gefühl der Gemeinschaft und dergleichen mehr.

Nun mögen wir mit unserer begrenzten Einsicht abwägen und sagen, dass all diese zum Teil hypothetischen Vorteile das tatsächliche Leid nie und nimmer aufwiegen könnten. Doch einmal davon abgesehen, dass wir bei Katastrophen solcher Art nur eingeschränkt oder gar keinen Einfluss nehmen und lediglich versuchen können, »irgendwie« damit umzugehen – etwa durch das Ergreifen von sinnvollen Präventivmaßnahmen wie der schlichten Nichtbesiedlung besonders erdbebengefährdeter Regionen –, bleibt uns nichts anderes übrig, als auf die Gültigkeit der als sicher erkannten Prinzipien zu vertrauen und auch hier davon auszugehen, dass die Situation im holistischen Sinne durch ein Gleichgewicht aller beteiligten Kräfte gekennzeichnet ist.

Dennoch sehen wir hier nur das Negative und halten diese Einschätzung für objektiv, für allgemeingültig. Wir wissen zwar, dass alles weder nur gut noch nur schlecht ist, dass es immer auf den Standpunkt des Betrachters ankommt. Doch wo soll bei einer Krise, einem Problem oder einer Angst das Positive sein? Nach dem Polaritätsprinzip ist dies genau der springende Punkt. Es ist die Aufgabe eines Problems, einer Angst oder einer Krankheit, den Menschen auf den verdrängten Pol hinzuweisen, um ihn zu veranlassen, etwas Positives zu initiieren. In unseren Seminaren bitten wir die Teilnehmer, eine solche Herausforderung anzunehmen und mittels der Intuitionstechnik zu erforschen, was die positive Seite an einer Krise sein könnte, und den anderen Pol zu erkennen. Jedes Mal gibt es dann nach einer Weile regelrechte Aha-Erlebnisse, und kostbare Schätze werden entdeckt, sodass danach keines der Probleme nur noch negativ eingeordnet, sondern eher differenziert betrachtet wird.

Vom Bewerten zum Bewusstsein der Liebe

Gute Bewertungen hier, schlechte Bewertungen da … Alle Menschen haben ihre Parameter, anhand derer sie die Eindrücke ihres Alltags unwillkürlich einordnen. Und doch möchten sich die wenigsten ihr Bewertungsverhalten eingestehen. Insbesondere dann, wenn die Urteile negativ sind und nach landläufiger Meinung in die Kategorie der Voreingenommenheiten fallen könnten. Derzeit lässt sich sogar ein regelrechter »Anti-Bewertungs-Trend« feststellen. Dabei gibt sich ein Großteil der westlichen Bevölkerung extreme Mühe, nach östlichem Vorbild – wie sie es verstehen – nicht mehr zu bewerten bzw. nicht mehr zu urteilen. Gerade in spirituellen Kreisen meinen viele, dass man als Person, die an ihrem Bewusstwerden arbeitet, als Erstes das Bewerten eliminieren müsse. Dies, um sozusagen »egofrei« zu werden. In diesem Zusammenhang werden östliche Philosophien leider oft falsch interpretiert. Unmerklich wird nämlich mit der Absicht, nicht bewerten zu wollen, das Bewerten als etwas Schlechtes angesehen. Übersehen wird dabei einmal mehr, dass bereits dem Ziel, nicht mehr bewerten zu wollen, eine urteilende Absicht zugrunde liegt. Nämlich das Verurteilen des Bewertens, das nur einfach mal zum Menschsein dazugehört.

Wir haben an früherer Stelle bereits eine erste Idee von diesem Paradoxon erhalten: Das Prinzip, dass alles eins ist, manifestiert sich immer mehr im Bewusstsein unserer Gesellschaft. Doch gerade wenn man sich mit der Idee des Einsseins identifiziert, veranlasst dies merkwürdigerweise den menschlichen Verstand dieses Prinzip zu bewerten. Unser Intellekt betrachtet nämlich jede Situation aus der Sicht des Getrenntseins und muss sich de facto also auch einen Gegenpol zur Einheit vorstellen, was von der Logik her nicht funktioniert. Das Wort »ur-teilen« sagt bereits aus, um was es geht: Es teilt den Ursprung. Die logische Schlussfolgerung des Verstandes ist automatisch, dass Bewerten nicht in Ordnung ist. Obschon unser Verstand das Prinzip der Polarität, die Tatsache, dass alles eins ist, kennt, bewertet er es dennoch.

Ist es nun also richtig, dass alles eins ist? Falls ja, wäre es demnach falsch zu bewerten. Durch den Versuch, eine Antwort auf diese Fragen zu finden, lässt sich erkennen, dass es in unserem individuellen Sein gar nicht denkbar ist, *nicht* zu bewerten. Machen wir uns also nicht »spiritueller«, als wir sind.

Das Denken ist entscheidend

Unser Denken bestimmt unser Leben. Wenn wir bewusst positiv denken und bewerten, sollten wir also auch Positives anziehen. Doch was passiert mit all den unbewussten Gedanken, die ja bekanntlich den Großteil unseres Denkens ausmachen? Gemäß dem Gleichgewichtsprinzip sucht sich die Natur automatisch einen Ausgleich zwischen den Polen. Wenn nun also unser bewusstes Denken ausschließlich auf positive Gedanken fokussiert ist, müssen wir automatisch die ganzen gegenpoligen, negativen Gedanken, die rein vom Prinzip her auch vorhanden sein müssten, großzügig ausblenden, negieren und verdrängen. Auch wenn wir diese negativen Gedanken nicht bewusst wahrnehmen, sind sie wie gesagt rein energetisch gesehen dennoch vorhanden, denn wie beim Prinzip der Polarität erklärt wurde, tritt ein Plus nie ohne ein Minus auf – und umgekehrt.

Wer also immer wieder nur den einen Pol betont und damit polarisiert, wird automatisch Energie in diesen Pol geben. Damit schafft er unvermeidlich ein Ungleichgewicht, und der andere, nichtbeachtete Pol will wieder für Ausgleich sorgen. Dies wiederum aktiviert das Naturprinzip, das einen entsprechenden Resonanzkörper anzieht, der das Defizit kompensiert. Konkret bedeutet dies, dass auch jemand, der zu stark dem Optimismus verfallen ist, polarisiert und damit einseitig denkt. Er verdrängt den negativen Pol, den er nicht annehmen kann. Und weil auch hier ein Ungleichgewicht entsteht, muss dieser negative Teil sich im Leben immer wieder bemerkbar machen! Zum Beispiel zieht so ein Optimist oft negative Situationen an. Oder er zieht pessimistische Menschen an, die ihm offenkundig nicht guttun usw. Da dieses Negative mit größter Wahrscheinlichkeit vom Optimisten gleich wieder verdrängt wird, wird das Ungleichgewicht immer größer, bis es eines Tages zum Knall kommt.

Es geht also um ein Gleichgewicht der Gedanken. Man muss als Optimist nicht pessimistisch werden, aber sich bewusst werden, dass es auch einen anderen Pol gibt. Genauso muss man sich als Pessimist bewusst werden, dass es auch den anderen Pol gibt und nichts im Leben nur negativ ist.

Der Optimist verdrängt das Negative

Der jung-dynamische Unternehmer Rainer, der nach außen hin sehr erfolgreich wirkt, hat entschieden, durch und durch Optimist zu sein. Er ist überzeugt, dass ihm nach seiner Meinung negativ denkende Menschen nicht guttun, was dazu führt, dass er Mitarbeiter, die unzufrieden und kritisch sind, meidet, aus seinem Gesichtskreis bannt oder einfach aus seinem Unternehmen entlässt. Alles, was im Außen negativ zu sein scheint, wird unverzüglich aus dem Alltag eliminiert. So entsteht wie beschrieben automatisch ein großes energetisches Ungleichgewicht.

Wie könnte sich diese Disbalance wohl ausgleichen? In unserem Beispiel zog der optimistische Unternehmer eine Ehefrau an, die überdurchschnittlich ängstlich ist. Im Gegensatz zu ihm stellt sie sich selbst immer wieder in Frage. Auch unter seinen Kindern findet sich eines, das stellvertretend für ihn den Gegenpol des Negativen lebt und mit dem er einfach nicht klarkommt. Sein Nachbar ist für ihn der sprichwörtliche Herr »Mötzli«, der ständig an allem etwas auszusetzen hat. Des Weiteren verkrachte sich der optimistische Unternehmer mit seinen Geschwistern. Denn diese leben ebenfalls den Gegenpol zu ihm. Um sich nicht weiter mit der negativ denkenden Verwandtschaft auseinandersetzen zu müssen, hat der Unternehmer einfach den Kontakt zu seiner Ursprungsfamilie abgebrochen. Er selbst ist davon überzeugt, dass so alles in bester Ordnung wäre, und gaukelt sich vor, dass sein Glaubenssystem immer wieder bestätigt würde. Er merkt nicht, wie das Leben für die Menschen in seinem Umfeld alles andere als »in Ordnung« ist, was natürlich auch auf ihn zurückfällt.

Der Pessimist verdrängt das Positive

Ein ebensolches Ungleichgewicht, nur mit umgekehrten Vorzeichen, herrscht bei einem eingefleischten Pessimisten. Das Beispiel von Theodor, einem anderen sehr erfolgreichen Unternehmer, zeigt dies sehr klar auf: Er ist finanziell unabhängig und sehr effizient, obwohl er »von Natur aus« Pessimist ist. Er ignoriert quasi instinktiv alle Ereignisse, die ihm irgendwie positiv zu sein scheinen. Er sieht in allem nur das Schlechte, Gefahren, Ärger und Schmerz. Trotzdem hat er es zu einem der erfolgreichsten Unternehmer weltweit geschafft.

Dumm ist nur, dass er sich über seinen Erfolg gar nicht freuen kann. Im Unterschied zum optimistischen Unternehmer, der stolz auf das ist, was er erreicht hat, ist der Pessimist vollkommen bescheiden und versucht, seine Meriten und seine Güter sogar zu verbergen, und dies, obwohl – oder *weil*? – sein Vermögen das des Optimisten in unserem Beispiel um das Vierhundertfache übertrifft. Oft kann ein Pessimist seinen eigenen Erfolg gar nicht entsprechend würdigen und genießen, weil er in jeder Suppe ein Haar entdeckt. So findet auch er stets eine Bestätigung für die Richtigkeit seiner Auffassung, die sich dadurch immer noch mehr zementiert.

Der Grund, warum er dennoch so erfolgreich geworden ist, liegt wieder in einem Gegenpol: Es ist sein innerer Antrieb, denn er wollte »endlich mal etwas Positives und Erfolgreiches« erleben; dies motivierte ihn, Höchstleistungen zu bringen.

Interessant ist, dass sowohl der optimistische als auch der pessimistische Unternehmer große Angst hat, sein Vermögen zu verlieren. Der Unterschied liegt sozusagen zwischen den Polen. Der Optimist gesteht sich nur ungern seine Angst ein. Er verdrängt sie lieber und überschreibt sie mental mit etwas Positivem. Der Pessimist ist sich seiner permanenten Angst sehr bewusst. Das führt dazu, dass er alles Erdenkliche tut, um den Verlust, von dem er weiß, dass er immer wieder mal eintreten kann, möglichst in Grenzen zu halten. Der eine fokussiert sich auf seinen Erfolg und blendet den Misserfolg aus, der andere, der bereits zu den Erfolgreichsten weltweit gehört, fokussiert sich auf diejenigen, die noch mehr haben als er, und blendet seinen Erfolg aus. Welche Haltungsweise ist nun also die bessere?

Gemäß Gleichgewichtsprinzip ist weder das Leben des Optimisten noch das des Pessimisten »besser« oder »schlechter«. Beide erfahren im Lauf der Jahre in etwa gleich viele positive wie auch negative Ereignisse. Durch ihre beschränkte Sichtweise beleuchten sie einfach nur die gegenteiligen Pole. Doch die Grundangst, die beiden stark im Nacken sitzt, ist vergleichbar groß.

Die »irdische« und die »spirituelle« Sichtweise

Wenn wir in unserer beschränkten Wahrnehmung jedes Mal, wenn wir etwas als »gut« oder »schlecht« bewerten, die andere Hälfte der Angelegenheit – den »Schatten« – verdrängen bzw. verleugnen, fällt uns dies interessanterweise überhaupt nicht schwer. Es passiert einfach und automatisch. Die wertfreie Polarität des Einsseins wird im Moment des Bewertens wie selbstverständlich ignoriert. So kommt es, dass sich selbst Menschen, die sich ausgiebig mit dem Thema beschäftigt haben, im alltäglichen Leben schwertun, das Wissen um die Einheit und Sinnhaftigkeit allen Geschehens praktisch anzuwenden. Die Bewertung, die gleichzeitig auch eine Teilung der Einheit impliziert, gibt dem genialen, jedoch begrenzten Werkzeug des Intellekts Sicherheit.

So gesehen bewegen wir uns mit unserer Wahrnehmung ständig zwischen zwei Ebenen. Es handelt sich dabei um zwei sich gegenüberliegende Betrachtungsweisen. Einerseits ist da die dualistische, irdische, limitierte Perspektive. Andererseits ist da die übergeordnete, ganzheitliche, spirituelle Sichtweise, der zufolge alles eins ist.

Wenn wir uns nun zwischen den beiden Perspektiven entscheiden müssten, hätten wir wieder keine Chance, denn beide bedingen einander. Dies wäre ja erneut eine exklusive Entweder-oder-Denkart. Es geht vielmehr darum, »Bewusstsein« in die beiden gegensätzlichen Sichtweisen hineinzubringen. Dies ist nur möglich, indem wir ganzheitlich nach beiden Sichtweisen leben und durch unser Bewusstwerden allmählich unsere Balance zwischen den Polen wiederfinden. Durch das bewusste Leben beider Pole werden wir ihnen gleichermaßen gerecht, behandeln sie wie Bruder und Schwester. Wissenschaft und Spiritualität interagieren gleichberechtigt. Die Lösung ist wie so oft kein »Entweder-oder«, sondern ein »Sowohl-als-auch«!

Der erste Schritt in die Freiheit ist, wertfrei anzunehmen, was wir bewerten, und damit für einen Augenblick zum bedingungslosen Beobachter zu werden.

Thomas Frei

Vom Verurteilen des Bewertens in das Bewusstsein der Liebe

Doch wie kann man nun beide Seiten in der Praxis leben? Am aufrichtigsten und damit besten wird es sein, wenn man sich eingesteht und es zulässt, dass man trotz Kenntnis der Einheit allen Seins und der Gleichberechtigung aller Elemente immer wieder dazu neigt, Wertungen vorzunehmen. Diese Zuordnungen können uns Orientierungshilfe sein, und sie entsprechen unserer menschlichen Natur. Wenn das Bewerten etwas »Falsches« wäre, dann wäre es zwangsläufig auch falsch, ein Mensch zu sein. Vielleicht geht es absurderweise ja nur darum, wertfrei bewusst zu werden, dass wir uns schuldig fühlen, weil wir gerade bewerten und damit die Illusion nähren, vom großen Ganzen getrennt zu sein. Mit oder ohne schlechtes Gewissen sozusagen wertfrei anzunehmen, dass wir werten. So wäre es möglich, ein Gleichgewicht zwischen den beiden unterschiedlichen Sichtweisen zu ermitteln. Dies wäre einer der Wege, die uns allmählich immer mehr ins Bewusstsein der Liebe führen: die Schwingung zwischen den Polen, die so oft missverstanden, aber dennoch bedingungslos und allgegenwärtig ist.

Egal, wie ausgeprägt das spirituelle Bewusstsein eines Menschen auch sein mag, er ist und bleibt immer noch ein Vertreter seiner Spezies. Und der Homo sapiens unterscheidet sich unter anderem nun einmal gerade durch seinen Intellekt von den Mitgeschöpfen auf seinem Planeten. Es geschieht daher auch bei spirituell Orientierten immer mal wieder, dass das wertende Denken ihr Dasein dominiert und sie sich nur in einer Richtung orientieren. Wenn dies der Fall ist, fühlt man sich unterschwellig von der Einheit getrennt. Aus diesem Grunde nimmt man dann die Spannung zwischen den Polen, die wir auch als »Liebe« definiert haben, nur so selten bewusst wahr. Meistens nur dann, wenn das eigene System ausgeglichen ist. Das heißt, wenn unser Körper, insbesondere die Gehirnhälften, physisch und emotional im Einklang ist.

Wer sich, wenn auch nur für kurze Zeit, im Bewusstsein der Liebe befindet, der hat in diesem Zustand sozusagen automatisch Verständnis für alles. Er verurteilt nicht, was jemand anders oder er selbst tut. Er erwartet nichts und fragt sich auch nicht, ob das, was ein anderer tut, in praxi eine negative Auswirkung hat oder nicht. Man beobachtet sozusagen von »Wolke sieben« aus alles wertneutral. Das Ideal der Liebe ist eben bedingungslos und wertfrei. Dieser Zustand ist vor dem Hintergrund unseres Alltags im Hier und Jetzt jedoch nicht als Dauerlösung sinnvoll, denn dann fehlte das Moment der Erfahrung, das nur aufgrund der Polarität möglich ist. Wir würden uns in diesem hypothetischen Zustand nur noch in einem Neutrum unserer Wahrnehmung bewegen und ohne Verstand einfach nur noch »sein«, ohne dabei die Erfahrung des Menschseins machen zu können.

Vielmehr geht es darum, diese mehr oder weniger kurzen Sequenzen des Bewusstseins der Urschwingung, die eine Art Erleuchtungsaugenblicke sind, zu erfahren und wertzuschätzen, um aufgetankt mit jener speziellen »Energie« wieder im dualen Leben anzukommen und seine Erfahrungen in der menschlichen Realität machen zu dürfen.

Die Kunst liegt darin, mit beiden Perspektiven zu jonglieren. Wer bewertet, sieht in dem Augenblick nur einen Teil der Ganzheit. Wer sich an die Liebe erinnern möchte, die immer allgegenwärtig ist, sollte sich in dem Moment stets wieder die Ganzheit bewusst machen. Diese Ganzheit erkennt man, indem man jedes Mal bei einer Bewertung auch den anderen Pol in Betracht zieht, selbst wenn er nicht unbedingt offensichtlich ist. Dies ist ein »Training«, zu dem sich im Alltag sehr viele Gelegenheiten bieten. Wenn Sie beispielsweise etwas als »negativ« erfahren, versuchen Sie, auch den positiven Aspekt zu ermitteln. Wenn dies nicht auf Anhieb gelingt, dann lassen Sie nicht locker und beschäftigen Sie sich zu einem späteren Zeitpunkt noch einmal mit der Angelegenheit. Und wenn es Ihnen auch dann nicht gelingt, dann können Sie sich auf Ihr Wissen verlassen, dass es diesen positiven Aspekt geben muss, und die Dinge so annehmen, wie sie eben gerade sind.

Das bedeutet natürlich nicht, dass man in Lethargie verfallen soll. Und bei dem, was als negativ und schädlich erkannt wird, sollte man auch eine Änderung anstreben – sofern und soweit dies möglich ist. Es gilt jedoch, ein Gespür für den übergeordneten Sinn zu entwickeln, der auch scheinbar ausweglosen Situationen innewohnt, ohne sie bagatellisieren oder gar schönreden zu wollen.

Die Liebe wertet nicht und nimmt bedingungslos an, was ist.

Was der Mensch von Tieren lernen kann

Dass – außer vom Menschen – in der Natur keine moralischen Wertungen vorgenommen werden, durften wir vor allem auch an unserer Hündin Joya beobachten. Sie ist eine der eindrücklichsten Lehrerinnen in unserem Leben. Sie war es eigentlich, die uns die Ideen von der Polarität und der Einheit anschaulich vorgelebt hat. Denn durch die Beobachtung ihres Verhaltens und die Beschäftigung mit dem Wesen der Hunde in Kombination mit der eigenen Intuition konnten wir die wichtigsten Zusammenhänge plastisch erkennen.

Ein Tier – wie übrigens auch ein neugeborener Mensch – lebt zwar in der Polarität, nimmt diese jedoch nicht als etwas Getrenntes in Form von zwei Polen wahr, sondern als Einheit. Beide kennen nur das Hier und Jetzt. Es gibt kein Gestern und auch kein Morgen, sondern nur den Augenblick. Ein Gefühl des Wartens existiert nicht, da es kein

Verständnis für Zeit gibt. Es existieren keine Bewertungen, noch wird irgendetwas persönlich genommen. Wenn nun ein Hund beispielsweise für einen kurzen Moment seinem Trieb folgt oder in eine Aggression kommt, dann könnte man meinen, er falle für einen Augenblick aus seinem Gefühl für die Einheit heraus. Das trifft aber keineswegs zu. Selbst während des Triebverhaltens hat ein Tier keinerlei Verständnis von Polarität, obwohl es diese braucht, um zu leben.

Es passiert auch oft – oder sagen wir fast immer –, dass Haustierbesitzer ihre Lieblinge vermenschlichen und ihnen Charakteristika unterstellen, die einen Menschen kennzeichnen können, die aber für ein Tier so niemals zutreffend sind. Ein Tier ist nicht eifersüchtig, wie wir es beim Menschen kennen. Wenn wir diesen Eindruck haben, dann ist das Tier lediglich verunsichert, wenn da ein neuer Mitspieler hinzukommt. Es sehnt sich nicht, wie so oft geglaubt, nach seinem Besitzer, es ist lediglich auf ihn sensibilisiert, und wenn er nicht da ist, dann kann es sein, dass es irritiert ist.

Ein Tier reflektiert sich nicht wie ein Mensch und bemitleidet sich selbst auch nicht. Ein Tier fühlt zwar Freude, Angst und Schmerz, doch im Unterschied zum Menschen bewertet es diese Gefühle nicht. Freude ist nicht besser als Angst, sie hat lediglich eine höhere energetische Frequenz, was vom Menschen sofort als »besser« bewertet wird.

Dies ist für manchen Katzen- oder Hundebesitzer enttäuschend zu hören; möchte er doch gern glauben, dass ihn sein Tier »liebt«. Dem ist auch so. Jedes Tier, jedes Baby »liebt«. Im Unterschied zum erwachsenen Menschen bewerten sie diese Liebe jedoch nicht.

Die Wertfreiheit und Einheit, die Tiere und Babys ausstrahlen, macht sie für viele Menschen dennoch so attraktiv. Sie spüren die Bedingungslosigkeit des Einsseins und sehnen sich danach, einen ähnlichen Zustand des Glücks zu erreichen.

Die Wahrnehmung eines Tiers findet im Hier und Jetzt als Einheit statt.

Die Verbindung von Tier und Mensch ist wiederum weder »gut« noch »schlecht«. Sie ist aus energetischer Sicht einfach wertfrei und bedingungslos. Wenn ein Hundebesitzer sagt: »Der Waldi braucht mich, ohne mich ginge er ein«, dann entspricht dies seiner Wunschvorstellung, die er auf das Tier projiziert. Doch die Natur ergänzt sich, macht sich nicht wie der Mensch abhängig. Selbstverständlich wird ein Tier durch das Zusammenleben mit einem Menschen auf ihn sensibilisiert, und oft entsteht dadurch eine Bindung, was aber aus seiner Sicht keine individuelle Abhängigkeit bedeutet. Wenn der Besitzer nun plötzlich nicht mehr da ist, wird das Tier in erster Linie verunsichert sein. Doch es »vermisst« seinen Besitzer nicht so, wie wir dies vom Menschen in einer ähnlichen Situation kennen. Denn »vermissen« bedeutet, in der Wahrnehmung nicht mehr im Hier und Jetzt zu sein. Und das ist einem Tier naturgemäß völlig fremd.

Das Tier bewertet den Besitzer nicht mehr oder weniger als sonst eine Person. Auch ein Baby bewertet seine Mutter nicht als besser oder schlechter im Verhältnis zu anderen Menschen. Aufgrund der Fürsorge entwickelt es einfach eine starke Bindung zu ihr, was jedoch nichts mit einer Bewertung in unserem Sinne zu tun hat. Erst mit der Zeit entwickelt sich das Gehirn des Babys, und nach und nach bildet sich der Intellekt beim Kind aus. Doch bis es so weit ist, lebt es in seiner Bedingungslosigkeit. Seine Wahrnehmung ist einheitlich und in dieser Hinsicht »wertneutral«.

Anders beim erwachsenen Menschen: Spielt er beispielsweise mit einem Hund und wird er dabei von diesem verletzt, dann macht er automatisch den Hund für seine Verletzung »verantwortlich«. Nicht selten wird der Mensch sogar wütend auf ihn. Im besten Fall leckt der

Hund jedoch kurz die Wunde, um gleich darauf mit wedelndem Schwanz wieder zum Spielen bereitzustehen. Der Hund nimmt zwar die Emotion des menschlichen Ärgers wahr, ordnet diese aber nicht in wie auch immer geartete moralische oder ethische Kategorien ein. Er nimmt die Emotion in diesem Sinne wertfrei auf. Auch wenn der Besitzer schimpft und das Tier dann kuscht, ist es lediglich instinktiv darauf sensibilisiert, dies zu tun. Es reflektiert aber nicht, dass es etwas falsch gemacht hat, da es die Bewertung »falsch« in unserem Sinne nicht kennt. Emotionen nimmt es wertfrei auf, egal, ob es Emotionen der Wut oder der Freude sind. Sie signalisieren ihm lediglich, dass ein bestimmtes Verhalten seinerseits erwünscht bzw. »dem Rudel zuträglich« ist und ein anderes nicht. Auch muss die Reaktion des Hundebesitzers auf ein so verstandenes Fehlverhalten seines Lieblings unmittelbar erfolgen, denn ein Tier ist niemals in der Lage, eine zeitversetzte Strafe ursächlich mit einem Verhalten in der weiteren Vergangenheit in Verbindung zu bringen.

Beim Neugeborenen wird ebenfalls oft der Fehler der Projektion gemacht. Wenn ein Baby schreit, hat es immer einen Grund dafür. Es macht dies nicht, weil es den Eltern auf den Nerv drücken möchte. Immer wieder gibt es jedoch Eltern, die das Geschrei persönlich nehmen und das Kind dann für ihren Missmut verantwortlich machen.

Die Natur bewertet grundsätzlich nicht, noch nimmt sie irgendetwas persönlich. Keine Pflanze und kein Tier würden auf die Idee kommen, einem »hellen« Aspekt mehr Wertigkeit beizumessen als einem »dunklen«.

Konflikte, Probleme, Schicksalsschläge ...

... sind nicht ausgepackte Geschenke

Stellen Sie sich einmal die folgende, zugegeben etwas surrealistische Situation vor: Sie sind zu einer Geburtstagsparty eingeladen. Der Gastgeber ist ein guter Freund, der Ihnen sehr am Herzen liegt. Sie denken sich ein wunderbares Geschenk für ihn aus. Sie packen Ihr Präsent gut gepolstert in eine alte, nicht gerade ansehnliche Kiste, damit dieses wertvolle Teil nicht beschädigt wird. Voller Freude erscheinen Sie nun auf der Feier und überreichen dem Geburtstagskind die gute Gabe. Doch leider passt dem Freund die äußere Verpackung nicht. Er lehnt das Geschenk ab, rennt wie von der Tarantel gestochen einfach davon und würdigt das Mitbringsel keines weiteren Blickes.

»Hallo? Was ist denn hier los?«, fragen Sie sich vermutlich. »Soll das ein Scherz sein?« Zugegeben, die Verpackung ist etwas speziell, doch muss man deswegen eine solche Abwehrhaltung einnehmen? Irgendwie schon seltsam, solch ein Verhalten, nicht wahr?

Doch wenn wir die Situation etwas genauer betrachten, stellen wir fest, dass diese hier überzeichnet dargestellte Haltung in unserem Alltagsleben viel öfter vorkommt, als wir uns dies eingestehen wollen. Wie reagieren denn die meisten Menschen, wenn Probleme auftauchen oder sie von einem Schicksalsschlag heimgesucht werden? Häufig verhalten wir uns doch vergleichbar. Die meisten versuchen, davonzulaufen oder die Situation irgendwie zu vertuschen, indem sie sie ausblenden und so tun, als wäre nichts. Dabei sehen sie nicht, dass Probleme in Wirklichkeit Geschenke des Lebens sind, die als Herausforderungen oder Krisen verpackt respektive getarnt daherkommen. Denn der Mensch nimmt aufgrund seiner meist begrenzten Wahrnehmung auf den ersten Blick nur die »hässliche« Geschenkverpackung wahr. Hätten wir die Fähigkeit, durch die »Verpackung« hindurchzusehen, könnten wir den wertvollen »Diamanten« darin erkennen. Wir hätten dann sozusagen die Möglichkeit, den anderen Pol zu erfassen, und ließen uns von der äußeren Erscheinungsform nicht täuschen.

unangenehmes Geschenk

Es wird auch nicht gesehen, dass ein Problem (wörtlich übersetzt »das Vorgelegte«) etwas ist, was uns *für* (pro) unser Leben Nützliches aufzeigen möchte. Wäre es nach dieser Logik nämlich *gegen* unser Leben, müsste es ja wohl »*Anti*blem« heißen ...

Östliche Kulturen scheinen mit dieser Sichtweise etwas vertrauter zu sein als wir. Ein Beispiel liefern die Chinesen. Bei ihnen bedeutet das Schriftzeichen für »Krise« gleichzeitig auch »Chance«. In dieser Symbolik ist zu erkennen, dass eine Krise nichts anderes ist als eine Gefahr, die gleichzeitig eine Möglichkeit für etwas Neueres, Besseres bietet. In den Chancen liegen immer auch Gefahren und in den Gefahren immer auch Chancen – ähnlich wie in der Devise »No risk, no fun« (»Ohne Risiko kein Spaß«) findet auch hier ein Ausgleich statt.

Einer der häufigsten Gründe, weshalb sich die wenigsten Menschen gern mit Konflikten auseinandersetzen, ist also einmal mehr unsere begrenzte Wahrnehmungsfähigkeit. Zugegeben, es ist nicht immer leicht, den positiven, gegenüberliegenden Pol einer Herausforderung zu erkennen. Doch mit etwas Übung kommt man der Sache stets auf den Grund. Eine große Hilfe bietet einem dabei die eigene Intuition. Gerade bei den Sachverhalten und Angelegenheiten, die unsere begrenzte Ratio einfach nicht zu erkennen vermag, kann unsere Emotio die Mauern durchbrechen und die Situationen aus einer übergeordneten Perspektive beleuchten.

Das Verdrängen von Problemen

Verständlicherweise sagt sich mancher bei einer Krise: »Auf diese Schmerzen kann ich gern verzichten.« Aus den Augen, aus dem Sinn, so der klassische Verdränger. Einfach nicht mehr daran denken oder es mental wegdrücken, sodass es nicht mehr existiert. Doch was passiert, wenn wir an etwas nicht denken wollen?

Machen Sie den Test und versuchen Sie einmal, jetzt *nicht* an einen Elefanten und schon gar nicht an einen blauen Elefanten zu denken, der sogar seine Füße rosa angemalt hat.

Automatisch erscheint vor unserem geistigen Auge ein blauer Elefant, obwohl wir ja *nicht* daran denken wollten. Ähnliches passiert, wenn wir versuchen, etwas aus unseren bewussten Gedanken zu verdrängen. Den meisten Menschen ist nicht bewusst, dass wir fürs Ausblenden gleich viel oder mehr Energie aufbringen müssen, wie wenn wir bewusst etwas in unser Leben ziehen möchten. Egal, ob man anziehen oder ausblenden möchte, der Energieaufwand aktiviert automatisch das Prinzip von Ursache und Wirkung. Dieses Prinzip funktioniert nämlich auf beiden Seiten. Es ist ihm folglich »egal«, ob wir etwas in unser Leben anziehen oder etwas aus unserem Leben eliminieren möchten. Es zieht das automatisch an, worauf Energie gegeben wird, denn es kennt die Wörter »nicht« und »keinen« nicht, sondern registriert nur die Substantive, in obigem Fall eben das seltsame Rüsseltier.

Daher ist auch klar, dass man energetisch gesehen eine Herausforderung nicht wegprogrammieren kann. Denn entgegen so mancher Ansicht lösen sich Probleme nicht einfach, indem man sie ausblendet oder verdrängt. Oberflächlich betrachtet mag wohl der Eindruck entstehen, dass man davor weglaufen könnte, doch das Kernproblem, also der tiefere Sinn jeder Herausforderung, ist damit nicht erkannt. Energetisch gesehen bleibt es sowohl als Gefahr wie auch als Chance weiterhin im eigenen System (morphischen Feld) bestehen. Durch das aktive Ausblenden wird es permanent mit Energie genährt, und damit wird seine Information nur noch stärker.

Durch das Verdrängen werden also neue Resonanzfelder geschaffen, die wiederum Situationen oder Menschen ins Leben ziehen, die ähnliche Botschaften aussenden und sozusagen darauf warten, »ausgepackt« zu werden – damit uns das »Geschenk« der Information für unseren weiteren Lebensweg zuteilwird.

Auf ein Ziel hinarbeiten

Jan arbeitet als Fliesenleger in einem kleineren Betrieb, in dem er so viel Verantwortung hat und Aufgaben erfüllt, dass er praktisch den ganzen Laden schmeißt. Da ihm sein Chef zwar viele Arbeiten über-

trägt, ihm dabei jedoch keinerlei Entscheidungskompetenzen eingesteht, beginnt bei Jan allmählich Unzufriedenheit zu wachsen.
Der Wunsch, sein eigener Herr und Meister zu werden, wird immer
größer. Er möchte der unbefriedigenden Situation ein Ende setzen
und beabsichtigt, sich selbständig zu machen. So informiert er sich
darüber, was es alles dazu braucht, um eine eigene Firma zu gründen, und besucht einige Kurse dazu. Damit auch alles so klappt, wie
er sich das vorstellt, bedient er sich zusätzlich der Macht des mentalen Programmierens. Sein Ziel ist, in drei Monaten selbständig zu
sein. Er möchte also von A nach B gehen, zu seinem Ziel, der beruflichen Selbständigkeit. Dieses Ziel programmiert er mental, indem
er sein gewünschtes Ergebnis der Selbständigkeit (B) in der Zukunft
visualisiert. Sein Wunsch ist es, so schnell wie möglich dorthin zu
gelangen.

A

B (Ziel)

Ausgangspunkt: heute   Zielvorstellung: in drei Monaten selbständig

So scheinen auf den ersten Blick alle Hebel im Außen in Richtung
Ziel (B) gestellt zu sein, ganz nach dem Prinzip von Ursache und
Wirkung, der Resonanz und der Anziehungskraft. Was Jan jedoch
nicht berücksichtigt hat, ist sein Inneres. Er hat seine unbewussten
Programme und Überzeugungen schlichtweg nicht bedacht. Ohne
dass ihm dies gegenwärtig wäre, schlummern in seinem Inneren
nämlich unbewusste Programme vor sich hin.

Eine dieser Überzeugungen bzw. Glaubenssätze lautet:»Ich schaffe
es nicht.« Was Jan auch nicht weiß, ist, dass solche erfolgverhindernden Programme meist an Ängste gekoppelt sind. Bei ihm ist es also
die Angst zu versagen. Auf den ersten Blick scheint im Außen alles in
Ordnung zu sein. Lediglich auf den zweiten Blick fällt bei Jan auf,

dass er jemand ist, der sehr viel Wert darauf legt, was andere Menschen über ihn denken. Wenn er nun beim Verfolgen seines Ziels der Selbständigkeit scheiterte, wäre das für ihn im Hinblick auf sein Ansehen sehr schlimm. Die Vorstellung, die Leute könnten über ihn denken, dass er eine Niete sei und einfach nicht gut genug, um selbständig zu sein, wäre für ihn schrecklich. Kein Wunder also, dass er seit Jahren unbewusst alles daransetzt, um nicht Gefahr zu laufen, dass die potenzielle Option des Versagens Realität wird.

Dieses Antiprogramm führt beispielsweise dazu, dass er unbewusst sämtlichen Situationen, in denen er scheitern könnte, von vornherein aus dem Weg geht – auch solchen, in denen er Erfolg haben könnte. Es ist also nicht verwunderlich, dass Jan einen Chef angezogen hat, der ihn zwar selbständig arbeiten lässt, ihm jedoch keinerlei Entscheidungskompetenzen zugesteht. Gerade bei den Aufgaben, bei denen Jan zeigen könnte, was er draufhat, die aber gleichzeitig auch die Gefahr des Misserfolgs bergen, lässt ihm sein Chef ja keine freie Hand.

Es gibt aber immer auch noch eine weitere, umgekehrte Auswirkung eines Antiprogramms. Nämlich die, dass man aus Angst zu versagen seine ganze Kraft mobilisiert und überdurchschnittliche Leistungen vollbringt, um dem Scheitern möglichst effizient einen Riegel vorzuschieben.

Manchmal kommt es sogar vor, dass sich das Antiprogramm abwechselnd auf beiden Seiten auswirkt, wie eben bei Jan. Bisher hat es ihn daran gehindert, sich im Beruf voll zu entfalten. Durch die leidige Situation fühlt er sich nun aber gedrängt, endlich den Schritt in Richtung Selbständigkeit zu tun. Er wird mutig und bringt dafür sogar ein überdurchschnittliches Engagement auf.

Widersprüchliche Zielsetzung erzeugt Spannung und führt zum Krall

Egal, auf welchen Pol sich das Antiprogramm gerade auswirkt, energetisch gesehen treffen hier stets zwei widersprüchliche Ziele aufeinander. Auf der einen Seite möchte Jan zwar selbständig werden, andererseits hat sein Unbewusstes den Auftrag, es nicht zu schaffen. Also möchte das eine Feld zum Ziel Richtung B, und das andere Feld ist in eine zweite Richtung unterwegs.

Die Frage lautet nun, welches Programm stärker ist. Da das unbewusste Programm, die Angst, sich seit vielen Jahren im persönlichen morphischen Feld befindet, wurde es auch über viele Jahre gestärkt und genährt. Ist aber die Programmierung zur Selbständigkeit stärker, dann wird er auf mehr oder weniger direktem Weg Ziel B erreichen, gleichzeitig aber immer die unbewusste Versagensangst im Nacken spüren. Diese Konstellation führt meist dazu, dass der Verursacher, hat er denn sein Ziel erreicht, dieses gar nicht richtig genießen kann.

A

B

Zielprogrammierung geht aber Richtung B

Unbewusstes Programm geht in andere Richtung

Wenn jedoch das angestrebte Ziel der Selbständigkeit trotz optimaler Programmierung nicht erreicht wird, muss das unbewusste Antiprogramm stärker als sein Wunsch sein. Ohne dass der Verursacher es bewusst wahrnimmt, führt es ihn nämlich in eine andere Richtung, als er beabsichtigt hat.

Bei Jan ist es so, dass er tatsächlich in die andere Richtung geführt wird. Er ist sich dessen jedoch nicht bewusst. Mit seiner begrenzten Wahrnehmung meint er, auf direktem Weg Richtung Selbständigkeit unterwegs zu sein, und programmiert fleißig weiter. Immer wieder stellt er sich vor, wie er sich als Selbständiger fühlt und dabei Freude oder gar Glück empfindet.

Doch was passiert, wenn zwei Kräfte in unterschiedliche Richtungen ziehen? Irgendwann kommt es zu einem Knall. Wenn die Spannung zwischen den beiden Polen zu groß ist, gibt es eine Einwirkung von außen, die eine Entladung und somit einen Richtungswechsel verursacht.

Diese Einwirkung von außen nennen wir »C«, die sich sowohl »positiv« als auch »negativ« auswirken kann. In jedem Fall bewirkt sie eine Entspannung der Situation, sodass Jan die Möglichkeit erhält zu erkennen, dass es einer Kurskorrektur bedarf.

Obwohl dieses mit »C« etikettierte Geschehen energetisch gesehen das Ergebnis einer logischen Abfolge ist, wird es von uns meist als etwas wahrgenommen, was unvorhergesehen auf unser Leben einwirkt. Solche »Cs« nennen wir dann »Schicksalsschläge« und bewerten sie negativ, anstatt auch das Geschenk zu erkennen, das sie uns bieten, indem sie uns wachrütteln.

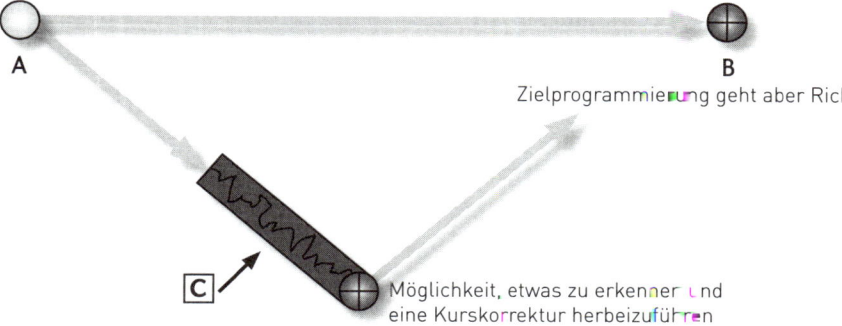

A

B

Zielprogrammierung geht aber Richtung B

C → Möglichkeit, etwas zu erkennen und
eine Kurskorrektur herbeizuführen

Es gibt verschiedene Möglichkeiten, wie sich ein solches »C« auswirken kann. Bei Jan reagierte es über den Körper, er bekam Knieschmerzen. Die Schmerzen wurden so groß, dass er zu einem Kniespezialisten gehen musste, weil er es nicht mehr aushalten konnte. Das Ganze ging so weit, dass er sogar seine Knie operieren lassen musste. Das wiederum führte dazu, dass Jan sich so schnell nicht selbständig machen konnte, da er dazu vollkommen genesen sein musste.

Sein Antiprogramm war diesmal vehement wirksam geworden. Er musste mehrere Tage im Bett bleiben und nutzte die Zeit zum Entspannen. Über seine Intuition gelang es ihm zu erkennen, warum er in diese Situation geraten war. Es wurde ihm bewusst, dass er ein unbewusstes Programm hatte, das ihn von seinem Vorhaben abbringen wollte. Er fragte sich innerlich, warum dies so sei, und da wurde ihm klar und deutlich seine Angst zu versagen aufgezeigt. Endlich konnte er diese bisher unbewusste Befürchtung erkennen und anschließend darangehen, diese zu bearbeiten.

Er schaffte es schließlich, die Angst aufzulösen, und der Weg war frei, um den Schritt in die Selbständigkeit zu wagen. Seitdem hatte er auch nie mehr Probleme mit seinen Knien. Jan wurde sehr erfolgreich, und nach zwei Jahren hatte er selbst eigene Mitarbeiter, so dass er sich vermehrt um Aufträge, die Verwaltung und andere Angelegenheiten kümmern konnte. Das war auch gut so, da er auf lange Zeit seine Knie schonen musste und deshalb nicht mehr so aktiv sein durfte.

Die angenehmen und die unangenehmen Geschenke

angenehmes Geschenk

unangenehmes Geschenk

Das Ereignis »C«, das letztlich aufgrund einer Disharmonie, einer zu großen Spannung zwischen den Polen, eingetreten ist, bewirkt zunächst eine Entspannung der Situation, obwohl wir es in unserem

Wertesystem negativ einordnen. Solche »Cs« können als Vorzeichen subtil, kaum erkennbar in unser Leben treten. So war es auch bei Jan, denn dass mit seinen Knien irgendetwas nicht stimmte, hatte sich bereits viele Monate vor der akuten Krankheit immer wieder mal angedeutet. Doch erst als es ernst wurde, da wurden die Schmerzen so groß, dass es gar nicht mehr ging. Irgendwann, wenn genügend Vorzeichen übersehen wurden, meldet sich das »C« dann unübersehbar. Jan wurde erst im schwereren Verlauf seiner gesundheitlichen Störung bewusst, dass das Ganze etwas mit ihm und seiner Einstellung zum Leben zu tun haben könnte.

> Wenn dir das Schicksal eine Zitrone reicht, dann mach Limonade draus.

Es gibt zwar »Cs«, die erkennbar als wunderbares Geschenk daherkommen, etwa als günstige Fügung, bei der man gleich sieht, worum es geht. Man kann dann fast unmerklich eine Kurskorrektur vornehmen. Auf der anderen Seite gibt es aber jene »Cs«, die wie beschrieben durch eine »unansehnliche Geschenkverpackung« getarnt sind. Sie muten anfangs nicht gerade einladend an, doch auch sie haben die Aufgabe, uns auf die Notwendigkeit einer Kurskorrektur aufmerksam zu machen, die letztlich zu unserem Besseren ist.

> Bis es zum großen Schicksalsschlag kommt, gehen in der Regel viele kleine Zeichen voraus, die oft übersehen werden.
>
> *Thomas Frei*

Die Schicksalsschläge überkommen uns normalerweise also nicht aus heiterem Himmel. Ihnen gehen wie gesagt kleinere, meist wesentlich weniger deutliche Zeichen voraus. Das Geschenk solcher Vorzeichen wird jedoch oft nicht erkannt. Je mehr man daran arbeitet sich seiner selbst bewusst zu werden und diese Zusammenhänge des Lebens zu verstehen, desto leichter wird es aber fallen, solche Zeichen bereits im Frühstadium zu erkennen.

Beispiele dafür, wie sich Geschenke im Leben zeigen können

Angenehme Geschenke	Unangenehme Geschenke
Das sind angenehme Erkenntnisse im Leben, die eine Kurskorrektur mit sich bringen. Meist werden sie als glückliche Zufälle wahrgenommen.	*Wenn jemand trotz besseren Wissens nicht einsichtig ist, eine indifferente Wahrnehmung hat, über längere Zeit etwas verdrängt oder sämtliche Vorzeichen ignoriert hat, dann zeigt sich das Geschenk von der unangenehmen Seite.*
»Per Zufall« ... ... einen Tipp von einem Freund erhalten, und man gewinnt dadurch neue Einsichten. ... in einem Seminar etwas Neues lernen, was uns weiterbringt. ... ein Buch in die Hände gelegt bekommen, wodurch man etwas erkennt und sich das Bewusstsein erhöht. ... führt ein Gespräch mit jemandem im Café zu neuer Erkenntnis. ... erfährt man über die Intuition oder einen Traum eine Erleuchtung.	• Ein Unfall. • Eine Krankheit. • Ein Schicksalsschlag. • Kündigung, Scheidung, Trennung. • Probleme im Alltag oder Beruf, die einen Einschnitt im Leben zeitigen. • Finanzielle Probleme. • Ärger mit Mitarbeitern, der Verwandtschaft, Kollegen, Kunden etc. • Streitigkeiten bzw. Konflikte mit anderen Menschen allgemein. • Gesundheitliche Probleme. • Partnerschaftskonflikte.

Wenn Geschenke nicht ausgepackt werden

Wenn Sie an Ihre größten Krisen im Leben zurückdenken, dann werden Sie aller Wahrscheinlichkeit nach feststellen, dass gerade diese unangenehmen Herausforderungen Ihnen später auch viel Positives gebracht haben. Vielleicht braucht es manchmal einige Zeit, um dies im Rückblick zu erkennen. Letztlich steckte doch aber in *jedem* Problem ein ebenso großer Vor- wie Nachteil. Denn Konflikte, schwere Schicksalsschläge oder schmerzhafte Erfahrungen sind ein Zeichen dafür, dass innerhalb des eigenen Systems etwas ins Ungleichgewicht geraten ist. Gleichzeitig bietet sich dabei jedoch auch immer die Gelegenheit, etwas Verdrängtes bewusst zu machen und zu heilen. Man hat dadurch die Chance, den Sinn, der unter der Oberfläche schlummert, zu erkennen.

Hindernisse, Probleme oder schmerzhafte Erfahrungen als Chance zu innerem Wachstum zu sehen ist eine große Herausforderung. Oft verurteilen wir stattdessen andere oder uns selbst, oder wir machen andere verantwortlich für das, was uns geschieht. Dieses Verhalten hindert uns daran, unsere Lektionen zu lernen, und blockiert die Heilung. Mit der Folge: Heilen wir nicht, was geheilt werden muss, erzeugen wir weitere Unzufriedenheit.

> Probleme oder Krisen sind Botschafter des Lebens.

Wer ein Geschenk nicht auspackt und die Botschaft nicht zur Kenntnis nimmt, lässt das Ungleichgewicht im System weiterhin bestehen. Die Folge ist, dass die Energie zwischen den Polen noch weniger harmonisch fließen kann. Die Spannung wird ein weiteres Mal größer, bis es letztlich zum ganz großen »Knall« kommt. Dies bedeutet, dass nach dem bereits beschriebenen »C« durchaus noch ein »D« kommen kann – oder ein »E«, »F«, »G« usw. Bei manchen Menschen wiederholen sich diese Muster ähnlich wie ein Rundenrennen, wo man immer wieder am selben Ort vorbeikommt, nur dass die Intensität der Beeinträchtigung mit jedem Mal wächst.

Das Ungleichgewicht zwischen den Polen führt über die Resonanzen immer wieder zu neuen Situationen, in denen sich eine neue Verpackung (Konstellation) mit derselben Botschaft präsentiert. Beispielsweise können wir bei der Geschichte von Erika aus Luxemburg erkennen, dass sich die Verpackungen der unangenehmen Geschenke in ihrem Leben immer wieder geändert haben. Einmal war die Umhüllung die unerträgliche Situation in ihrem Elternhaus, wo sie in jungen Jahren in die Ehe geflüchtet ist. Die nächste Verpackung zeigte sich ein paar Jahre später mit dem extrem jähzornigen und emotionalen Ehemann. Auch hier glaubte sie, es nicht aushalten zu können, und versuchte über einen Suizid zu flüchten. Nach ihrer Scheidung zeigte sich die nächste Geschenkkiste mit der Konstellation ihres Freundes, für den sie an den Bodensee umgezogen ist und der im Gegensatz zu seinem Vorgänger seine Gefühle nicht zeigen konnte. Obwohl sich bei all diesen Situationen, also im Außen, unterschiedliche Umstände zeigten, war die Botschaft, die in sämtlichen Konstellationen enthalten ist, stets dieselbe.

> Wenn die Menschen wüssten, dass in jedem Problem das Glück der Liebe steckt, dann würden sie viel mehr Lebensqualität empfinden.
>
> *Irene Frei-Stadler*

Wie erkennt man die Zeichen?

Während unserer Vorträge wird uns oft die Frage gestellt: »Wie kann man denn diese Zeichen erkennen, die Geschenke auspacken und damit ihren Sinn verstehen?« Die wichtigste Voraussetzung ist, dass man beginnt, bewusst durchs Leben zu gehen und die einfachen Spielregeln des Lebens zu kennen, wie wir sie in diesem Buch schon beschrieben haben. Dazu braucht es keine überdurchschnittliche Intelligenz, kein spezielles Talent und keine besondere Fähigkeit. Erforderlich ist lediglich das Verständnis für das Zusammenspiel der Naturprinzipien und dafür, dass die Dinge so, wie sie sich gerade darbieten, aus ganzheitlicher Sicht vollkommen sind. Wer sich bewusst hinterfragt und Möglichkeiten erwägt, was die Geschehnisse mit dem eigenen Verhalten zu tun haben könnten, wird schnell in der Lage sein, die Botschaften zu erkennen.

Ein weiterer, sehr effizienter Weg ist, der eigenen Intuition zu vertrauen, um zu erfahren, was mit logischem Denken allein nicht zu ermitteln ist. Hier hilft der Zugang zum Unbewussten, um sich auch die verborgenen Schattenseiten eines jeden Geschehens aufzeigen zu lassen. Damit beginnt sich automatisch die eigene Wahrnehmung zu erweitern. Unsere TRIASPower®-Methode kennt hier ein sehr schnelles und effizientes Procedere, um zu diesen Antworten zu gelangen. (Die Intuitionstechnik und der Neutralisierungsprozess werden später ausführlich erklärt.)

Der Sinn des Lebens ist es, sich selbst zu entwickeln, zu erfahren und zu verstehen.

Das Prinzip der Spiegelresonanz

Versuchen Sie sich einmal vorzustellen, Sie wären reiner Geist ohne Körper in einem raum- und zeitlosen Feld und an einem »Ort«, an dem nichts weiter ist. Es gäbe nicht mal einen Boden, keine Wände, keinen Himmel, einfach nichts, außer einem neutralen Feld.

Stellen Sie sich nun vor, wie es sein könnte, in diesem »Nichts« eine Erfahrung zu machen. Kein einfaches Vorhaben! Denn der Versuch, in einer »luftleeren« Umgebung, wo »nichts« ist, eine Erfahrung zu machen, ist ein Ding der Unmöglichkeit. Dazu bräuchte es ein Gegenüber, ein Pendant, sozusagen einen Resonanzkörper. Erst wenn unser Bewusstsein auf etwas stößt, was es reflektiert, gibt es eine Erfahrung. Dieser Resonanzkörper kann ein Mensch, ein Tier, eine Pflanze, ein Gegenstand, ein Geräusch, aber auch eine Empfindung sein.

In einem leeren Raum ist keine Erfahrung möglich

Die Voraussetzung dafür, dass wir Erfahrungen machen können, ist, dass unser Bewusstsein auf einen Resonanzkörper trifft.

Zur Verdeutlichung kann man sich einmal eine einfache Frage stellen: »Woher weiß ich, welche Augenfarbe ich habe?« Sicher, das weiß man einfach. In der Tat wissen die meisten Menschen, ob sie blaue, grüne oder andersfarbige Augen haben. Doch wie kamen sie zu dieser Gewissheit? Wurde es ihnen gesagt? Stimmt es denn, dass wir die Augenfarbe haben, die wir für die unsere halten? Wie können wir das verifizieren? Natürlich, indem wir in den Spiegel schauen. Unser Spiegelbild reflektiert uns unsere Augenfarbe und gibt uns eine Ahnung davon, wie wir aussehen. Ohne Spiegel wären wir auf das Feedback anderer angewiesen, um eine Idee unseres Aussehens zu erhalten. Wir könnten das, was uns andere Menschen über uns erzählen, glauben oder auch nicht. Wirklich Klarheit erhalten wir erst in dem Moment, in dem wir in den Spiegel schauen.

Der Mensch als bewusster Energiekörper hat also ohne einen Spiegel oder, anders formuliert, ohne ein Gegenüber keine Möglichkeit, sich selbst zu erkennen, geschweige denn, sich seiner selbst bewusst zu werden. Mit dem Visavis, also den Ereignissen, die wir über die Resonanzen anziehen, erhalten wir genau die Reflexionen, die geeignet sind, zur Selbsterkenntnis zu gelangen, um ein sinnvolles Leben zu führen, das durch Kurskorrekturen immer innerhalb eines geeigneten Toleranzbereichs mehr oder weniger ausgeglichen verläuft.

Der Mensch – als Energiekörper – hat ohne einen »Spiegel« keine Möglichkeit, sich selbst zu erkennen oder sich seiner selbst bewusst zu werden.

Wie im Innen, so im Außen

Viele Menschen haben schon einmal etwas über die selektive Wahrnehmung gehört. Hier bestehen Zusammenhänge mit den Resonanzen. Ein Beispiel: Jemand will sich ein neues Auto kaufen und beschäftigt sich daher vermehrt mit einem bestimmten Modell in einer bestimmten Farbe. Was meinen Sie, was dieser Mensch neuerdings ständig auf der Straße sehen wird? Richtig: genau das Automodell in exakt der Farbe. Doch wie kann das sein? Sind plötzlich mehr Autos von dieser Sorte unterwegs? Natürlich nicht. Es ist nur unsere selektive Wahrnehmung, die uns in diesen Glauben versetzt. Wir sind plötzlich für dieses Modell sensibilisiert, während wir es vorher nicht beachtet hatten.

Dieselbe Erfahrung machen werdende Eltern. Was fällt einer schwangeren Frau in ihrer Umgebung vermehrt auf? Korrekt, schwangere Frauen oder solche mit Babys. Gibt es plötzlich mehr Schwangere? Nein. Es sind immer noch ebenso viele wie einst, bevor die Frau sich so intensiv mit diesem Thema beschäftigt hat.

Das Objekt, mit dem wir uns bewusst oder unbewusst beschäftigen, nehmen wir auch verstärkt im Außen wahr. Genauso geschieht es, wenn man verliebt ist. Erinnern Sie sich doch mal an einen dieser Momente zurück ... Wie haben Sie das Leben, die Menschen in Ihrem Umfeld wahrgenommen? War nicht das ganze Lebensgefühl plötzlich rosarot und farbenfroh, und alle waren gut gelaunt?

Doch wie sieht es denn im umgekehrten Fall aus, wenn man missgestimmt oder verärgert ist? Das Umfeld spiegelt auch in dieser Konstellation den inneren Gemütszustand. So wie ein Mensch sich fühlt, so wird er auch seine Umgebung wahrnehmen. Die selektive Wahrnehmung im Außen ist nichts weiter als ein Spiegel dessen, womit wir uns gerade innerlich beschäftigen.

Zur Verdeutlichung folgt ein weiteres Beispiel: von Beatrice, die sehr großen Wert auf Sauberkeit und Ordnung legt. Eines Tages besucht sie ihre Freundin Johanna. Obschon Johanna eine Putzfrau hat, schafft sie es nicht, in ihrem Heim Ordnung zu halten. Am Abend steht immer noch das Geschirr vom Frühstück in der Küche herum, und der Boden sieht aus, als hätte er seit Wochen keinen Staubsauger mehr gesehen.

Gegen Abend bereiten die beiden gemeinsam das Abendessen vor. Beim Zubereiten hilft Beatrice mit und kann es nicht lassen, dabei aufzuräumen. Obwohl sie niemand darum gebeten hat, meint Beatrice, es sei ihre Pflicht, hier Ordnung zu schaffen. Ohne es zu merken, läuft bei ihr ein Zwang, der ihr abverlangt, für Ordnung zu sorgen.

Am nächsten Tag trifft Beatrice eine weitere Freundin namens Olga und beklagt sich bei ihr, wie unordentlich es bei Johanna gewesen sei.

> Oft suchen wir die Ursache von Problemen bei den anderen, anstatt in unserem Innern nachzuschauen.

Weshalb musste sie ihrer Freundin Olga wohl davon erzählen? Warum hatte sie sich überhaupt darüber aufgeregt? Und warum musste Beatrice unaufgefordert aufräumen? Jemand, der keine Resonanz zum Thema Sauberkeit gehabt hätte, den hätte die Unordnung nicht gestört und der würde auch nicht aufzuräumen beginnen. Interessanterweise trifft am übernächsten Tag die unordentliche Johanna die gleiche Freundin Olga. Was sie ihr zu erzählen weiß, kann man sich schon denken: »Vorgestern war Beatrice bei mir zu Besuch. Du, die hat so einen Putzfimmel, dass sie es nicht lassen konnte, bei mir aufzuräumen. Als ob ich in einem Saustall leben würde. Stell dir das mal vor.«

Offensichtlich haben beide Freundinnen ein Thema im Bereich Sauberkeit. Beide leben in dieser Angelegenheit unbewusst im Ungleichgewicht. Beatrice lebt den Pol der absoluten Ordnung und Sauberkeit, Johanna den entgegengesetzten Pol der Unordnung, wobei ihr auch die Sauberkeit nicht wichtig zu sein scheint. Beide polarisieren und spiegeln sich gegenseitig das, was sie selbst nicht leben. Kein Wunder also, dass beiden das extreme Verhalten der jeweils anderen so sehr auffällt, dass sie mit einer dritten Freundin darüber sprechen müssen.

> Wie ein Mensch sich im Inneren fühlt, so wird er auch seine Umgebung wahrnehmen. Das, was wir im Außen wahrnehmen, ist nichts weiter als der Spiegel unseres Inneren.

So funktioniert das Prinzip
der Spiegelresonanz

Gemäß dem Prinzip der Spiegelresonanz hat alles, was uns in unserem Umfeld emotional sehr stark beeinflusst, eine direkte Resonanz zu uns selbst. Das, was wir in unserer Umgebung erkennen, spiegelt wider, was oft unbewusst in unserem Inneren schlummert. Dabei ist es völlig egal, ob wir es positiv oder negativ bewerten. Entweder leben wir das, was wir wahrnehmen, in einer Überkompensation eins zu eins, oder wir unterdrücken es.

Wenn uns im Außen also etwas begegnet, was uns erregt oder auf die Nerven geht, dann können wir davon ausgehen, dass dies einem eigenen inneren Feld entspricht. Etwas in uns selbst ist nicht im Gleichgewicht, deshalb reagieren wir emotional entsprechend darauf.

Beim Beispiel von Beatrice und Johanna spiegelten sich die beiden eins zu eins, dass sie einem Zwang unterliegen. Sie reflektierten sich gegenseitig genau das, was sie selbst nicht lebten: Beatrice empfand im Außen die Unordentlichkeit, die sie bei sich selbst unterdrückte. Johanna sah in ihrem »Spiegelbild« die Ordentlichkeit, die sie wiederum nicht leben konnte. Darüber, dass beide im Bereich »Unordnung und Sauberkeit« einen extremen Pol auslebten, waren sie sich bis zu diesem Zeitpunkt jedoch nicht wirklich bewusst. Erst durch den Spiegel im Außen konnten sie es schließlich bei sich selbst erkennen.

Theoretisch wäre das Prinzip der Spiegelresonanz ganz einfach anzuwenden. In der Praxis jedoch erleben wir immer wieder, wie diese Einfachheit in der Umsetzung zu Zweifeln anregt. Wenn wir nämlich am Gegenüber etwas wahrnehmen, was wir nicht so toll finden, beginnen wir immer wieder zu argwöhnen, ob das wirklich eine direkte Resonanz zu uns selbst haben soll. Da diese Resonanz zur eigenen Person häufig auf den ersten Blick nicht erkennbar wird, gehört die Spiegelresonanz wohl mit zum Schwierigsten, was im Alltag bei sich selbst wahrnehmbar ist.

Weshalb aber erkennt man die Dinge, die man selbst zu viel oder zu wenig lebt, stets bei anderen?

Durch alles Verdrängen und Nichtannehmen entsteht ein energetisches Ungleichgewicht. Diese angestaute Energie bleibt aber nicht irgendwie »tatenlos«, sondern sie sucht sich einen Ausgleich. Wenn nun jemand beispielsweise im Bereich Sauberkeit in einem Ungleichgewicht lebt, ist es ein Automatismus der Natur (Gleichgewichtsprinzip), diese Unausgewogenheit wieder in Balance zu bringen.

Der Mensch gibt dann unbewusst viel Energie ins Ausblenden hinein, was wiederum Resonanzen aktiviert. Beatrice musste beispielsweise unbewusst viel Energie aufbringen, um auszublenden, dass sie einem Putzzwang unterlag und dass sie Angst vor Unordnung hatte und somit diesen Pol nicht lebte.

Es ist egal, was wir ausblenden; es entsteht hierdurch automatisch eine energetische Disharmonie, und wir ziehen folglich genau das an, was wir bei uns selbst ausblenden.

> Unsere Wahrnehmung im Außen konzentriert sich auf Dinge, die wir selbst zu viel oder zu wenig leben.

Spieglein, Spieglein an der Wand ...

Die eindrücklichsten Beispiele dieser Wechselwirkung gibt es innerhalb von Beziehungen, da uns der Partner in der Regel sehr nahe steht und daher unser deutlichster Spiegel ist. Was machen die meisten Menschen, wenn sie an ihrem Partner etwas stört und wenn sie sozusagen im Spiegel ein Problem erkennen?

Als Erstes gibt man natürlich dem Partner (also dem »Spiegel«) die Schuld. Danach versucht man, es zu korrigieren, indem man den Spiegel (den Partner) verändern will, was logischerweise nicht geht, denn einen Spiegel kann man nicht ändern, da er schließlich nur reflektiert. Trotzdem versuchen es die Menschen immer und immer wieder. Wenn sie dann merken, dass sie den Spiegel nicht so einfach »reinigen« können, nehmen sie schärfere Mittel. Doch der Spiegel wird immer so bleiben wie das, was er reflektiert.

Verzerrte Wahrnehmung durch den Spiegel

Den einen regt es auf, und den anderen lässt es kalt

Ab und zu gibt es in unseren Seminaren Teilnehmer, die durch ihr Verhalten besonders viel Aufmerksamkeit auf sich ziehen. Interessant ist, dass dies einigen Kursteilnehmern auffällt, bei anderen jedoch völlig unbemerkt bleibt. Ein Teil der Mitwirkenden stört sich daran, der andere nicht, obwohl alle im selben Kurs sitzen. Warum? Die Antwort liegt auf der Hand: Der eine Teilnehmer hat eine Resonanz dazu. Wenn das Verhalten des anderen ihn emotional berührt oder stört, muss es folglich etwas mit ihm zu tun haben.

Derjenige dagegen, der keine Resonanz dazu hat, für den also das Thema nicht relevant ist, bemerkt zwar, dass sich jemand viel Aufmerksamkeit zu verschaffen sucht, aber es stört ihn nicht, weil er eben in seinem morphologischen Feld keine adäquate energetische Schwingung aufzuweisen hat.

In unserem Beispiel von Beatrice haben die beiden Freundinnen, als sie das Prinzip der Spiegelresonanz verinnerlicht hatten, tatsächlich eingestehen können, dass sie in puncto Sauberkeit einen extremen Pol auslebten und somit eine Resonanz haben.

Beatrice sah ein, dass sie unter dem Zwang litt, überall Ordnung zu schaffen. Als sie dann begann, mit ihrem Unbewussten zu kommunizieren, fand sie heraus, dass sich ihr Herz nichts sehnlicher wünschte, als nicht mehr diesem Putzzwang zu unterliegen. Nach der Verinnerlichung des Spiegelprinzips erkannte sie sich im Spiegelbild ihrer Freundin wieder und fand heraus, dass sie eine emotionale Blockade hatte. Sie fürchtete, ausgelacht zu werden, wenn es bei ihr unordentlich war. Somit war ihr Fokus zu sehr auf das Außen gerichtet, um Anerkennung zu bekommen. Dies führte dazu, dass sie permanent den unbewussten Druck hatte, eine perfekte Wohnung präsentieren zu müssen. Als Beatrice dieses Feld erkannte, konnte sie es neutralisieren, und ab diesem Tag war auch der Putzzwang wie weggeblasen. Wie diese Versöhnung genau funktioniert, erklären wir im Kapitel über den Neutralisationsprozess.

Die Suche im Außen

Wenn uns etwas im Leben nicht passt und wir es negativ bewerten, versuchen wir sozusagen, mit einem Lappen am Spiegelbild zu putzen, was ja bekanntlich nicht funktioniert. Wer hat nicht schon einmal versucht, sein Gegenüber für das, was ihn an diesem stört, verantwortlich zu machen? Dabei gibt es keinen Unterschied, ob es sich beim »Spiegelbild« um den Chef, die Mitarbeiter, die Marktsituation, den Partner, die Eltern, die Kinder oder grundsätzlich um das Gegenüber handelt. In sämtlichen Lebensbereichen versuchen die Menschen, das Spiegelbild zu verändern, anstatt bei sich selbst eine Veränderung vorzunehmen. Durch dieses Verhalten machen wir uns automatisch zum Opfer, was selbstverständlich genauso eine Illusion ist wie die Idee des Getrenntseins von allem anderen. Der Versuch, das Außen zu ändern, führt automatisch zu Verwirrung, Unsicherheit und endet in der Sackgasse.

> Der Mensch will sein Umfeld verändern, dabei braucht er die Veränderung nur bei sich selbst zu vollziehen. Damit wird sich auch sofort sein Spiegelbild verändern.

Wenn alle Menschen verstünden, dass ihr Inneres und das Außen als Polarität zusammengehören, dann könnten sie die Disharmonie in der Gesellschaft besser verstehen und diese einen gewaltigen Schritt nach vorn bringen. Gerade die westliche Gesellschaft ist extrem auf das Außen fixiert.

So kommt es, dass viele Menschen unserer Längengrade mehr Wert auf die Meinung und Lösungen anderer legen, als in sich selbst nach Antworten zu suchen. Man geht zu Experten, Psychologen, Spezialisten, Gurus etc., weil man sich selbst nicht mehr zutraut, eine Lösung zu finden. Dabei haben sich die Menschen lediglich von ihrem Inneren abgekoppelt und neigen dazu, sich von anderen abhängig zu machen.

Es soll nun aber auch nicht der Eindruck entstehen, dass die innere Wahrnehmung stets die bessere sei. Nein, es geht auch hier wieder darum, ein Gleichgewicht zwischen dem inneren und dem äußeren »Coach« zu finden.

> Willst du die Welt verändern, dann ändere dein Inneres.
>
> *Thomas Frei*

Wer nur einen Pol lebt und den komplementären verleugnet, ist wie in einem Kokon gefangen. Durch eine solche Einseitigkeit entsteht Disharmonie bzw. ein Ungleichgewicht, das automatisch und bedingungslos von der Natur ausgeglichen werden möchte. Die Natur bedient sich dafür der Resonanzen, indem sie genau das anzieht, was man bei sich selbst ausgeblendet oder verdrängt hat. Bei Johanna war es das Prinzip der Sauberkeit und Ordnung, das sie nicht angemessen in ihr Leben integrieren konnte. Sie litt sozusagen unter einem Zwang, immer Unordnung haben zu müssen. Hinter dieser Tatsache versteckte sie unbewusst sowohl eine Angst wie auch eine Sucht. Beide wollten erkannt und bewusst gemacht werden, denn sie waren dafür verantwortlich, dass Johanna so stark polarisieren musste. Durch den Putzfimmel ihrer Freundin erhielt Johanna den entscheidenden Anstoß, um schließlich herauszufinden, was ihr der Ärger über das Aufräumen ihrer ordentlichen Freundin als Spiegel mitteilen wollte.

Sie wurde fündig. Dank ihrer intuitiven Fähigkeiten verstand sie die Botschaft. Von diesem Zeitpunkt an änderte sich etwas in ihrem Bewusstsein. Immer dann, wenn sie sich über etwas ärgert, stellt sie sich seitdem die Frage: »Was hat das wohl mit mir zu tun? Und was will mir mein Ärger mitteilen?«

Alles ist ein Spiegelbild unser selbst, da wir die Schöpfer unserer eigenen Wahrnehmung sind. Dies bedeutet neben anderem, dass der Mensch in der Lage sein muss, seine Wahrnehmung selbst zu steuern. So betrachtet könnte man das eigene Leben auch wie einen langen Traum betrachten. Etwa so, also würde man aus dem Schlaf erwachen und realisieren, dass alles, was bisher stattgefunden hat und im Weiteren geschieht, nur ein Traum ist. Die Mitspieler, die sich gerade im Traum aufhalten, sind unsere Resonanzkörper und Schauspieler, die uns zwischen den Zeilen immer etwas mitzuteilen haben. Da alle miteinander verbunden sind und somit in Resonanz stehen, ziehen wir die passenden Akteure und Settings in unser Leben, die uns den eigenen Zustand reflektieren.

Alles im Leben ist ein Spiegel unseres Inneren.

Unsere wertvollsten Spiegel

Bei vielen Menschen scheinen die negativ bewerteten Spiegel nachhaltiger in Erinnerung zu bleiben als die positiven, obwohl ja beide bekanntermaßen aufs Ganze gesehen in etwa gleich verteilt sein müssten. Dies resultiert auch aus der Berieselung durch die omnipräsenten Medien, die eine Nachricht nur für erwähnenswert zu halten scheinen, wenn sie einen entsprechenden Sensationseffekt hat. Denn durch diesen negativen Spiegel erhält das Leben eine gewisse Dramaturgie, es wird spannend, die Lebensgeschichten erwecken Neugier, Einschaltquoten und Auflagen steigen. Die von unserer begrenzten Wahrnehmung am intensivsten aufgenommenen Spiegel sind meist diejenigen, die uns am stärksten positiv emotional bewegen oder eben wehtun, ärgern und treffen. In der Regel tun dies die Menschen, die uns am nächsten stehen und uns am meisten berühren. Das ist normalerweise die eigene Familie: der Partner, die Kinder, die Eltern, aber auch die Geschwister. Weitere geeignete Spiegelbilder sind natürlich Menschen, die in unserer nächsten Umgebung sind: der Chef, die Mitarbeiter, die Kunden, die Lieferanten. Aber auch die Menschen, die uns im Alltag begegnen. Das kann der Busfahrer sein, die Verkäuferin, die Person, die in der Straßenbahn neben uns sitzt, oder der Nachbar. Da wir mit allen über das kollektive Feld verbunden sind und ständig in Resonanz stehen, kann allerdings auch jeder Fremde ein Spiegel für uns sein, den wir das erste Mal sehen.

Nicht nur andere Menschen sind Spiegel, sondern auch der eigene Körper erzählt beredt, wie es um das Denken eines Menschen bestellt ist, seine Lebensart, die Einstellung, welche Gewohnheiten und Werte er hat. Krankheiten sind ein sehr direkter Spiegel unseres Inneren. Der Körperbau, die Figur, die Kleidung, die Präsentation, das Auftreten. Auch Gegenstände unseres persönlichen Umfelds oder Situationen spiegeln uns, wie beispielsweise die Wohnung oder das Haus, die Einrichtung der Zimmer.

Ist es beispielsweise kalt und leer in einer Wohnung, wird es im Innern des Menschen vermutlich auch so kalt und leer aussehen. Auf diesen Zusammenhängen ist übrigens auch die Philosophie des »Feng Shui« aufgebaut, die versucht, die Energieströme unserer Umgebung günstig zu beeinflussen. Aber auch die Traditionelle Chinesische Medizin (TCM) basiert auf diesem Gedankengut.

> Wer mit dem Finger auf jemanden zeigt, sollte wissen, dass nur ein Finger auf die Zielperson weist, aber vier Finger auf ihn zurückzeigen.

Auch die eigenen Haustiere spiegeln den Besitzer wider. Wenn beispielsweise ein Hund bissig oder aggressiv ist, dann ist das nicht seine reine Natur, sondern nur ein Spiegel seines Herrchens oder Frauchens. Der Hund spiegelt einfach die Ängste oder Aggressionen seines menschlichen »Rudelführers«. Entweder lebt dieser jene Muster nicht aus und verdrängt sie; oder der Besitzer ist selbst aggressiv, und der Hund hat das Feld übernommen. Wie auch immer, Hund und Herrchen stehen in Resonanz zueinander. Einige Seminarteilnehmer haben uns sogar schon glaubhaft versichert, dass ihr Lieblingstier selbst ihre Krankheiten stellvertretend oder mitleidend für sie auslebte.

Es gibt also zahlreiche Möglichkeiten für Resonanzen. Egal, wie, wann und wo man sich gerade aufhält, man ist überall und immer nur von Reflexionen seiner selbst umgeben, von Spiegelbildern seines Inneren.

Spiegelungen: Beispiele aus dem Alltag

Damit diese Zusammenhänge noch plastischer werden, geben wir hier einige Beispiele aus dem Alltag von Teilnehmern aus unseren Seminaren wieder.

Peter entdeckte das gleiche Feld bei sich

Peter ärgerte sich immer wieder über seine Schwester, die stets neidisch auf ihren erfolgreichen Bruder war. Anfänglich dachte er, dass das Verhalten seiner Schwester nichts mit ihm zu tun habe. Schließlich war sie es, die diese Emotionen hatte, nicht er. Dennoch ließ ihn die ewige Missgunst nicht kalt.

Nach Verinnerlichung des Prinzips der Spiegelresonanz fand er heraus, dass er versteckt auch einen solchen Neid hegte, dies aber nicht bewusst merkte. Er war nicht auf die Schwester neidisch, sondern auf Menschen, die noch erfolgreicher waren als er. Dieser Neid war Resultat eines versteckten Minderwertigkeitskomplexes, der unterschwellig wirkte, wenn es anderen besser ging als ihm selbst. Dadurch konnte er nicht wirklich genießen, was er hatte, sondern war immer auf der Suche nach mehr Erfolg. Erst durch die Spiegelung seiner Schwester wurde ihm dies bewusst.

Blick in dein Innerstes; dort ist die Quelle deines Lebens! So wie es im Inneren aussieht, so wirst du es im Außen erfahren. So wie du das Leben im Außen erfährst, so sieht es in deinem Inneren aus.

Irene Frei-Stadler

Spiegelung eins zu eins durch
die Straßenverkehrsordnung

Paul bekam regelmäßig Bußgeldbescheide wegen Geschwindigkeits-überschreitungen. Dies war eine Tatsache, die ihn so lange kaltließ, bis er eines Tages so schnell war, dass er für einen Monat den Führer-schein abgeben musste.

Erst später merkte er, dass es nicht nur um sein Fahrverhalten ging. Paul machte einfach *alles* im Schnellverfahren. Er konnte nicht normal einkaufen oder essen, es musste immer alles flott gehen. Erst durch den Führerscheinentzug wurde ihm klar, welche Einbußen er für sein ewiges »Schnell, schnell« im Leben hinnehmen musste.

Spiegelung eins zu eins der Mutter

Christina kochte innerlich jedes Mal, wenn ihre Mutter zu Besuch kam und ihre Schuhe anbehielt. Sie forderte sie auf, doch bitte die Schuhe auszuziehen, damit der Dreck der Straße nicht ins Haus kommt. Widerwillig folgte die Mutter, doch es war immer wieder ein Kampf. Christina versuchte es dann damit, dass sie demonstrativ Hausschuhe im Eingangsbereich platzierte, brachte auch das Gespräch wiederholt auf das Thema und rang sich schließlich zu einem »Besuchsverbot« durch. Doch alle Ideen führten nicht zu einer Besserung.

Mit Hilfe der Intuitionstechnik ließ sie sich dann zeigen, was die Situation mit ihr zu tun haben könnte. Sie fand heraus, dass sie sich im Grunde nur ärgerte, weil man sie nicht respektierte und ernst nahm, sondern ihre Bedürfnisse einfach überging. Sie stellte eben-so fest, dass sie sich selbst nicht respektierte und nicht auf ihre eige-nen Bedürfnisse hörte. Es gelang ihr, diesen zunächst unbewussten

Umstand zu neutralisieren, und erstaunlicherweise zog die Mutter beim nächsten Besuch ohne Kommentar die Straßenschuhe aus.

Als Christina im Seminar von diesem Erfolg erzählte, war sie sichtlich berührt. Monatelang hatte sie versucht, die Mutter zu ändern – ohne Erfolg. Doch in dem Moment, da sie sich innerlich geändert hatte, erfolgte auch eine Wirkung im Außen.

Spiegelung der Gefühle

Pascal, ein Freund, der schon einmal was vom Prinzip der Spiegelungen gehört hatte, stand eines Morgens in meinem (Thomas) Büro und beklagte sich über seine Freundin: »Sie will einfach noch keine Kinder haben, sondern erst in ein paar Jahren. Das hat doch nichts mit mir zu tun! Schließlich ist das ein Wunsch von mir, und wenn sie nicht will, dann kann ich doch nichts dafür.«

Ich sagte ihm, er solle sich einmal überlegen, welche Gefühle das bei ihm auslöse. Seine Antwort kam wie aus der Pistole geschossen: »Sie macht mich wütend.«

Darauf fragte ich nach, was genau ihn denn so wütend mache und worum es im Einzelnen gehe. Pascal erklärte, dass er ohne Kinder die Ziele nicht erreichen würde, die er sich gesetzt hatte. Und wenn er die Ziele im Leben nicht erreichte, dann fühle er sich vollkommen als Versager. Er war es nämlich gewohnt, stets alles im Leben zu erreichen, was er sich vorgenommen hatte.

Die Angst, ein Versager zu sein, war das Spiegelbild, das ihm seine Freundin vor die Nase setzte. Dies wurde ihm so klar vor Augen geführt, dass er schnell merkte, wie sehr er im Sport oder im Beruf alles tat, nur um Anerkennung zu erhalten. Er stürzte sich in die Arbeit und gab Vollgas im Training, nur um von außen Anerkennung zu bekommen und sich innerlich nicht als Loser fühlen zu müssen. Diese Erkenntnis half ihm, nach einer Lösung zu suchen, die allen Beteiligten gerecht wurde.

Spiegelung des gegenteiligen Pols

Michael ärgerte sich monatelang über seine Nachbarn, die immer wieder die Türen so laut zuwarfen, dass es in Michaels Wohnung schallend zu hören war! Als er von der Spiegelresonanz erfuhr, hinterfragte er sich, was genau ihn daran stört. Was könnte dies mit ihm zu tun haben? Was löst es bei ihm selbst aus?

Er fand heraus, dass seine Nachbarn einfach keine Rücksicht auf andere nahmen. In dem Moment machte es »Klick«: Er merkte, dass er umgekehrt selbst viel zu viel Rücksicht auf andere nimmt – aus Angst, jemanden zu »verletzen«. Und dies wiederum wies auf eine eigene Traumatisierung hin, die noch nicht ausgeheilt war und die er mit sich trug. Er transformierte die Verletzung, und ab dem Moment störte ihn die vermeintliche Rücksichtslosigkeit der Nachbarn auch nicht mehr. Im Gegenteil, jedes Mal sagte er sich: ›Danke, dass ihr mich daran erinnert habt.«

Das Feld war neutralisiert, weil er verstanden hatte, um was es ging. Jahrelang wollte er im Außen etwas verändern, was immer wieder fehlschlug. Erst als er in seinem Innern etwas erkannt und verändert hatte, störte ihn das Außen nicht mehr so sehr.

Spiegelung der Mitarbeiter für den Chef

Gerade als ich am Manuskript für dieses Buch saß, hörte ich die Nachricht von einem Mann, der mit seinem Lieferwagen unterwegs war und einen Sekundenschlaf hatte. Er war für einen kurzen Moment weggetreten, doch dies reichte, um von der Fahrbahn abzukommen und direkt in ein Reisebüro hineinzudonnern.

Als ich dies erfuhr, wurde mir schnell klar, welche Resonanzen das sein mussten, da ich vor vielen Jahren selbst einmal in dieser Firma beschäftigt war. Damals war es so, dass die Mitarbeiter so viel schufteten, dass sie abends sozusagen auf dem Zahnfleisch nach Hause gingen. Es machte zwar Spaß, hier zu arbeiten; aber Aufwand und Ergebnis standen einfach nicht mehr in einem gesunden Verhältnis. Es war schlicht zu viel. Scheinbar lebt diese »Kultur« immer noch weiter, und die Mitarbeiter sind nach wie vor über die Maßen eingespannt.

Der Fahrer war wegen Übermüdung für einen kurzen Moment eingeschlafen. Dies zeigt schon sehr deutlich auf, dass ihm offensichtlich zu viel aufgebürdet wurde. Sehr bezeichnend ist auch der Aspekt, dass er in ein Reisebüro krachte. Es könnte ja sein, dass man mal wieder etwas mehr Urlaub machen sollte. Denn der Chef selbst gestand sich im Jahr nur drei bis vier Tage zu und war selbst dann immer noch gut zu erreichen.

Spiegelung in der Partnerschaft

Ursula ärgerte sich über ihren übertrieben sparsamen Mann, der sich nie etwas gönnte, weil er zu geizig war. Es gab immer wieder Streitigkeiten, und sie regte sich auf, wenn er regelmäßig nur das Billigste kaufte oder den einfachsten Urlaub buchen wollte.

Als sie von der Spiegelresonanz hörte, fand sie heraus, dass es bei ihr (anders als bei ihm) nicht ums Geld ging. Vielmehr war aber auch sie geizig, wenn es darum ging, sich etwas Nichtmaterielles wie Ruhe, Erholung, Genuss und dergleichen zu gönnen. Sie konnte nicht Nein sagen und für sich selbst einstehen und hatte dadurch immer sehr viel um die Ohren.

Sie lebte also nach genau demselben Muster, aber etwas verlagert. Als sie dann noch weiterforschte, fand sie heraus, dass sie sogar in Geldangelegenheiten knickrig war. Sie kaufte zwar fleißig ein, aber nur, weil sie eben nicht Nein sagen konnte und anderen damit einen Gefallen tun wollte. Als sie dann die Angst erkannte, die dahinterstand, störte es sie nicht mehr so vehement, wie der Mann mit dem Geld umging.

Spiegelung des Geschäftspartners

Peter schimpfte über seinen Geschäftspartner Frank, der sei geldgierig und nie mit dem zufrieden, was er habe. Er wolle immer noch mehr, obwohl es ihm schon hinreichend gut ging. Bei anderen Geschäftspartnern stellte er Frank immer schlecht dar. Als Frank mit diesen essen war, hörte er, was sein guter Geschäftspartner Peter hinter seinem Rücken erzählte.

Es belastete ihn emotional nicht, denn er wusste ja, dass er nicht so war. Trotzdem schaute er die Spiegelungen an und fand heraus, dass Peter selbst so geldgierig war. Er hatte schon einige Millionen, und das war immer noch nicht genug, er wollte noch mehr haben, denn er definierte seinen Wert durch Geld. Wenn er viel habe, dann sei er jemand, und sonst fühlte er sich klein und weniger wert. Dies war auch der Grund, warum er immer über andere schimpfen musste und diese in ein schlechtes Licht rückte. Dadurch fühlte er sich größer und besser. Frank überprüfte daher, ob er dazu auch Tendenzen hatte, und merkte, dass er umgekehrt andere Menschen immer größer machte, um seine eigene wahre Größe nicht leben zu müssen.

Wie all diese Beispiele zeigen, hat die Spiegelung also viele verschiedene Facetten, und es gilt, diese genauer zu betrachten, damit man die Resonanzen erkennen kann.

Die Lösung: Geschenke auspacken

Dass man die Welt nicht so sieht, wie sie ist, sondern so, wie man selbst ist, kann man auch mit dem Zappen beim Fernsehen vergleichen. Wenn man ein unangenehmes Programm sieht, das einem nicht gefällt, dann könnte man auf den Apparat einhauen und ihn dafür beschimpfen, dass er das schlechte Programm sendet. Doch dadurch verschwindet das Programm natürlich nicht. Manche Psychologen lehren, sich mit dem Programm anzufreunden, aber das wirkt auf Dauer ebenfalls nicht. Einige Esoteriker schlagen vor, sich ein anderes Programm herbeizuwünschen, doch oft kommt dieses nicht. Motivationstrainer fordern uns dazu auf, noch mehr zu tun, aber man wird davon nur erschöpft. New-Age-Gurus erklären, man solle ein neues Programm kreieren, aber das ist nicht nötig, da die Programme schon ausgestrahlt werden – usw.

Vielmehr geht es darum, dass alles etwas mit dem eigenen »Receiver« zu tun hat und dieser die entsprechende Frequenz, das Programm anzieht und auf dem Bildschirm alias der Bühne des Lebens darstellt.

> Jeder Mensch, der an deiner Tür steht, ist jemand, der dir hilft zu heilen und den du als Spiegel brauchst, um die Vollkommenheit zu erkennen.

Meistens ist man so schnell dem Automatismus verfallen, dass man nicht überlegt, was eine bestimmte Situation mit einem selbst zu tun haben könnte. Doch es gibt immer eine Chance, auch im Nachhinein, die Dinge nochmals kritisch und aufrichtig zu überprüfen. Selbst wenn es Jahre danach ist. Es ist nicht immer ganz einfach, seinen Anteil zu finden, denn diesen Teil verdrängt man ja gerade. Idealerweise unterbricht man einmal den Automatismus und hinterfragt sich, was für ein Gefühl ein bestimmtes Verhalten bei einem auslöst. Danach fragt man sich, wo man diese »negativen« Gefühle schon einmal in seinem Leben gefühlt hat. Wo haben sich diese Muster bereits wiederholt? Möglicherweise wird einem nun bewusst, dass man damals diesen »negativen« Gefühlen zu wenig Beachtung geschenkt hat und dadurch die Situation sich immer wiederholen musste, bis man diese Gefühle annimmt und damit der Ausgleich stattfindet.

Es ist auch absolut in Ordnung, wenn uns gewisse Geschehnisse traurig oder wütend machen, ebenso wie bestimmte Begebenheiten uns freudig oder glücklich stimmen. Wichtig ist, dass man diese Emotionen nicht verdrängt, sondern zulässt. In die Mitte kommt nur, wer beide Seiten kennt und beiden Polen gleich viel Beachtung, sprich Energie widmet. Viel Leid entsteht durch die Missachtung und das fehlende Verständnis der natürlichen Prinzipien des Gleichgewichts. Wie auch durch das Festhalten und Veränderswollen des natürlichen Rhythmus.

Einige Menschen sind zu stark davon abhängig, was andere über sie denken und wie diese urteilen könnten. Andere Menschen schauen wiederum zu wenig auf das Außen und lassen sich von niemandem etwas sagen, was wiederum dazu führen kann, dass man nichts lernt. Es ist wie bei einer Waage, die man ins Gleichgewicht zu bringen versucht. In dem Moment, wo auf beiden Waagschalen gleich viel Gewicht ist, das heißt dann, wenn beide Pole gleich viel Energie enthalten und diese von ihrer Spannung her gleich hoch geladenen Energieströme aufeinandertreffen, in dem Moment entsteht die Einheit, der Ausgleich und somit die Liebe.

Doch aufgepasst: Manchmal spiegelt das Umfeld die Situation nicht nur eins zu eins zurück, sondern ähnliche Felder, die aber auf der Gefühlsebene miteinander das gleiche Feld haben. Das bedeutet, dass man sich immer fragen sollte, was eine bestimmte Situation bei einem selbst für eine Reaktion auslöst. Welche Gefühle werden bei mir angesprochen? Was haben diese Gefühle mit mir zu tun?

Bei der Spiegelresonanz geht es in erster Linie darum, die angebotenen Geschenke anzunehmen und auszupacken. Dadurch wird einem bewusst, wo die eigenen Schattenseiten sind. Felder, die man zuvor nicht erkennen konnte, da sie im Unbewussten verborgen und verdrängt waren! Durch das Bewusstwerden dieser verdrängten Schattenseiten ist schon ein wesentlicher Teil der Heilung initiiert. Der nächste Schritt für die Neutralisation ist es, die darunterliegenden Ängste und Überzeugungen zu erkennen, sie anzunehmen und zu transformieren. Mehr dazu erfahren Sie im Kapitel über die Schattenseiten und die Neutralisation.

> If you spot it – you got it!
> (Wenn du es beim andern siehst, dann hast du es selbst!)

Die Spiegelresonanz im Alltag anwenden

Alles, was uns an anderen Menschen oder Situationen ärgert, stört, wütend macht, emotional berührt, was wir über Gebühr bewerten, kritisieren oder bekämpfen, ist immer ein Spiegel unser selbst. Es ist ein eigener Schattenteil (verdrängt oder unterdrückt), den wir noch nicht bei uns erkannt haben. Es zeigt uns auf, wo etwas in Disharmonie ist, was die Natur ausgleichen möchte. Über die Resonanz haben wir diese Situation in unser Leben angezogen.

Alles, was uns an anderen Menschen oder Situationen besonders gefällt, was wir uns sehnlichst wünschen, erwarten oder wovon wir abhängig sind, das ist ebenfalls ein Spiegel von uns selbst, also ein Feld, das wir bei uns noch nicht gebührend berücksichtigt haben und ins Gegenüber projizieren, weil wir es selbst nicht ausleben. Der Grund, warum es nicht ausgelebt wird, ist eine unbewusste Blockade, die neutralisiert werden möchte.

Das Kriterium, ob eine Resonanz vorhanden ist oder nicht, sind die Emotionen und Gefühle, die ausgelöst werden oder eben nicht. Wenn etwas wahrhaftig nichts auslöst, dann ist auch keine Resonanz vorhanden, und wir sind davon nicht im oben beschriebenen Sinne betroffen.

Schreiben Sie einmal auf, was Sie an anderen Personen nicht mögen oder was Sie verärgert hat. Was haben Sie bei anderen Menschen bewundert und was fasziniert Sie an ihnen?

Was stört und was fasziniert mich an anderen?

Person	Was stört mich? Was mag ich nicht?	Welches Gefühl löst es aus? Was bewirkt es bei mir?	Emotionale Ladung? 1 (schwach) bis 10 (stark)	Was hat dies mit mir zu tun? Die Spiegelung von mir

Person	Was be-wundere ich? Was fasziniert mich? Was erwarte ich von anderen?	Welches Gefühl löst es aus? Was bewirkt es bei mir?	Emotionale Ladung? 1 (schwach) bis 10 (stark)	Was hat dies mit mir zu tun? Wo lebe ich diesen Teil noch nicht bei mir?

Dort, wo die größte emotionale Ladung ist, steckt auch ein großes Entwicklungspotenzial!

Es ist nicht genug, zu wissen, man muss auch anwenden. Es ist nicht genug, zu wollen, man muss auch tun.

Johann Wolfgang von Goethe

Tipp: Zur Vertiefung der Buchinhalte bieten die Autoren regelmäßig kostenlose Teleseminare (Seminar über das Telefon) an. Bequem können Sie von zu Hause direkt mit den Buchautoren sprechen und Fragen stellen. Sie bekommen wertvolle Anregungen, Erklärungen und Alltagstipps gezeigt. Gratis anmelden mit dem Gutscheincode FBU 571-30 auf www.DasLebensspiel.com/telefonseminar.

Das Schattenprinzip

Der Schatten unserer Lichtquelle

Das Schattenprinzip ist Teil der Spiegelresonanz und gehört zur Thematik der Polarität wie alle anderen Prinzipien. Auch hier sind die Grenzen fließend.

Dort, wo Licht ist, muss es automatisch auch einen Schatten geben. Das weiß jedes Kind. Den Umkehrschluss aus diesem Zusammenhang zu ziehen fällt vielen dagegen nicht so leicht. Wie schwer tun sich doch die Menschen, die etwas (im übertragenen Sinne) Dunkles erkannt haben, damit, sich ins Bewusstsein zu rufen, dass dies nur sein kann, weil das Dunkle der Schattenwurf irgendeines Lichts sein muss! Zu jedem dunklen Fleck, zu jedem Schatten gehört nämlich immer auch eine Lichtquelle. Wer jedoch »im Schatten steht« und sich ausschließlich auf diesen konzentriert, kann das »dazugehörige« Licht kaum oder nur schwer erkennen. Schaut man dagegen nur auf die Sonnenseiten des Lebens, scheint alles hell zu sein, denn der Schatten hinter uns verschwindet aus dem eigenen Sichtfeld.

Der eingeschränkte Sinneseindruck möchte uns glauben machen, dass das, was wir sehen, die ganze Wahrheit sei, obwohl wir theoretisch wissen, dass Licht und Schatten niemals getrennt auftreten. Das eine bedingt das andere und umgekehrt. Nur in diesem Bewusstsein kann man sich selbst als nicht getrennt vom großen Ganzen erkennen.

Denjenigen, der überwiegend »in die Sonne schaut«, nennen wir einen »Optimisten«; denjenigen, der der Sonne den Rücken zukehrt, nennen wir einen »Pessimisten«.

Wo Licht ist, muss auch Schatten sein – und umgekehrt; die Frage ist nur, worauf man den Fokus legt

Ein »unverbesserlicher« Optimist sieht keine Probleme, sondern überall Chancen. Er blendet einfach die negativen Herausforderungen aus. Nur das Positive zu sehen mag anfänglich sehr förderlich sein, doch mit der Zeit, wenn der Schatten und die Probleme nicht ernst genommen werden, können sie uns auf dem Weg von A nach B zu ernsthaften »Cs« führen, wie wir es weiter oben schon beschrieben haben.

Dasselbe kann jedoch auch mit umgekehrten Vorzeichen passieren. Bei einem Pessimisten verhält es sich nämlich so, dass er immer und überall Probleme und Gefahren sieht. Im Gegensatz zum »Positivseher« negiert der »Schattenseher« seine Chancen. Er nimmt das Leben wie durch einen Filter wahr, der sämtliche positiven Möglichkeiten ausblendet. So kommt es auch nicht selten vor, dass ein Pessimist, selbst wenn er Erfolg hat, diesen nicht erkennt und sich auch nicht darüber freuen kann.

Aber es kann natürlich auch sein, dass ein und dieselbe Person das eine Mal nur optimistisch denkt und das andere Mal allein das Negative wahrnimmt.

Je nach Situation schenkt ein Mensch also entweder dem Schattenaspekt seine volle Aufmerksamkeit und verdrängt damit die positive Betrachtungsweise. Oder er fokussiert sich voll auf den Lichtaspekt und blendet den negativen Teil aus. Doch weder das eine noch das andere Extrem ist ideal. Ideal wäre es, sich der Polarität bewusst zu werden und dabei die Ganzheit zu erspüren – egal, auf welchem Pol man sich gerade befindet.

Viele Menschen blenden die Tatsache aus, dass Licht und Schatten niemals getrennt auftreten können.

Die »coole« Sonnen- und die »uncoole« Schattenseite eines Menschen

Auch der Mensch besteht als Einheit natürlich sowohl aus einem sonnigen wie auch aus einem schattigen Pol. Dabei spielt es erst mal keine Rolle, welcher der beiden als positiv oder als negativ etikettiert wird. Beide Seiten sind energetisch gesehen gleichwertig. Meist wird jedoch der sonnige Bereich als positiv und »cool« bewertet, weil er Persönlichkeitsaspekte aufweist, die in unserer Gesellschaft gern gesehen sind und mit Anerkennung belohnt werden. Es ist die Sonnenseite, die man gern hervorhebt und für andere sichtbar macht. Die Folgen dieses Verhaltens liegen jedoch auf der Hand: Schenken wir nur der einen, »coolen« Seite unsere Aufmerksamkeit, stehen wir dem Licht quasi im Weg und verhindern, dass es auch eine andere Seite unserer Persönlichkeit beleuchten kann. Unser einseitiges Verhalten führt also dazu, dass auf andere Aspekte unseres Wesens ein Schatten fällt und diese automatisch als »Schattenseite« abgestempelt werden. Obwohl beide Pole prinzipiell »wertneutral« sind, wird die Schattenseite als negativ eingeordnet, da es hier so dunkel ist und man kaum etwas erkennt.

Ein bekanntes Sprichwort sagt: »Was der Bauer nicht kennt, das frisst er nicht!« Beim Schatten geht es sogar noch weiter. Weil man ihn nicht kennt, fürchtet man sich sogar davor und will nichts mit ihm zu tun haben. Obwohl Licht und Schatten immer gemeinsam auftreten, sehen wir sie mit unserer oberflächlichen Wahrnehmung selten gleichzeitig. Hand aufs Herz: Wie nehmen Sie sich selbst wahr? Natürlich kann niemand aus seiner Haut und bewertet verschiedene Aspekte seiner Persönlichkeit entweder als positiv oder als negativ. Dennoch existieren in jedem Menschen und wiederum auch in jedem Persönlichkeitsaspekt stets zwei Seiten. Erst in ihrer Kombination machen sie den Menschen zu einem Ganzen.

Bei den negierten Schattenaspekten handelt es sich wieder einmal nicht ausschließlich um destruktive oder kontraproduktive Facetten unser selbst. Im Gegenteil: Im Schatten können sogar Talente und Fähigkeiten verborgen liegen, vor denen man zunächst Angst hat. Aspekte, die man selbst noch nicht so richtig an sich kennengelernt hat und aus Unkenntnis oder Ignoranz negativ bewertet, können Teil des Schattens sein. So kommt es, dass der Mensch sich auch der Chancen beraubt, die in dem ausgeblendeten Teil seiner selbst verborgen sind.

Hierzu folgt an dieser Stelle eine Aufstellung, die verdeutlicht, dass sich Menschen, welche sich ihre Schattenseiten nicht eingestehen, automatisch halbieren. Dies führt dann oft zu dem Gefühl, getrennt vom großen Ganzen zu sein.

Unsere Licht- und Schattenseiten

Sonnenseite (»cool«)	Schattenseite (»uncool«)
• Das mag ich an mir. • So will ich sein. • So möchte ich mich zeigen. • Das will ich präsentieren.	• Das mag ich gar nicht an mir. • So will ich nicht sein. • Das darf man an mir nicht sehen. • Das will ich nicht zeigen.
mutig talentiert nett freundlich fleißig seriös zielstrebig hilfsbereit ausdauernd verlässlich fein zärtlich witzig klug großzügig mutig feinfühlig schlau erfolgreich optimistisch geduldig vertrauenswürdig ehrgeizig liebenswürdig dankbar tüchtig ehrlich schön verzeihend	unzuverlässig falsch faul rechthaberisch egoistisch arrogant jähzornig launisch geizig feige grob unsensibel dumm laut rebellisch sich selbst lobend unaufrichtig ungeduldig perfektionistisch kontrollierend zweifelnd Versager langweilig lieblos sich einschmeichelnd minderwertig stur nachtragend hochstapelnd

Zugegeben, bei den meisten Schattenaspekten handelt es sich um Begriffe, mit denen man sich nicht unbedingt beschrieben wissen will. Die Tatsache, dass man diese Seiten an sich nicht wahrhaben möchte, ist denn auch häufig der Grund dafür, dass sie einem im Außen so oft gespiegelt werden. Nur weil man sie unterdrückt und nicht lebt, heißt das nämlich noch lange nicht, dass man diese Aspekte nicht auch in sein System integriert hätte. Es ist ein Irrglaube zu meinen, man dürfe diese Wesensanteile nicht adäquat leben. Gerade weil diese Begriffe zu fast hundert Prozent negativ besetzt sind, lässt man den beschriebenen Eigenschaften keine Chance, sich auch von ihrer Sonnenseite zu zeigen. Ja! Gemäß Polaritätsprinzip muss jeder Schattenaspekt in sich auch einen »sonnigen Teil« besitzen, wie man nicht oft genug wiederholen kann. In der Konsequenz bedeutet das ebenso, dass Wut, Feigheit, Lügen und so weiter durchaus ihre Daseinsberechtigung haben. Doch gerade weil man ihnen die Möglichkeit nicht gibt, sich in ihrer Ganzheit zu entfalten, kommt es nie zur Gelegenheit, dass die Schattenanteile konstruktiv für uns arbeiten können.

Des Weiteren sei bei dieser Schwarz-oder-weiß-Auflistung erwähnt, dass wir das, was wir nach außen zeigen, nicht zwangsläufig vom Außen auch als positiv wahrgenommen wird. Umgekehrt gilt: Nicht alles, was wir verdeckt halten, wird von anderen als negativ aufgefasst. Was wir ihnen zeigen, ist lediglich das, was wir in unserer individuellen Bewertung als positiv betrachten. Wir erinnern uns an die Geschichte von Beatrice und Johanna. Beatrice bewertete Ordnung als etwas Positives, Johanna hingegen als etwas Negatives. Bei der einen lag die Ordnung in der Sonne, bei der anderen im Schatten. Fest steht nur eins: Die Eigenschaft, die wir bewusst zeigen, bejahen wir tief in unserem Innern und finden sie »cool«. Daher richten wir auch die Scheinwerfer darauf, sodass es jeder sehen kann, selbst wenn es im Außen gar nicht so aufgenommen wird, wie wir uns das vorstellen. Das, was wir als negativ bewerten, wollen wir vor uns selbst und den anderen verstecken.

Es ist egal, wie sehr man in der Außenwahrnehmung brilliert oder nicht, je stärker jemand auffällt, desto mehr muss er irgendwo auch das genaue Gegenteil im Schatten aufweisen. Wenn nun aber ein solcher Mensch proklamiert, er sei exakt so, wie er sich präsentiere, dann weiß man, dass dies auf keinen Fall stimmen kann. Trotzdem versuchen die Leute immer wieder, diesen Eindruck zu erwecken.

Sich dauernd von seiner sonnigen Seite zeigen zu müssen schafft nicht nur ein Ungleichgewicht, es ist auch extrem anstrengend. Das Unterdrücken und Ausblenden der eigenen dunklen Seite benötigt nämlich genauso viel Energie wie das Herausheben der sonnigen. Dies erklärt, weshalb manche prominente Superstars einen psychischen Zusammenbruch erleiden. Viele haben nie gelernt, neben dem Glänzen im Außen auf den Ausgleich in ihrem Inneren zu achten. Wie oft kann der Glanz auf die Dauer nicht aufrechterhalten werden, und der Schatten gelangt über Nacht ohne Vorwarnung an die Öffentlichkeit! So schnell, wie manche nach oben gekommen sind, so rasch fallen sie wieder nach unten. Dies müsste aber nicht so sein – was zeigt, wie wichtig es ist, sich des Gleichgewichtsprinzips bewusst zu sein.

> Je mehr man sich auf das Brillieren und das Scheinen im Außen konzentriert, desto weniger Achtung und Glanz gibt es im Innern.

Schattenarbeit

Seit geraumer Zeit schenkt die Psychologie den menschlichen Schattenseiten viel Beachtung. Inzwischen ist, wir sagten es bereits, die sogenannte Schattenarbeit zu einem regelrechten Trend geworden.

Leider bringt diese Arbeit nur bedingt etwas, wenn nicht das Verständnis über die Zusammenhänge der Lebensprinzipien vorhanden ist.

Im Hinblick auf die Spiegelresonanz haben wir gelernt, dass alles, was wir im Außen wahrnehmen, eine direkte Resonanz zu uns selbst haben muss. Wir haben herausgefunden, dass der Mensch oft Dinge bei sich selbst ausblendet, obwohl das, was er nicht sehen kann, für einen Außenstehenden häufig erkennbar wäre. Der Spiegel im Außen kann uns in mancher Hinsicht eins zu eins die Thematik aufzeigen, die wir selbst leben, aber auch das genaue Gegenteil. Nämlich das, was wir überhaupt nicht in unserem System zu haben glauben, weil wir es vehement unterdrücken. Und da beginnen die Nuancen für die Umsetzung im Alltag. Gerade wenn wir etwas, was uns am Gegenüber besonders ärgert, überhaupt nicht in unserem eigenen System erkennen können, ist dies ein Zeichen dafür, dass es sich um einen Teil von uns selbst handelt, den wir derart stark negiert haben, dass er (obwohl seine Existenz nicht zu leugnen ist) für unsere begrenzte Wahrnehmung nicht mehr erkennbar wird.

> Wenn uns etwas im Außen stört, spiegelt uns dies immer einen Teil unseres Schattens. Entweder leben wir ihn eins zu eins genau gleich aus, sind uns dessen aber nicht bewusst, oder wir leben diesen Teil überhaupt nicht aus, weil wir ihn als hundertprozentig negativ bewerten.

Grundsätzlich liegt alles, was man ausblendet, in der Dunkelheit des Schattens. Wäre es beleuchtet, könnte man es viel einfacher erkennen und zum eigenen Wohl integrieren.

Was muss passiert sein, dass der Mensch Teile seiner ganzheitlichen Persönlichkeit verleugnet, sie verneint, negiert und sogar unterdrückt? Der Grund, weshalb jeder unterschiedlich wahrnimmt und unterschiedlich ausblendet, hat mit den individuellen Resonanzen zu tun. Die Resonanzen wiederum spiegeln unser persönliches morphisches Feld wider, in dem sämtliche Erfahrungen gespeichert sind, die wir bewusst oder unbewusst gemacht haben. Geschehnisse und Erlebtes auszublenden muss aber nicht zwangsläufig etwas Schlechtes bedeuten. Im Gegenteil: Würden wir alles, was in unserem Umfeld geschieht, hundertprozentig bewusst registrieren, müsste unser inneres System ständig auf Hochtouren laufen. Das Gehirn unterläge einer noch stärkeren Reizüberflutung und wäre völlig überfordert. Durch diese natürliche Art der Selektion ist der Mensch auch in der Lage, Wesentliches zu beleuchten und Traumata abzumildern.

Wer beispielsweise in der Kindheit etwas sehr Schmerzhaftes erfahren hat, kann dies so ausblenden, dass er sich kaum mehr an seine Kindheit erinnert. Vor allem solche qualvollen Erlebnisse werden dann auch oft verdrängt. Es scheint, als wären sie nie da gewesen. Allem, was wir in unserer Wahrnehmung als positiv bewerten und worauf wir unseren Spot ausrichten, muss irgendwann einmal eine positive, angenehme Erfahrung vorausgegangen sein. Genauso ist es im umgekehrten Fall. Allem, was wir negativ bewerten und daher ausblenden, muss einmal eine schmerzhafte, negative Erfahrung vorausgegangen sein. Immer dann, wenn man traumatische Erlebnisse hat oder mit dem Schmerz in Kontakt kommt, neigt man natürlicherweise dazu, dies in Zukunft nicht mehr zuzulassen, und entscheidet sich daher für den Weg des Verdrängens. Dies muss nicht immer bewusst sein, meist passieren solche Entscheidungen unterschwellig.

Von der Ganzheit eines Babys zum »halbierten« Erwachsenen

Als Kleinkinder konnten wir unseren Gefühlen und Bedürfnissen freien Lauf lassen, bevor unser Intellekt sich auszubilden begann. Wenn uns etwas fehlte und wir etwas brauchten, schrien wir. Sobald das Bedürfnis befriedigt war, stellten wir das Schreien in der Regel ein. Da ein Säugling dadurch die einzige Möglichkeit hat, sich mitzuteilen, ist unsere Toleranzgrenze gegenüber einem Baby sehr viel höher als gegenüber einem Kind, das bereits gelernt hat, sich auszudrücken. Sobald es jedoch beginnt, sich verständlich mitzuteilen, wird automatisch sein Bewertungssystem aktiviert. Es fängt an, alles wie seine erwachsenen Vorbilder in gut und schlecht zu unterscheiden. Seine Grundbedürfnisse sind jedoch immer noch dieselben wie die eines Säuglings. Es braucht die Ganzheit der Liebe, Fürsorge und Aufmerksamkeit. Sehr schnell macht es die Erfahrung, was es tun muss, damit es geliebt, umsorgt und beachtet wird, und bei welchen Verhaltensweisen dies nicht funktioniert. Dabei wird es selten ermutigt, wahrhaftig zu seinen Gefühlen zu stehen und diese auszudrücken. Im Gegenteil, das Kind lernt schnell, wie es sich in der Gesellschaft zu verhalten hat. Die sogenannten positiven Eigenschaften sind willkommen, die negativen nicht.

Doch was macht das Kind mit all den »negativen« Dispositionen? Als Baby konnte es beide Seiten in der Balance ausleben. Je älter es jedoch wird, desto weniger darf es sich ganz mit all seinen Gefühlen und Bedürfnissen ausdrücken und zeigen. Obwohl es auch Charaktereigenschaften hat, die als nicht positiv bewertet werden, lernt es, dass diese gesellschaftlich nicht erwünscht und somit »nicht okay« sind. Meist wird ihm beim Ausleben von negativen Gefühlen oder Eigenschaften die Aufmerksamkeit, manchmal sogar die Liebe entzogen, und es findet eine entsprechende Konditionierung statt. Liebesentzug ist für ein Kind sehr schmerzhaft und kann sogar lebensbedrohlich sein. Damit nicht genug: Zusätzlich zum erlittenen Schmerz der Ablehnung wird ihm oft nicht einmal erklärt, wie damit umzugehen ist, und es bleibt völlig auf sich allein gestellt. Aus Gründen des Selbstschutzes kann es dann dazu kommen, dass das Kind sich die aufbrodelnden schlechten Gefühle nicht einzugestehen und sie daher auch schon gar nicht mitzuteilen traut. Es sagt sich vor allem: »So etwas will ich nie wieder erleben.« Automatisch beginnt sein Unbewusstes, darauf zu achten, dass es sich nur noch von seiner sonnigen Seite zeigt. Es versucht automatisch, es allen recht zu machen.

Mit dieser Entwicklung beginnt die Illusion des Getrenntseins. Damit fängt der Mensch bereits in jungen Jahren an, sich mental vom Ganzen abzusondern und sich nur noch als etwas »Halbes« zu begreifen. Diese kindliche Konditionierung, unangenehme Gefühle zu unterdrücken, wirkt bis ins Erwachsenenalter. Sie wird oft sogar noch perfektioniert, indem man beginnt, auch unangenehme Verhaltensweisen zu unterdrücken.

Gerade in unseren Kinderseminaren erleben wir immer wieder, wie schwer sich die jungen Menschen tun, ihre Schattenanteile zu benennen und zu ihnen zu stehen. Die Schatten nicht zu beachten geht klar gegen ihren natürlichen Instinkt, und doch lernen sie vom Umfeld, dass es »nicht okay« ist, bestimmte Facetten ihrer Persönlichkeit zu leben. Niemand bringt ihnen bei, dass die »uncoolen Seiten« einfach zum Menschsein dazugehören und wie man diesen den geeigneten Raum geben kann, ohne dass das ganze Umfeld darunter leiden muss.

Je älter diese jungen Menschen werden, desto effektiver lernen sie, ihre Schattenseiten zu verdrängen. Jedes Mal, wenn sich im Alltag ein qualvoller Schatten bemerkbar macht, wird er durch einen automatischen Reflex sofort ausgeblendet. Das Unbewusste reagiert auf der Stelle. Manchmal so schnell, dass man nicht einmal bewusst registriert, dass der Schmerz sich für eine Millisekunde bemerkbar gemacht hat. Man entscheidet sich unbewusst, nie wieder eine solche schmerzhafte Erfahrung machen zu müssen. Damit einem dies nicht wieder passiert, blendet das Unbewusste all die Möglichkeiten aus, die zu Schmerzen führen könnten.

Natürlich gelingt dies nicht immer, denn es braucht einen hohen Energieaufwand, Aspekte, die nun unabdingbar zu einem gehören, vor dem Außen zu verbergen. Ab und an gerät jedoch immer ein unterdrückter dunkler Aspekt unkontrolliert an die Oberfläche. Dann fühlt man sich verunsichert, schlecht oder sogar schuldig. Es entsteht ein Teufelskreis: Durch das unkontrollierte Ausleben von Schatten resultieren automatisch Schattengefühle, die erneut Schmerzen verursachen. Folglich wird der Fokus noch stärker darauf gelegt, den unbekannten dunklen Aspekten keinen Entfaltungsraum zu gewähren und sie noch mehr zu unterdrücken. Doch die Unterdrückung führt immer stärker ins Ungleichgewicht, sodass sich der Mensch zunehmend unrunder, irgendwie nicht mehr als Ganzes fühlt.

Das Leben ist für den Weisen ein Lehrer, für den Uneinsichtigen ein Feind.

Die Unterdrückung des Schattens hat ihre Wirkung

Die wenigsten Menschen sind sich bewusst, dass durch die Unterdrückung ihrer Schattenanteile, insbesondere ihrer dunklen Gefühle, diese nicht einfach aus ihrem Leben verschwinden. Die nicht ausgedrückten, ungel(i)ebten Regungen werden lediglich in die Tiefe gedrückt, bleiben aber im menschlichen Körper stecken. Durch das bewusste Scheinen im Außen und das unbewusste Unterdrücken im Innen entsteht zwischen den beiden Polen eine hohe energetische Anspannung. Die unterdrückten Emotionen werden, da sie nicht »an die frische Luft« können, sozusagen »sauer« und beginnen innerhalb der Zellen im Körper zu »gären«. Automatisch werden durch die Unterdrückung im Außen diverse Spiegel angezogen, die uns den nicht ausgelebten Schatten reflektieren. Wer diese Zeichen nicht erkennt und weiter alles ausblendet, bei dem wird die Spannung so groß, dass es »knallt« und auf dem Weg von »A« nach »B« wie oben beschrieben scheinbar von außen ein »C« einwirken muss, um wieder eine Balance ins System bringen zu können. Dabei kann das »C« sich auf unterschiedliche Weise zeigen, wie wir schon ausgeführt haben. Möglicherweise »explodiert« es im Schatten infolge der Interaktion mit dem äußeren Umfeld, und es kommt zu unkontrollierten Emotionsausbrüchen. Ebenfalls möglich ist, dass der »gärende« Schattenaspekt innerhalb des Körpers explodiert und daraus eine Krankheit entsteht. Auch kann der unterdrückte Schattenanteil andere Schicksalsschläge anziehen, die man beim besten Willen nicht mehr beiseiteschieben kann. Dabei spielt es keine Rolle, ob es sich bei der Unterdrückung um das Ungleichgewicht bei einer VIP oder bei einem »ganz normalen Bürger« handelt. Die Symptome, die Vor- und Nachzeichen, treten in jedem Menschenleben auf gleiche Art und Weise auf.

Die negative Seite ist keineswegs nur schlecht!

Nicht nur dank der einschlägigen Medien und der vielen modernen Trend- und Castingshows, von denen man zurzeit regelrecht überflutet wird, ist es das Ziel vieler Menschen, möglichst präsent im Rampenlicht zu stehen und bewundert zu werden. Dabei scheint es nach außen hin allerdings oft keine Rolle zu spielen, ob die Superlative dem Schattenreich entspringen oder in lichtvollen Höhen anzusiedeln sind. Hauptsache, man polarisiert. Wer normal ist, ist out und hat keine Chance. Normalität gilt als »uncool«. Es braucht immer einen extremen Pol, um auf sich aufmerksam zu machen. In ihrer begrenzten Wahrnehmung glauben manche Menschen, es sei »cool«, sich von seiner strahlendsten oder von seiner dunkelsten Seite zu zeigen.

Dies als Schattenarbeit zu interpretieren wäre allerdings die Konsequenz eines Trugschlusses, dazu würde nämlich die ausgewogene Gewichtung aller Persönlichkeitsanteile gehören – was wiederum in diametralem Gegensatz zum Phänomen des Extrems steht.

Kommen wir hierzu also nochmal auf einen Sachverhalt zurück, den wir bereits angesprochen haben, und beleuchten wir ihn vor dem Hintergrund der bisher erfahrenen Zusammenhänge.

Negative Aspekte werden ins Schattenreich verdrängt, weil man mit dem Negativen nichts zu tun haben möchte. Doch kein Schlechtes besteht hundertprozentig aus Schlechtem. Wie auch kein Gutes allein aus Gutem besteht. Beide besitzen in sich je hälftig den anderen Pol. Denn im Schlechten gibt es durchaus auch einen guten Anteil, ebenso wie es auch in jedem Guten einen negativen gibt.

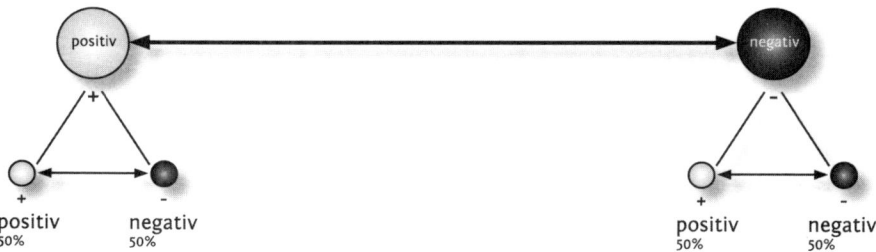

Wer beispielsweise einen sturen Menschen als negativ bewertet, sollte – wie gesagt – einmal bedenken, dass innerhalb des offensichtlich Negativen auch etwas Positives liegt: Der sture Mensch kann in der Regel eher als etwa ein Phlegmatiker seine Ziele erreichen, weil er an einem Vorhaben festzuhalten vermag. Im Erfolgsfall nennen wir diese Haltung dann »Konsequenz«, »Beharrlichkeit« oder »Prinzipientreue« usw.

Wer einen flexiblen Menschen als positiv bewertet, muss hingegen feststellen, dass es innerhalb dieses positiven Pols auch einen negativen Aspekt gibt. Leute, deren Flexibilität zu stark ausgeprägt ist, haben nämlich oft keine eigene Meinung mehr und lassen sich von jedem Windstoß in eine andere Richtung treiben.

Doch viele Menschen haben genau diese wichtige Tatsache nicht verstanden. Gerade weil sie kein Verständnis für das Positive innerhalb des Negativen haben, fällt es ihnen schwer, das Negative anzunehmen und entsprechend zu integrieren. Sie fühlen sich auf solche Art quasi gezwungen, diesen Teil zu verdrängen.

Das Ego ist Experte in der Disziplin des Verdrängens. Selbst wenn eine Schattenseite klar und deutlich auftaucht und der Verstand weiß, dass dieser Schattenanteil nicht zur Gänze Dunkles, sondern auch Lichtes enthält, sorgt die Ratio dafür, dass er den Schatten trotzdem so schnell wie möglich wieder aus der Welt schafft.

Je mehr Schattenseiten man verdrängt, ausblendet und negiert, desto mehr drängen sich diese Schatten ins Leben hinein, wie bereits mehrfach angesprochen wurde. Für diese Prinzipien spielt es übrigens keine Rolle, ob das Verdrängen und Negieren bewusst oder unbewusst geschieht.

Das Universum strebt immer und unbeeinflussbar nach Ausgleich und Harmonie. Unterdrückt man also gewisse Teile der Persönlichkeit, melden sich diese zwangsläufig und nicht selten zunehmend lautstark zu Wort. Schließlich möchten sie ebenfalls in ihrer Daseinsberechtigung anerkannt werden. Dieses Ungleichgewicht kann dann die besagten Schicksalsschläge hervorrufen, die uns wieder auf den richtigen Weg bringen wollen.

Einige Beispiele

Ein Stellvertreter für den Schattenanteil

Ein freundliches Ehepaar, das immer liebevoll und »korrekt« durchs Leben geht und stets zuvorkommend ist, hat einen Sohn, der diversen Drogen und dem Alkohol verfallen ist. Es gibt immense Schwierigkeiten und Probleme mit ihm. Er hat mehrmals seinen Job verloren und war nicht imstande, seine Miete zu zahlen, sodass er immer wieder die Wohnung wechseln musste. Die Eltern verstanden einfach nicht, warum sie gerade einen solchen Sohn hatten, sie selbst waren doch so liebevoll und nett zu ihrem gesamten Umfeld.

Die Lösung kam erst auf den Tisch, als sie uns erzählten, dass sie versuchen, allem Negativen im Leben aus dem Weg zu gehen. Mit anderen Worten: Sie verdrängten und verbannten alles Unangenehme. Sie versuchten mehr oder weniger unbewusst, alles Negative von sich fernzuhalten, was sie innerhalb ihrer Partnerschaft zwar relativ gut meistern konnten, doch den eigenen Sohn vermochten sie nicht so weit zu manipulieren und zu steuern. Weil sie der Schattenwelt immer wieder Energie fürs Verdrängen geben mussten, hatten sie über die Resonanz genau eine solche Situation herbeigerufen, in der ihr Sohn den Schatten stellvertretend für sie auslebte. Würden sie mehr den vermeintlich schattigen Teil des Lebens leben und innerlich annehmen, müsste der Sohn nicht so sehr den Ausgleich schaffen und ihnen genau den verdrängten und unterdrückten Teil aufzeigen!

Alkoholproblem als Schatten

Ein anderes Beispiel ist der erfolgreiche Unternehmer Karl. Er hatte eine sprichwörtlich schwere Kindheit. Sein Vater war Alkoholiker und stritt sich ständig mit der Mutter, bis es letztlich zur Scheidung kam und die Mutter dadurch ebenfalls abstürzte. Der Vater wurde arbeitslos und war fortan mehr in Kneipen anzutreffen als zu Hause. Karl ist heute sehr glücklich und erfolgreich im Beruf. Auch in seiner Familie mit den zwei Kindern ist er zufrieden. Er schwor sich, seinem eigenen Nachwuchs eine bessere Kindheit zu ermöglichen, als er sie hatte. Er schuf sich also durch die mentale Programmierung ein eigenes Leben, in dem er beruflich und auch familiär sehr erfolgreich wurde. Mit dem Feld aus der Kindheit wollte er nichts mehr zu tun haben; das sei Geschichte und vergessen.

Leider kann man diese Felder nicht ohne weiteres, durch reines Verdrängen, löschen. Sie sind schlichtweg ein Teil der eigenen Biografie, den es zu integrieren gilt. Versucht man es doch, tut das Feld alles, um selbst den Ausgleich zu schaffen. Da Karl aber mental sehr stark im Programmieren ist, konnte ihn das Feld innerhalb seiner direkten Familie nicht erreichen. Interessanterweise gab es mit seinem Bruder und einem seiner besten Angestellten ein riesiges Problem. Sie sind dem Alkohol verfallen, und auch in der Partnerschaft gibt es immer wieder massive Schwierigkeiten. So stark, dass dies auch für Karl belastend wurde.

Konkret heißt das: Wenn man die eigenen Felder nicht anschaut, werden diese irgendwo einen Weg finden, uns zu erreichen; ähnlich wie ein Fluss, der sich durch jegliches Gelände seinen Weg sucht. Erst wenn Karl seine alte Geschichte annimmt und neutralisiert, werden ihn solche Felder nicht mehr aufsuchen müssen, bzw. sie belasten ihn jedenfalls nicht mehr.

Die Integration des Schattens

Die Integration der Schattenseiten bedeutet nicht, dass Wut, Aggression, Zorn, Hass unkontrolliert ausgelebt werden müssten. Dies passiert nur, wenn die Gefühle zu lange unterdrückt wurden. Ein erster Schritt ist bereits, wenn man sich eingesteht, dass diese Teile auch in einem selbst vorhanden sind. Im zweiten Schritt geht es darum, sich seiner eigenen Schatten bewusster zu werden und sich ihnen zu öffnen, damit sie Raum haben, sich in ihrer Ganzheit zu zeigen. Es muss die Bereitschaft entwickelt werden, die Auslöser von Schattenverhalten, die Schattengefühle, voll und ganz empfinden zu können. Gerade wenn ein Schattengefühl auftaucht, geht es darum, ihm Raum zu geben. Es kann dabei hilfreich sein, sich aktiv zu bewegen, viel frischen Sauerstoff in den Organismus zu bringen und am Ende das Ganze mit viel Wasser zu ergänzen. Man muss etwas tun, damit die Energie nicht zu »sauer« wird und explodiert. Im dritten Schritt, wenn man bereits zugelassen hat, die Gefühle zu spüren, geht es um eine konkrete Kontaktaufnahme mit den eigenen Wesensanteilen, indem man sich, wie ein guter Vorgesetzter es tut, um seine »Mitarbeiter« kümmert.

Sein Leben wie ein Unternehmen führen

Man kann das eigene Leben nämlich wie eine Firma betrachten. Der Geist einer Firma ist der Chef, und die Schatten- und Lichtseiten sind angestellte Mitarbeiter. Die einen arbeiten sehr produktiv und effizient, während andere weniger leistungsfähig sind. Ziel des Chefs ist es, den Überblick zu behalten und die Mitarbeiter entsprechend zu führen. Dabei ist die wichtigste Eigenschaft einer Führungsperson nicht nur, die Fachkenntnis über das Produkt zu haben, sondern die Fähigkeit, aus allen Beschäftigten das Beste herauszuholen. Ein guter Chef muss die Talente und die Persönlichkeit seiner Mitarbeiter erkennen und fördern können.

Es gibt keine Menschen, die nur schlecht sind. Es gibt nur Menschen an ungeeigneten Stellen. Entweder verändert die Führungskraft die Aufgaben des unproduktiven Mitarbeiters und versetzt ihn innerhalb des Unternehmens, oder sie fördert den Mitarbeiter so, dass er sich das notwendige Wissen aneignet. Diejenigen Mitarbeiter, die nicht zur Arbeit erscheinen, weil man ihnen vielleicht zu wenig Beachtung schenkt oder weil sie unglücklich sind über ihre Stelle, wurden einst auch vom Chef angestellt, um einen Auftrag zu erfüllen.

Genauso hat jeder Mensch seine eigenen Schattenseiten im Leben angeheuert. Diese Mitarbeiter haben eine Aufgabe. Es geht darum, dass der Mensch etwas erkennen kann. Die Schattenseiten wollen einen Beitrag leisten fürs Unternehmen. Nun geht es darum, als Führungskraft herauszufinden, wie man diese Mitarbeiter fördern kann, was ihnen fehlt, respektive, was sie brauchen, um auf Touren zu kommen.

Eine Seminarteilnehmerin hatte über ihre Intuition gesehen, dass sie sich als TV-Moderatorin bewerben solle. Sie traute sich anfangs zwar noch nicht, sagte sich aber, dass sie nichts zu verlieren habe. Und prompt erhielt sie die Stelle und wurde nach einer Einführungszeit Moderatorin und später sogar Nachrichtensprecherin. Doch jedes Mal vor einem Auftritt hatte sie panische Versagensangst. Dies wurde so stark, dass wir uns das in einem Einzelcoaching anschauten.

Wir betrachteten die Versagensangst als einen Mitarbeiter und fragten »ihn«, was er sich denn wünsche. Er antwortete: »Ich möchte gern beachtet und nicht immer unterdrückt werden.« Er wollte einfach nur angenommen werden. Wir fragten dann weiter, was seine Aufgabe sei. Er antwortete: »Ich führe dich in dem Moment, in dem du mich nicht mehr unterdrückst, in deine Kraft, sodass du dich in deiner Ganzheit erfahren kannst.«

Seit sie sich vermehrt um diesen »Mitarbeiter« kümmerte, musste er sich auch nicht mehr so in den Vordergrund stellen und wurde zu einem sehr angenehmen Kollegen. Es kam sogar so weit, dass die Teilnehmerin uns freudig berichtete, ihre Versagensangst sei ihr ein guter Freund geworden. Es geht also nicht darum, die Mitarbeiter einfach zu entlassen. So würde man vor den Problemen davonlaufen. Sondern zu schauen, wofür man sie überhaupt eingestellt hatte, und ihnen ein adäquates Beschäftigungsfeld zu bieten.

Die Vollkommenheit erkennen

Damit der Mensch wieder ganz werden kann, muss er also lernen, seine Schattenseiten zu integrieren. Da diesbezüglich bei den meisten Menschen ein Ungleichgewicht besteht, zieht man aufgrund des Resonanzprinzips automatisch Gegebenheiten in sein Leben, welche die »uncoolen« Seiten spiegeln oder aktivieren. In die Mitte (die Einheit) kommt man lediglich, wenn man beiden Polen ausgeglichen Energie zukommen lässt. Dies kann nur geschehen, wenn man beide Seiten kennt. Bei jeder Polarisierung geht es darum, die Perspektive zu wechseln und die Situation aus der ganzheitlichen Sicht zu betrachten. Wer den verdrängten Teil annimmt und integriert, wird die Energie neutralisieren. Es bedeutet also, den schmerzhaften Teil anzunehmen und darin die Vollkommenheit zu erkennen. Diese Sichtweise wird das Herz beflügeln und frei machen. In dem Moment kann man die Situationen wertfrei akzeptieren und spürt gleichzeitig die verschmelzende Energie, die Einheit, welche die Liebe in unserem Inneren aufsteigen lässt.

Das Prinzip des Rhythmus

Rhythmus ist Leben, Leben ist Rhythmus. Jedes Leben bewegt sich innerhalb eines Taktes. Täglich begegnet man diesem elementaren Prinzip, doch bewusst nehmen es die wenigsten wahr. Aber wie wäre Bewegung möglich, ohne dass dies in einem bestimmten Rhythmus geschähe? Was wäre eine Melodie ohne Takt? Alles, was lebt, schwingt zwischen zwei Polen. Dabei vollzieht sich jede Bewegung in einem individuellen Rhythmus. Jede Zelle, ja sogar die kleinste Lebenseinheit, schwingt in ihrem eigenen Turnus. So hat bereits Albert Einstein festgestellt, dass der Ursprung von Materie nicht kleinste Teilchen, sondern Felder sind, die sich zyklisch bewegen.

Der Rhythmus ist für unser Leben so elementar wie die Luft zum Atmen. Der Rhythmus schafft immer Harmonie zwischen den Polen. Er ist dafür verantwortlich, dass jede Bewegung in unserer Lebendigkeit in einer gewissen Regelmäßigkeit passiert, sodass unsere Seele immer wieder eine Balance findet.

Am Rhythmus im Außen erkennen wir den Rhythmus im Innern

Wie bereits im Kapitel über die Spiegelung erläutert wurde, braucht unser Bewusstsein immer eine Reflexionsfläche im Außen, um sich selbst zu erkennen. Genauso ist es mit dem Rhythmus. Bevor man den eigenen, persönlichen Rhythmus erkennt, kann man ihn einfacher im Außen sehen. Dazu bietet die Natur sehr klare Beispiele, die uns allen bekannt sind.

So erfahren wir den Tag-und-Nacht-Rhythmus, der sich alle 24 Stunden wiederholt. Gleichermaßen nehmen wir einen Zyklus bei den Jahreszeiten wahr. Wir erleben den Takt zwischen Frühling, Sommer, Herbst und Winter. Ja sogar die Rotation der Erde findet in einer Regelmäßigkeit statt. So braucht die Erde genau ein Jahr, um sich um die Sonne zu bewegen. Dies geschieht seit Millionen von Jahren im fast genau gleichen Rhythmus.

Der Rhythmus ist auch am Beispiel der Gezeiten von Ebbe und Flut wie auch beim ab- und zunehmenden Mond eindrücklich zu sehen. Im Außen erkennt man, dass die Natur ganz bestimmten Zyklen folgt und sich alles nach einem bestimmten Plan verändert. Seit Menschengedenken wiederholen sich diese Regelmäßigkeiten. Und nicht ein einziges Mal hat es eine Ausnahme gegeben. Alles schwingt in einem geordneten Ablauf.

Auch Tiere haben ihren Takt. Manche zieht es in den Winterschlaf, um dann im Frühling wieder aufzuwachen. Kein Tier käme dabei auf die Idee, den Winter durchzumachen und sich dafür den ganzen Sommer aufs Ohr zu legen. Es ist jedes Jahr der gleiche Ablauf. Auch die Pflanzen richten sich nach den Jahreszeiten: Bäume verlieren im Herbst ihre Blätter, damit sie im Frühling wieder in frischem Grün und voller Blütenpracht dastehen, um dann am Ende des Sommers ihre Früchte zu verteilen. Jedes Jahr verläuft immer wieder im gleichen Rhythmus.

Genauso erkennt man verschiedene Rhythmen bei den Menschen, beispielsweise beim Herzschlag oder dem Takt des Ein- und Ausatmens. Ebenso zeigt sich der Monatszyklus einer Frau jeweils in einer Periodizität. Auf der ganzen Welt dauert die Zeit von der Zeugung eines Kindes bis zur Geburt neun Monate. Die Natur bleibt nie stehen und macht in der Regel keine Fehler. Alles ist in ständiger, periodischer Bewegung. Es verändert sich also immer wieder, doch jeweils in der Regelmäßigkeit eines bestimmten Rhythmus.

> Der Rhythmus – als Teil der Polarität – ist mit dem Gleichgewicht und den Resonanzen gekoppelt. Diese Kombination sorgt dafür, dass alles innerhalb der Vollkommenheit seinen geordneten Ablauf findet.
>
> *Irene Frei-Stadler*

Das menschliche Leben unterliegt gleichzeitig unzähligen Rhythmen

Bis jetzt haben wir verschiedene einzelne Rhythmen getrennt voneinander betrachtet. Jeder Mensch lebt aber in unzähligen unterschiedlichsten Zyklen, die alle gleichzeitig existieren. Wenn wir diese gleichzeitigen Bewegungen grafisch darstellen, erhalten wir eine Idee der Komplexität des Prinzips des Rhythmus. Ein gutes Beispiel dafür liefert uns die Zeitmessung. Hier können wir feststellen, wie der Takt der Zeit simultan ganz verschiedene Zyklen hat (siehe Abbildung): Sekunden, Minuten, Stunden, Tage, Wochen, Monate, Jahre, Jahrzehnte … etc. Sie alle schwingen gleichzeitig, ohne jemals zu unterbrechen.

Tages-, Wochen-, Monats- und Jahreszyklus

Gegen den Rhythmus anzukämpfen bringt nicht viel

Ob man nun will oder nicht, alles im Leben ist einem bestimmten Zyklus unterworfen. Da auch der Mensch diesem Prinzip unterliegt, kann sich dessen bewusst zu werden eine entscheidende Veränderung des individuellen Lebensflusses bewirken sowie die Lebensqualität heben. Schon die alten Chinesen gingen davon aus, dass sämtliche Lebensprozesse nach bestimmen Rhythmen ablaufen. Sie stellten fest, dass sich diese Prozesse innerhalb eines Zusammenhangs wiederholen. Dies bedeutet, dass sich innerhalb jedes Systems eine gewisse Regelmäßigkeit zeigt.

Um es zu verdeutlichen, ersetzen wir das Wort »Rhythmus« durch das Wort »Bewegung«. Eine Bewegung muss immer zwischen zwei Polen stattfinden, nämlich zwischen Plus und Minus. Es ist eine Schwingung zwischen den Polen, welche auch als Spannung wahrgenommen werden kann. Durch die Spannung hebt und senkt sich die Energie, und der Rhythmus wird erkennbar.

Wie bei einer Welle lohnt es sich jedoch nicht, gegen den Rhythmus anzukämpfen, denn dies verbraucht überdurchschnittlich viel Energie und bringt am Ende doch nichts. Wer etwa versuchen will, zweimal hintereinander den Tag zu erleben, ohne die Nacht zum Schlaf zu nutzen, ist am nächsten Tag komplett energielos und hat somit sein Ziel doch nicht erreicht. Wer versucht, im Winter Radieschen zu säen, um sie dann im Februar zu ernten, wird dabei keinen Erfolg haben. Egal, wie wir es auch anstellen, wer sich gegen das Naturprinzip bewegt, wird es sehr schwer haben. Die Natur hat immer die Tendenz, die beiden Pole auszugleichen, um wieder ins Gleichgewicht zu kommen. Würde dieser Ausgleich jedoch nicht automatisch passieren, könnte die Lebensenergie nicht mehr rhythmisch schwingen, und Leben wäre nicht mehr möglich.

In manchen Lebenszyklen bewegt sich die Energie jedoch so langsam, dass es für die begrenzte menschliche Wahrnehmung scheint, als gäbe es gar keinen Rhythmus. Als wäre das, was vielleicht gerade erst seit einigen Jahren passiert, ein unendlicher Dauerzustand. Wenn wir also das Gefühl haben, in einem Pol stecken zu bleiben, dann hängt dies damit zusammen, dass unsere Betrachtungsweise keinen ausreichend weiten Abstand vom Rhythmus hat.

Im Grunde genommen ist das Prinzip simpel und logisch. Es würde keinem Tier und keiner Pflanze »in den Sinn kommen«, sich gegen dieses Prinzip zu entwickeln. Doch gerade weil die Natur bedingungslos ist und nicht wertet, kann sie sich den unterschiedlichsten Bewegungen überlassen. Der Mensch hingegen bewertet jede Schwingung innerhalb einer Amplitude. Beispielsweise sieht er die Hebung als positiv, die Senkung als negativ, und schon ist die Einheit des Rhythmus entzweit, und die Illusion des Getrenntseins beginnt.

Dies ist der Grund, weshalb sich die Menschen so schwertun, sich ihrem eigenen Rhythmus, dem Fluss des Lebens hinzugeben. Die Bewertungen, etwas positiv oder negativ zu betrachten, engen den Homo sapiens ein, weil er das Negative bekanntlich nicht in seinem Leben haben möchte. Daher versucht man immer und immer wieder, gegen die Wellen anzukämpfen, statt dass man lernt, darauf zu surfen.

Innerhalb jedes Systems gibt es einen übergeordneten Rhythmus, der mit oder ohne menschliches Zutun immer im Gleichgewicht schwingt. Daher ist es am ökonomischsten, wenn man genau hinschaut, welche Regelmäßigkeiten ein System vorgibt, und sich bewusst diesen Zyklen anpasst. Der wahre Meister hat gelernt, die übergeordneten Rhythmen zu erkennen und sich ihnen wie in einem Fluss hinzugeben.

Der Mensch bewertet innerhalb einer Schwingung sowohl die Hebung als auch die Senkung. Damit seziert er die Vollkommenheit des Rhythmus, und die Illusion des Getrenntseins beginnt.

Die Menschen missverstehen manchmal das Prinzip des Rhythmus, indem sie glauben, sie seien ihm ausgeliefert und müssten sich ihm wie eine Art Opfer einfach fügen. Das ist natürlich nicht zutreffend. Innerhalb eines systemischen Ablaufs gibt es zwischen Hebung und Senkung immer einen großen Spielraum, der die ganze Schöpferkraft auszuleben erlaubt. Es braucht jedoch Mut, Vertrauen und Kreativität, um sich gerade dem »Schatten« innerhalb einer Schwingung hingeben zu können. Der Rhythmus, als Teil der Polarität, ist mit dem Gleichgewichtsprinzip und den Resonanzen gekoppelt, und diese sorgen dafür, dass alles stets seinen geordneten Ablauf hat.

Menschen, die gegen ihren Rhythmus kämpfen

Sehr deutlich kann man bei Stars oder Spitzensportlern am Ende ihrer Karriere beobachten, wie fatal es mitunter ist, gegen den Rhythmus ankämpfen zu wollen. Wenn der Höhepunkt einer künstlerischen Laufbahn erreicht ist, dann kann es für diesen Zyklus nur noch »hinuntergehen«. Vielleicht gewinnt der Profisportler durch seine mentale Stärke ab und zu noch etwas. Doch wenn der Zenit erreicht ist, dann wird man anschließend nicht mehr dieselben Resultate erzielen wie einst in der Blütezeit. Nicht selten verpassen Stars und Spitzensportler den optimalen Zeitpunkt zur Modifizierung ihrer Karriere.

Genauso kann man es in der Wirtschaft beobachten, wenn man einen Produktlebenszyklus anschaut. Man muss die Erzeugnisse ständig dem sich verändernden Markt anpassen. Doch auch hier ist irgendwann der Moment gekommen, in dem selbst das beste Produkt keinen Absatz mehr findet. Die meisten Sportler und Unternehmer warten jedoch oft so lange, bis es mit der Karriere oder dem Produkt nur noch abwärtsgeht. Selten spüren und kennen diese Menschen den Rhythmus. Besonders Stars fallen nach der Krönung ihrer Laufbahn denn auch in ein tiefes Loch. Würden sie mehr auf ihr Inneres hören und nicht zu sehr dem Ego nachrennen, würde es ihnen nicht so schwer fallen, sich nach dem Zenit ihrer Karriere einem anderen, passenderen Aufgabenbereich zu widmen. Die Kunst im Leben ist es, seine eigenen Rhythmen zu erkennen und entsprechend danach zu handeln.

Einem Unternehmer zum Beispiel, der gerade seine erfolgreiche Firma verkauft hatte, wurde das Nichtstun zu langweilig. Daher gründete er eine weitere Firma und wollte alles nochmals aufbauen. Ihm war das Prinzip seines Lebensrhythmus offenbar nicht klar, und er glaubte fest daran, dass sich mit eisernem Willen die Dinge so entwickeln würden, wie er es sich wünschte. Tatsächlich hatte er auf dem Höhepunkt seiner Schaffenskraft sein kerngesundes Unternehmen erfolgreich verkauft. Leider hatte er aber nicht bemerkt, dass es ab diesem Zeitpunkt in seinem Lebensrhythmus um andere Bereiche ging als nur um den Beruf. Er erkannte es nicht, weshalb ihm im Außen sein eigentlicher Rhythmus gespiegelt wurde: Der neue Aufbau war sehr harzig. Es schien einfach nichts richtig funktionieren zu wollen. Als es dann um die Verhandlungen mit den neuen Geschäftspartnern ging, wurde der Unternehmer »zufälligerweise« krank. Der Termin musste verschoben werden. Zum zweiten Datum konnte er wieder nicht pünktlich erscheinen, da er mit seinem neuen Auto eine Panne hatte. Es folgten noch viele weitere Zeichen. Nach einem erfolglosen Aufbaujahr kam der Unternehmer selbst zu der Erkenntnis, dass irgendwo irgendetwas blockiert war und dass seine neue Firma nicht annähernd so erfolgreich werden würde wie die alte.

Als er sich dann mittels der Intuitionstechnik zeigen ließ, wie sein Rhythmus aussah, erkannte er, dass für ihn in diesem Moment eher eine Art »beruflicher Winterschlaf« statt eines Neuanfangs anstand. Seine Zeit im Geschäft mit einem möglichen Aufschwung sollte wiederkommen, aber erst etwas später. Er fand heraus, dass es nun um seine Partnerschaft und die Familienplanung ging.

Selbstverständlich hätte er weiterhin gegen seinen Rhythmus steuern können. Doch aufgrund seiner Intuition erkannte der Unternehmer, dass er noch so viel Energie, Zeit und Geld hätte investieren können, er hätte nicht reüssiert. Er entschied sich, sich ab sofort mehr seiner Familie zu widmen, was ihn wiederum sehr glücklich machte. Dabei fand er genügend Zeit, um kreativ neue Geschäftsideen zu entwickeln, die er zu einem späteren Zeitpunkt umsetzen wollte.

Oft tun sich gerade Selbständige schwer, wenn sie mit ihren eigenen und den Rhythmen der Wirtschaft konfrontiert werden. Ein Selbständiger hat oft den Anspruch, genauso wie ein Angestellter am Ende des Monats mindestens gleich viel Gewinn erzielt zu haben. Dies ist natürlich schwierig, denn auch ein Selbstständiger muss mal Urlaub machen. Jede Branche hat ihre eigenen Rhythmen, die es zu beachten gilt. Es kann gar nicht sein, dass immer derselbe Umsatz generiert wird. Zum Beispiel könnten während der allgemeinen Ferienzeit die Aufträge kurzfristig zurückgehen. Wenn dies der Fall ist, werden viele Selbständige von Existenzängsten geplagt. Dies kann sich äußerst kontraproduktiv auf die Lebensqualität auswirken. Ein Teufelskreis beginnt. Oft fangen die Betreffenden in solchen Situationen an, mit aller Kraft gegen den Rhythmus anzukämpfen, verlieren dabei extrem viel Energie in mehr oder weniger sinnlosen Aktivitäten, die am Ende kaum oder gar keinen Nutzen haben. In der Folge sind sie zu dem Zeitpunkt, zu dem der Rhythmus wieder optimal fürs

Geschäft wäre, so sehr erschöpft, dass sie nicht mehr die volle Leistung bringen können. Nur wenn man in Verbindung mit seinem Inneren steht, fällt es einem leicht, die Rhythmen sowohl im Innen wie auch im Außen zu erkennen. Es ist möglich zu lernen, wie es geht, die Senkung der Amplitude zu genießen und optimal zu nutzen, sodass man beim wiederkehrenden Heben voller Energie auf der Welle reiten und den entgangenen Gewinn mehr als kompensieren kann.

> Du kannst die Wellen nicht anhalten, aber du kannst lernen, darauf zu surfen.
>
> *Joseph Goldstein*

Den Fluss des Lebens erkennen

Im Grunde genommen ist es nicht schwierig zu merken, ob man im Fluss des Lebens ist oder gerade gegen den Strom kämpft. Die Zeichen sind stets klar. Gerade dann, wenn das Leben nicht im Fluss ist, es stockt und immer wieder irgendwelche dummen Zwischenfälle passieren, die die Pläne blockieren, lohnt es sich, die Angelegenheit genauer unter die Lupe zu nehmen. Wenn die Dinge nicht so laufen, wie man sich das vorgestellt hat, muss das nämlich nicht automatisch heißen, dass man gerade an der falschen Sache arbeitet. Vielleicht gibt's da noch ein erfolgverhinderndes Programm, einen Schatten, der endlich angenommen werden möchte, oder man kämpft gegen seinen eigenen Rhythmus.

Optimal und ökonomisch wäre es, sich im Fluss des Lebens zu bewegen. Was nützt es, wenn man in einem Fluss gegen den Strom schwimmt? Je nach Stärke des Flusses wird man nie ans Ziel kommen und dabei sehr viel Energie verlieren. Wesentlich ökonomischer geht es, wenn man mit dem Strom schwimmt und die Kraft der Strömung nutzt. Das heißt nicht, dass man immer den bequemeren Weg gehen und notfalls auch Unrecht dulden sollte, nur weil es weniger Umstände bedeutet. Es geht vielmehr darum, die Zeichen des Lebens sowie die verschiedenen Rhythmen zu erkennen.

Sicherlich haben Sie es schon selbst erfahren, dass Ihnen ein Projekt einfach so gelang und die Dinge sozusagen »zugeflogen« sind. Es lief alles wie am Schnürchen, und Sie spürten, dass dies genau der ideale Weg ist. Weil Sie 100 Prozent auf dem Rhythmus »drauf« waren. Umgekehrt hat sicher jeder schon einmal die Erfahrung gemacht, dass etwas einfach nicht ging. Es war wie verhext, und es blockierte an allen Ecken und Kanten. Der mögliche Grund? Sie mussten gegen den Rhythmus ankämpfen. Natürlich spielen auch noch unbewusste Programme eine Rolle, und in Wahrheit ist es noch etwas komplexer. Doch das Grundprinzip des Rhythmus ist immer ein Bestandteil des Erfolgs.

> Wenn ein Pendel stark nach links ausschlägt, wird es in der Folge automatisch auch stark nach rechts ausschlagen.

Das Prinzip der Liebe

Alle Welt verwendet den Begriff »Liebe«. Doch was ist Liebe eigentlich genau? Als wir vor einigen Jahren beschlossen uns auf die Suche nach Antworten auf derlei Fragen zu machen, kam zuerst die große Ernüchterung. Wir stellten fest, dass jeder etwas über die Liebe zu erzählen wusste, doch die Bandbreite der Antworten auf unsere Frage war so groß, dass eine Begriffsbestimmung alles andere als kurz und knapp ausfallen würde. Wir merkten schnell, dass »Liebe« ein Wort ist, das die meisten ganz unterschiedlich verstehen.

Die Menschen verwenden die Wörter »Liebe« und »lieben« sowie andere grammatische Varianten für die unterschiedlichsten Bezugsobjekte. Sie »lieben« vergleichsweise banale Produkte wie Mohnbrötchen ebenso wie ihr Auto, aber auch ihren Partner oder nahe Verwandte und Freunde. »Liebe machen« ist eine verhüllende Umschreibung für den Geschlechtsverkehr, und die Liebe Gottes – die, die von ihm ausgeht, wie auch die, die wir ihm entgegenbringen – bezeichnen viele als die Kraft, die ihr Leben überhaupt ermöglicht.

Der Begriff »Liebe« wird für all das verwendet, was man mag und gernhat. Er ist eindeutig positiv besetzt. Dadurch wird er in der Umgangssprache aber ganz anders eingesetzt, als er in seinem Ursprung gemeint ist. Genau dies führt automatisch zu vielen Missverständnissen, denn hier wird immer nur die Sonnenseite der Liebe betrachtet. Doch was ist mit all den Dingen, die man nicht so gern mag? Sollte man die nicht auch lieben können?

Liebe ist ...

Die meisten Menschen verstehen unter Liebe also zunächst ein positives Gefühl. Liebe wird als Regung empfunden, mit der etwas Angenehmes, Gutes und Wertvolles verbunden ist. Je angenehmer und wertvoller etwas für den Menschen ist, umso mehr kann er sich dem hingeben und umso größer, meint er, sei seine Liebe dafür.

Doch durch das Verständnis der Zusammenhänge aller Lebensprinzipien begannen wir eine Idee davon zu erhalten, was Liebe wirklich ist. Sie ist die Zusammenfassung aller Prinzipien. Liebe ist das »Sowohl-als-auch«, bedingungslos und wertfrei. Für die Liebe muss man nichts tun, sie ist allgegenwärtig. Liebe ist weder positiv noch negativ und doch in beidem enthalten. Liebe kann man nicht fühlen, und sie kann uns auch nicht fehlen, sie ist immer da. Man kann sie nicht beschreiben, weil der begrenzte Wortschatz nicht ausreicht, um all das wiederzugeben, was Liebe ist. Erst wenn man aufhört, sich eine begrenzte Vorstellung von der Liebe zu machen, besteht die Möglichkeit, eine Idee davon zu erhalten.

Dennoch kann sie direkt und tagtäglich im ursprünglichen Sinne realisiert werden. Liebe umgesetzt könnte sich im Alltag grundlegend zum Beispiel so zeigen, dass man jeden und alles inklusive sich selbst prinzipiell genau so annimmt, wie es ist. Sowohl im Innen als auch im Außen. Als Einheit. Mit allen scheinbaren Stärken und Schwächen. Lieben heißt, das Gute und das Schlechte zu akzeptieren, das Helle und Dunkle, das Ehrliche und Unehrliche, das Nette und das Böse, das Schöne und das Hässliche, den Erfolg und den Misserfolg. Alles so anzunehmen, wie es ist, sich damit zu verbinden und sich ihm zuzuwenden. Liebe ist weder gut noch schlecht, Liebe *ist* einfach. Liebe ist kein Problem, aber auch keine Lösung. Liebe wertet nicht und ist gleichermaßen in jeder Bewertung enthalten. Liebe hat kein Ziel, dennoch ist Liebe das Ziel, das schon längst erreicht und vorhanden ist. Liebe ist der Grund für alles, daher kann Liebe selbst keinen Grund haben.

Im therapeutischen spirituellen Bereich wird oft die Methodik angewandt, dass jemand, mit dem man gerade Probleme hat oder den man vielleicht auch nicht so sehr mag, mental in Liebe gehüllt wird. Dazu stellt man sich vor, wie dieser Jemand in gleißend helles Licht eingehüllt wird. Grundsätzlich ist das nicht falsch, nur geht es bei dieser Form des »Lichtgebens« nicht um die Liebe im gemeinten Sinne. Das Licht ist hier lediglich ein Hilfsmittel. Es bewirkt, dass beim Gegenüber, bei dem man begrenzt gerade nur die negativen Wesensanteile wahrnimmt, die positiven Aspekte beleuchtet werden. Diese positiven Anteile liegen nämlich für denjenigen, der nur das Negative erkennt, im Schatten, in der Dunkelheit. Die Methode des mentalen »Lichtschickens« ist sehr hilfreich, um sich selbst im Spiegel des Gegenübers zu erkennen. Da es bekanntlich einfacher ist, das Positive im Visavis anzunehmen als das Negative. Doch kann es nicht darum gehen, Liebe zu »schicken«, denn die Liebe ist bereits vor diesem Ritual da gewesen, sie ist überall.

Liebe »funktioniert« nicht, indem sie mental im Kopf »gehandhabt« wird. Das Annehmen von Liebe geschieht als energetischer Prozess durch das Herz und hat wenig mit rationaler Vorstellungskraft und dem Willen zu tun. Das Annehmen dessen, »was ist«, ist eine Art Erleuchtung. Für einen kurzen Moment geht das Licht an, um den Schatten so zu beleuchten, dass man sich nicht mehr davor fürchten muss – dass man ihn so sieht, wie er tatsächlich ist. Nämlich als Teil der vollkommenen Einheit, die stets zwei Pole besitzt. Es bleibt die Erinnerung daran, die man allerdings immer wieder aktivieren kann.

Liebe kann keinen Gegenpol haben, denn Liebe ist allgegenwärtig, sowohl dort, wo Wohlwollen und Freude, wie auch dort, wo Hass, Wut, Ärger und Angst herrschen. Hass ist lediglich ein Gefühl, das einseitig, beschränkt wahrgenommen wird. Was viele vergessen oder nicht wissen, ist, dass auch innerhalb des Hasses eine Polarität der gegensätzlichen Anziehungspunkte steckt. Man kann es nicht oft genug betonen: Gemäß dem Polaritätsprinzip muss der Hass auch eine angenehme, positive Seite haben, die für irgendetwas gut ist. Sonst wäre der Hass schlicht und einfach nicht da. Es fällt dem Menschen lediglich schwer, dies zu akzeptieren und auch zu fühlen. Das ist der Grund dafür, weshalb man so selten eine Idee davon bekommt, was Liebe tatsächlich ist. Automatisch versucht man immer, sie auf der positiven Seite zu positionieren. Doch die Liebe ist ein »Sowohl-als-auch«, und dies impliziert konsequenterweise ebenso ein »Weder-noch«, selbst wenn das paradox klingen mag.

Alles, was lebt, schwingt zwischen zwei gegensätzlichen Polen. Diese Schwingung ist die Lebensenergie, die allem innewohnt und die man an dieser Stelle als bedingungslose, wertfreie Energie, als »Liebe« bezeichnen kann. Alles, was schwingt, egal, wie hoch sein »Bewusstsein« ist, hat zwei gegensätzliche Pole, jeder Mensch, jedes Tier, jede Pflanze, jedes Organ, jede Zelle, jedes Atom, einfach alles. Die gegensätzlichen Pole sind also die Voraussetzung für die Lebensenergie.

Liebe umschließt als Einheit somit immer beide Pole, sowohl den positiven als auch den negativen. Doch aus der Sicht der Liebe gibt es weder den einen noch den anderen. Liebe ist wertneutral und auch an keinerlei Bedingungen geknüpft. Alles ist eins und miteinander verbunden. Die Liebe verbindet alles und ist der Ursprung allen

Seins. Die Pole gehören zusammen, weil das eine ohne das andere nicht existieren kann. Liebe ist das durchdringende Sein, die Kraft der Schöpfung. Liebe ist alles, verbunden über Raum und Zeit. Sie ist die Einheit, die unteilbar ist. Liebe ist rein und ungeteilt, sie erwartet nichts und fordert nichts, sie *ist* einfach. Dies sind die Merkmale der Nichtdualität: Ohne Liebe wäre alles nichts.

Das Grundprinzip eines jeden Lebens ist es, dass wir und alles in unserem Umfeld sich innerhalb vieler Polaritäten bewegt. Es ist also kein Fehler in der »Matrix«, dass wir und unsere Mitmenschen sowohl »coole« als auch »uncoole« Seiten, Ecken und Kanten aufweisen. Genau das braucht es, damit Leben überhaupt stattfinden kann. Nur durch die beiden gegensätzlichen Pole ist etwas letztendlich vollkommen.

Es geht also nicht darum, dass wir »perfekt« zu sein versuchen, indem wir nur das vermeintlich Positive anstreben. Dies zu realisieren wird niemandem von uns jemals gelingen. Der Anspruch auf diese Art der Perfektion ist der Versuch, gegen das grundlegende Prinzip der Liebe anzukämpfen. Es geht einzig und allein darum, uns immer und immer wieder daran zu erinnern, dass alles um und in uns vollkommen ist. Für ein Ganzes braucht es immer beide Teile. Und ganz zu sein ist das Geburtsrecht eines jeden Menschen.

Liebe ist die stärkste Energie im Universum, die allem innewohnt. Liebe ist der Grund für alles, daher kann Liebe selbst keinen Grund haben. Liebe ist das Grundprinzip allen Lebens, daher ist es nicht möglich, gegen dieses Prinzip zu verstoßen.

Die Vollkommenheit des Annehmens

Es wird kein Dauerzustand sein können, alles im Leben ständig so anzunehmen, wie es ist. Es kann jedoch durch das Bewusstwerden immer öfter geschehen. Immer dann, wenn man sich der Vollkommenheit des Daseins im Herzen bewusst ist. Es ist absolut in Ordnung und menschlich, für eine Weile die Dinge so anzunehmen, wie sie sind, um dann kurz darauf wieder ins Polarisieren zu verfallen. Als würde man sich als Magnet in einem gegenpoligen Tunnel bewegen, zieht alles um ihn herum den Menschen aus seiner Mitte, und doch schafft er es immer wieder, zeitweilig in die Mitte zurückzufinden, wo alles ausgeglichen ist.

Es gibt immer wieder Momente, in denen man von dieser Vollkommenheit, dieser bedingungslosen Liebe sozusagen »geküsst« wird, beispielsweise dann, wenn man in Kontakt mit einem Baby oder einem jungen Tier kommt. Diese Wesen leben die wertfreie, bedingungslose Liebe in Reinform. Aber auch dann, wenn sich Naturwunder präsentieren, wie ein atemberaubender Wasserfall oder ein wunderschöner Sonnenauf- oder -untergang. Dann, wenn man die Natur von ihrer »vollkommenen« Seite wahrnimmt. In dem Moment, in dem der Mensch gleichzeitig Traurigkeit und Glück spürt, hat er die Möglichkeit, für eine kurze Weile eine Idee der bedingungslosen Liebe zu erhalten.

Selbst- und Nächstenliebe

In der westlichen Gesellschaft ist mangelnde Selbstliebe eine der Hauptursachen von Krankheiten. Bei psychischen Störungen, wo dies offensichtlich ist, wird oft geraten, liebevoller zu sich selbst zu sein, sich selbst zu verwöhnen und sich selbst mehr zu »lieben«. Das sind zwar alles ganz nette Tipps, doch allein durch diese Hinweise wird nicht mehr Selbstliebe entstehen. Mangelnde Selbstliebe bedeutet: sich selbst nicht ganz anzunehmen.

Genauer gesagt: sich selbst nicht als etwas *Ganzes* anzunehmen. Ein Ganzes besteht immer aus zwei Hälften. Das Problem, weshalb der Mensch sich so schwertut, sich selbst anzunehmen, ist, dass er einen Teil seiner selbst ständig abzuschneiden oder auszublenden versucht. Ja genau, es geht einmal mehr um die Schattenseiten. Ohne die ist er nicht ganz und kann sich auch nicht als Ganzes wahrnehmen, geschweige denn annehmen.

Selbstliebe hat also mit Selbstbewusstsein zu tun, das heißt mit dem Umstand, sich seiner selbst bewusst zu sein. In dem Moment, da ein Mensch beginnt, sich seiner Schattenseiten gewahr zu werden, und herausfindet, wozu sie dienlich sind, in dem Moment, da er, wie eine Mutter ihre Kinder, sowohl seine »coolen« wie auch die »uncoolen« Seiten bedingungslos annehmen kann, in dem Moment geht es um Selbstliebe.

Die einzige Person, die uns ein ganzes Leben lang begleitet, sind wir selbst. Neben der göttlichen Beziehung sind wir selbst schlussendlich unser einziger und bester Freund, der immer bei uns ist. Bis in alle Ewigkeit, sowohl in guten wie auch in schlechten Zeiten.

Erst wenn wir uns selbst als vollkommenes Wesen annehmen, werden wir anderen Menschen wertfrei und vorurteilslos begegnen. Das ist der Sinn hinter dem Gebot »Liebe deinen Nächsten wie dich selbst«.

Verbindlich sein und doch frei
Ich möchte mich um dich kümmern, ohne dich verändern zu
  wollen,
dich bei mir haben, ohne dich einzufangen,
dir helfen, ohne dich zu etwas zu drängen,
dich wertschätzen, ohne dich zu bewerten,
zu dir kommen, ohne mich di⁻ aufzudrängen,
dich einladen, ohne Forderungen an dich zu stellen,
dir etwas schenken, ohne Erwartungen daran zu knüpfen,
dir meine Gefühle zeigen, ohne dich für sie verantwortlich zu
  machen,
dich informieren, ohne dich zu belehren,
von dir Abschied nehmen, ohne Wesentliches versäumt zu haben,
mich an dir freuen, so wie du bist.
Das ist wahre Liebe für dich und mich!

Hand aufs Herz: Wie oft urteilen wir über Menschen, deren Beweggründe wir gar nicht kennen? Wie oft streiten wir, ohne uns über den eigentlichen Grund bewusst zu sein? Wie oft sind wir der Meinung, andere Menschen müssten sich ändern, denn wir und unser eigenes Verhalten sind ja mehr als in Ordnung. Oft vergessen wir die Lebensprinzipien und die Tatsache, dass jedes Gegenüber ein Spiegel ist und wir bei uns selbst beginnen müssen, wenn wir das Spiegelbild verändern wollen.

Der erste Schritt dazu ist, sich selbst zu vergeben. Zu vergeben, dass wir uns immer wieder vom großen Ganzen abschneiden und uns damit unbewusst nicht ganz und zusätzlich schuldig fühlen. Mit dieser Maßnahme schaffen wir die Möglichkeit, immer öfter die Vollkommenheit in der Situation zu erkennen, so wie sie gerade ist. Es geht um die Annahme der eigenen Person im Hier und Heute. Nicht erst dann, wenn wir dereinst den Traumjob oder unseren optimalen

Partner gefunden haben werden. Nicht erst wenn der Busen gestrafft, die Cellulitis verschwunden und die Kilos mühsam abgestrampelt sind. Nein, so wie wir sind, jetzt und in diesem Moment, mit all unseren förderlichen und scheinbar nicht so förderlichen Gedanken. Es geht darum, unser Glück in uns selbst zu finden, und zwar unabhängig von äußerlichen Faktoren.

Das hört sich alles ganz nett an, doch wie wendet man Selbstliebe in der Praxis an? Das bedingungslose »Sich-selbst-Lieben« ist eine der schwersten Lebensaufgaben, obwohl es doch so einfach sein könnte.

Ein Annehmen, ohne sich der Gleichwertigkeit beider Hälften unseres Wesens bewusst zu sein, ist ein Ding der Unmöglichkeit. Da viele den gegenüberliegenden Pol ausblenden und ihn nicht sehen, wird Selbstannahme zu einer Herausforderung. Doch nur über das Gefühl passiert letztlich eine energetische Veränderung. Diese Veränderung kann man auch als »Bewusstseinserweiterung« bezeichnen. Es ist das Wunder der Transformation, wodurch man sich für einen kurzen Moment aus der begrenzten Sichtweise öffnet und das, was gerade passiert, als Ganzes, nichtwertend in seiner ganzen Vollkommenheit, empfangen kann. Auf diese Weise geschieht die Annahme von »dem, was ist«, in der Gewissheit und dem Vertrauen, dass es genau so sein muss, wie es eben ist. So kann man in Dankbarkeit und Weichheit dem gegenwärtigen Moment begegnen, und zwar nicht in der Vergangenheit und nicht in der Zukunft, sondern im aktuellen Augenblick! In jedem Moment man selbst sein – auch wenn man in einem anderen Moment anders handeln würde. Sich selbst auch »Fehler« verzeihen. Wer dies tut, selbst wenn es nur für kurze Augenblicke geschieht, wird wunderbare Möglichkeiten erfahren und das zum freien Ausdruck bringen, was sein wahres Wesen wirklich ist. Dies ist die Grundlage für die Beziehung zu sich selbst und anderen.

Das Ungleichgewicht bewusst machen

Die Voraussetzung für Selbstliebe ist, sich seiner selbst bewusst zu werden. Wie wollen wir etwas annehmen, was wir gar nicht kennen? Gelingt es nicht, diese Selbstliebe zu leben, geht es darum, die Spiegel im Leben, also die unbewussten Programme, Verletzungen, Muster etc., zu entdecken und als Geschenke auszupacken. Denn dadurch hat man die Möglichkeit, den anderen Pol zu erkennen und die verdrängten Schattenteile anzunehmen. Erst durch das Bewusstsein, dass alles ganz und eins ist, kann man es annehmen. In dem Moment, in dem man für beide Seiten eine tiefe Wertschätzung empfindet, neutralisiert sich die Spannung zwischen den Polen, und Heilung findet statt. Meistens bedeutet dies, dass man bei der »uncoolen« Seite, der Verletzung oder Schattenseite, eine positive Seite erkennen und annehmen muss.

Von Meister Eckart stammt die folgende schöne Geschichte: Ein Weiser wurde gefragt, welche die wichtigste Stunde ist, die der Mensch erlebt, welches der bedeutendste Mensch ist, der ihm bisher begegnet sei, und welches das notwendigste Werk ist. Die Antwort vom weisen Mann lautete: »Die wichtigste Stunde ist immer die Gegenwart, der bedeutendste Mensch immer der, der dir gerade gegenübersteht, und das notwendigste Werk ist die Liebe, immer die Liebe.«

Liebe ist immer da. Wenn wir sie nicht sehen können, dann beleuchten wir Menschen und Situationen einseitig, was automatisch zu einer Disharmonie führt. Die Beleuchter sind jedoch immer wir selbst. Wir können frei entscheiden, worauf wir unsere Scheinwerfer setzen, einseitig oder möglichst ausgeglichen. Jede Einstellung ist eine Erfahrung und liegt im Bereich der Vollkommenheit. Kommen wir durch unsere zu einseitige Beleuchtung ins Ungleichgewicht, findet die Natur über die Prinzipien immer wieder einen Weg zum Ausgleich. Wer sich selbst nicht in die Liebe, also ins Gleichgewicht bringt, wird nach dem Prinzip der Resonanz das im Leben anziehen, was es braucht, um zwischen den Polen auszugleichen.

> Täglich übe dich darin, offen zu sein für das Leben. Versuche, in jedem Augenblick das, was das Leben dir bringt, anzunehmen und zu erkennen – wertfrei und im *Hier* und *Jetzt*.
>
> *Irene Frei-Stadler*

Liebe in der Partnerschaft

Bei unseren Vorträgen zum Thema »Beziehungen« stellen wir manchmal Fragen wie »Wer lebt in einer Partnerschaft und liebt seinen Partner?« und »Warum lieben Sie Ihren Partner?«. Nun kommen Antworten wie »Ich liebe ihn, weil er so fürsorglich und einfühlsam ist«, »Ich liebe sie, weil sie für mich da ist« oder »Ich liebe ihn, weil wir so gut reden können und uns gegenseitig helfen«.

Dann müssen wir die Teilnehmer jeweils enttäuschen mit der Antwort: »Leider ist das alles keine Liebe, sondern es sind Erwartungshaltungen und Abhängigkeiten. Die bedingungslose Liebe ist etwas, was frei von Bestimmungen ist.« Die Liebe, die die Menschen bisher zu kennen glauben, ist zum größten Teil auf Abhängigkeiten oder unbewussten Ängsten aufgebaut.

Um in eine wirklich erfüllende und befreiende Beziehung eintreten zu können, sollte man für eine Partnerschaft ohne Erwartungen und eine Liebe ohne Bedingungen bereit sein.

Die im Zusammenhang mit der Liebe am weitesten verbreiteten Ängste sind, jemanden zu verlieren, einsam zu sein, nicht zu genügen – sowie die grundsätzliche Angst vor Schmerz, Nähe, Verbindung und so weiter. Manchmal gleicht die Liebe auch eher einem Tauschgeschäft, das folgende Grundregeln haben kann: »Ich gebe dir Geld, dafür versorgst du die Familie« oder »Ich gebe dir Zuneigung und erwarte dafür Treue und Gehorsam«, ganz nach dem Motto »Ich habe dies und jenes gemacht, und dafür kannst du nun das und das tun«. Diese Art der Liebe ist im Grunde genommen etwas Egoistisches. Man liebt einen Menschen nicht um seiner selbst willen, sondern gibt sich mit ihm ab, nur weil er gewisse Bedürfnisse und Wünsche erfüllt. Doch wenn der Partner diese Wünsche eines Tages nicht mehr befriedigt, dann wandelt sich die Liebe in Enttäuschung, Gleichgültigkeit, Abwendung bis zu Wut, Hass etc. Bis es so weit ist, versucht man, den Partner festzuhalten und an sich zu binden oder zu kontrollieren.

Wirkliche Liebe »ist« und kennt keine Bedingungen

In einer Verliebtheitsphase ist man der Liebe schon näher, denn in dieser Situation nimmt man den Partner an, wie er ist. Doch in dem Moment sind die Sinne in einer Art Rauschzustand; leider sieht man durch die berühmte rosarote Brille die Gegebenheiten nicht immer realistisch. Das Erwachen kommt in dem Moment, in dem man die Brille abzieht. Dann wäre die Chance da, die Verliebtheit in Liebe umzuwandeln, doch daran scheitern die meisten.

Die Mutterliebe kommt der Liebe wohl am nächsten. In dem Augenblick, in dem die Mutter das eigene Baby in den Armen hält und, egal wie das Kind ist, es einfach bedingungslos annimmt, ist wahre Liebe im Spiel. Doch spätestens wenn es zu lange schreit oder es einem den Schlaf raubt, beginnt man sich von der Liebe wieder zu entfernen.

Was »echte Liebe« sein kann, davon wollen wir im anschließenden Kapitel sprechen.

> Zu lieben bedeutet, an der eigenen Persönlichkeit zu arbeiten, die Schattenseiten zu erkennen und anzunehmen und das Gleichgewicht wiederherzustellen. Das ist ein lebenslanger Prozess.
>
> *Thomas Frei*

Das Gleichgewichtsprinzip: Zusammenfassung

Das Prinzip des Gleichgewichts und damit verbunden die Lebensbalance ist vielen Menschen bekannt und auch in diesem Buch hinlänglich besprochen worden. Doch die vielseitigen Auswirkungen, die das Prinzip auf das menschliche Leben hat, sind nicht so geläufig. Wer das Wissen über diese Auswirkungen bewusst in seinen Alltag integriert, wird automatisch mehr Verständnis, Wertschätzung und Achtung – Liebe – sich selbst und auch anderen gegenüber aufbringen.

Vor sieben Jahren war es genau das Gleichgewichtsprinzip, das ich (Irene) erträumt und das die nachhaltigste Veränderung in mein Leben gebracht hat. Ich verstand plötzlich all diese Zusammenhänge und übertrug sie direkt in meinen Alltag, was meine Lebensqualität deutlich erhöhte. Dies ist der Grund, weshalb mir diese Kapitel über das Gleichgewichtsprinzip ganz besonders am Herzen liegen und ich in ihnen zusammenfassend noch einmal alle Naturprinzipien beleuchte.

Es freut mich sehr, an dieser Stelle auch Ausschnitte meiner damaligen »Schreibeinheiten« veröffentlichen zu können, die sich immer wieder des Nachts ergeben hatten. Viele Erkenntnisse und Abschnitte konnte ich nur festhalten, indem ich gleich aufsaß und das erträumte Wissen direkt aufschrieb.

Missverständnisse zum Thema Gleichgewicht

Es ist in aller Munde, die Kunst des Lebens sei es, im »Gleichgewicht« zu leben … Viele Menschen versuchen es, doch irgendwie scheint es einfach nicht nachhaltig zu klappen. Der Grund dafür ist, dass das Verständnis vom Gleichgewicht meist oberflächlich und nicht vom energetischen Standpunkt aus betrachtet wird. Grundsätzlich sei nochmal gesagt, dass ein Gleichgewicht immer nur zwischen zwei Polen stattfinden kann (Polaritätsprinzip). Dabei spielt es keine Rolle, ob es sich um die horizontalen oder vertikalen Pole handelt. In einem energetischen System sind unzählige von vertikalen und horizontalen Kombinationen vorhanden, die einander als komplexes System beeinflussen. Bewegt man nur ein einzelnes Teil des Systems, verändern sich automatisch auch die anderen Elemente. Genau dasselbe passiert, wenn man beginnt, in einem menschlichen System einen Ausgleich zu schaffen.

Das große Missverständnis ist zu denken, man müsse »statisch« im Gleichgewicht sein bzw. immer auf der gleichen Frequenz schwingen. Wäre ein Gleichgewicht in diesem Sinne geschaffen, bedeutete das Stillstand. Energie liegt jedoch nie still; sie bewegt sich fortlaufend. Es findet ein stetiger Ausgleich zwischen den Polen statt, sodass die Spannung dazwischen in rhythmischer Harmonie schwingt. Im Gleichgewicht zu sein kann vom energetischen Standpunkt aus mit dem Seinszustand einer Erleuchtung verglichen werden. Genauso, wie diese kein Dauerzustand sein kann, ist es für ein menschliches System nahezu unmöglich, durchgehend und immer in Balance zu sein. Ein andauernder Seinszustand ist auch nicht unbedingt erstrebenswert, denn was passiert, wenn ein energetisches System permanent im Gleichgewicht liegt? Genau dasselbe, als hätte eine Kinderschaukel auf beiden Seiten gleich viel Gewicht. Nichts würde geschehen! Stillstand würde eintreten!

Wie viel Spaß hätten Kinder an einer Schaukel, die ständig in Balance ist? Wenn nichts passiert, gibt es auch keine Bewegung, dann ist kein Leben und auch keine Erfahrung möglich. Genauso wäre es in einem Menschenleben, das absolut im Gleichgewicht stünde. Ein andauernder Seinszustand im Gleichgewicht wäre einfach nur öde.

Egal, ob es sich gerade um die Gegenpole von Berufs- und Familienfeld, Verstandes- und Gefühlswelt, dem Bedürfnis nach leidenschaftlichem Sex oder beschützendem Anlehnen und Kuscheln handelt, es geht nicht darum, ein Gleichgewicht als dauerhaften Stillstand herbeizuführen, sondern darum, sich bewusst mit der rhythmischen Energie zwischen den Polen zu bewegen.

Ein energetisches Gleichgewicht wird spielerisch, mit einem Hin und Her zwischen den Polen herbeigeführt. Das ist nicht mit dem Stillstand zu verwechseln.

Zeichen für Ungleichgewichte sind jeweils Konflikte, Schicksalsschläge oder schmerzhafte Erfahrungen. Sie zeigen, dass energetisch etwas aus der Balance geraten ist und sich dadurch die Gelegenheit bietet, etwas zu heilen. Ein Ungleichgewicht bietet immer die Chance, den Sinn oder die Wahrheit zu erfahren, die unter der Oberfläche eines Geschehens liegen. Es bietet die Möglichkeit zu wählen: um jeden Preis »recht zu haben« und in die Opferrolle zu gehen oder eine neue Perspektive auf Erlebtes einzunehmen und damit Ausgleich zu schaffen.

Ungleichgewichte in Form von Hindernissen, Problemen oder schmerzhaften Erfahrungen als Chance zu innerem Wachstum zu sehen ist eine Herausforderung und funktioniert meist nur durch die Entwicklung eines entsprechenden Bewusstseins.

Konflikte, schwere Schicksalsschläge oder schmerzhafte Erfahrungen sind ein Zeichen dafür, dass innerhalb unseres Systems etwas ins Ungleichgewicht geraten ist.

Work-Life-Balance

Eine Art Trendbezeichnung ist der Begriff »Work-Life-Balance« geworden, wörtlich das Gleichgewicht von Arbeits- und Lebenszeit. Dennoch hat sich der Begriff sozusagen weiterentwickelt. Er erweiterte sich zur Vereinigung sämtlicher Lebensbereiche und sagt aus, dass die Kunst eines glücklichen Lebens darin besteht, ein Gleichgewicht der Zufriedenheit und des Erfolgs zwischen sämtlichen Lebensräumen zu finden.

Das Ganze scheint also immer komplexer zu werden. Doch nehmen wir einmal das Beispiel eines Mobiles, bei dem man an einem Element zieht. Beginnt man ähnlich in einem einzigen Lebensbereich einen Ausgleich zu schaffen, dann wirkt sich dieser automatisch auf alle anderen Bereiche aus. Daher sieht es auf den ersten Blick schwieriger aus, eine Balance zwischen Beruf, Gesundheit, Beziehungen, Finanzen und Lebenssinn herbeizuführen, als es tatsächlich ist. Gerade weil sich viele über die energetischen Zusammenhänge nicht bewusst sind, wird beim Begriff »Work-Life-Balance« oft die nahezu unmöglich zu verwirklichende Vorstellung verfolgt, die Balance müsste gleichzeitig in allen Lebensbereichen aktiv hergestellt werden. Durch unsere VIP-Coachings mit Menschen, die in der Öffentlichkeit eine starke Präsenz haben und in einem speziellen Lebensbereich extrem erfolgreich und populär sind, wird uns das Gleichgewichtsprinzip in dieser Hinsicht immer wieder deutlich vor Augen geführt. Oft stellen wir fest, dass extrem polarisierende Menschen zwar im Außen erfolgreich scheinen, im Innern jedoch alles andere als Glücksgefühle spüren. Das ist jedenfalls energetisch gesehen auch logisch. Denn je mehr jemand seine Lebensenergie auf einen spezifischen Bereich im Außen legt und damit »performt«, desto weniger Energie bleibt logischerweise für andere Lebensbereiche. Ohne es zu merken, entsteht bei einer starken Polarisierung, die nicht ausgeglichen wird, ein energetisches Ungleichgewicht. Dieses zieht automatisch Resonanzen an, die das System über irgendwelche Lebensbereiche wieder ausgleichen wollen.

Ein sehr bekannter und erfolgreicher Künstler kam zum Beispiel eines Tages in unser sogenanntes VIP-Coaching. Er ist sehr begabt und hat die Fähigkeit, sich seiner Stimmung einfach hinzugeben; durch diesen Fluss schuf er sensationelle Kunstwerke. Gleichzeitig war aber in seinem energetischen System eine extreme Ablehnung gegenüber allem, was mit Struktur, Disziplin und Kontrolle zu tun hat. Weil er sich von keinerlei Strukturen beschränken ließ, gab er seiner Kreativität freien Lauf, was ja auch zu seinen unvergleichlichen Werken geführt hatte.

Doch leider lebte er nicht nur seine Kunst, sondern sein ganzes Leben ohne Struktur und Disziplin, und er tat nur, wonach ihm gerade gelüstete. Er lebte einfach in den Tag hinein und obwohl er auch geschäftlich erfolgreich war, wuchs sein Schuldenberg von Tag zu Tag. Er bewertete alles Planlose und Kreative als positiv und alles, was mit Struktur, Disziplin und Ordnung zu tun hatte, als negativ. In der Kunst konnte er seine Fähigkeit voll ausleben, doch in der Buchhaltung und den Finanzen war die fehlende Planung ein großes Problem. Alles, was sein Herz begehrte, wurde sofort angeschafft, ohne dass er sich um die Finanzierung Gedanken machte. Dieses planlose Genussleben führte wiederum zur Dauerspannung zwischen ihm und seiner Partnerin. Der Schuldenberg wie auch die Differenzen in der Partnerschaft wurden größer, und es entstand Druck. Unter Druck versuchte er weiterhin kreativ zu sein, was natürlich nicht mehr funktionierte.

In der Öffentlichkeit sah man ihn zwar als brillanten Künstler; sein Privatleben stand jedoch kurz vor der Zerrüttung.

Die Frage liegt auf der Hand: Ist es überhaupt möglich, brillant und erfolgreich zu sein und gleichzeitig sein System in Balance zu halten? Die Antwort lautet: Ja! Zur Erklärung dazu ein Sprichwort:

> »Erfolgreich ist der, der bekommt, was er will!
> Glücklich ist der, der will, was er bekommt!«

In dem Moment, in dem man das, was ist, auch will, schafft man automatisch einen mentalen Ausgleich. In umgekehrter Weise, so haben unsere Untersuchungen ergeben, fällt es den Menschen sehr viel leichter, das, was ist, anzunehmen, wenn ihr energetisches System in einem harmonischen Ausgleich schwingt. Gerade wenn man sich den ganzen Zusammenhängen der verschiedenen Lebensprinzipien bewusst ist und nicht ein Prinzip gesondert vom anderen betrachtet, ist es sehr wohl möglich, glücklich, zufrieden und gleichzeitig erfolgreich zu leben.

In der Geschichte des Künstlers bewirkte das Bewusstsein über das Gleichgewichtsprinzip, dass er durch eine gezielte und bewusste Verhaltensänderung in kürzester Zeit zwischen den Polen des »planlosen Sichgehenlassens« und der Disziplin und Ordnung einen Ausgleich schaffen konnte. Sofort kehrte seine Kreativität zurück. So erfuhr er am eigenen Leib, dass es nichts bringt, dem aus dem Weg zu gehen, was man als negativ bewertet, was aber dennoch zu einem gehört. Wichtiger und effizienter ist es, den Schatten im Wechselspiel mit der Sonne in Harmonie zu bringen. Er akzeptierte die Eigenschaften von Disziplin und Ordnung. Und siehe da: Nach eineinhalb Jahren war er schuldenfrei und begann sogar, Geld auf die hohe Kante zu legen. Interessanterweise wurde sein neues Schaffen noch gefragter als je zuvor.

Plötzlich wurden für ihn Disziplin, Planung und Ordnung zu Freunden. Die Veränderung in seinem Berufs- und Finanzfeld wirkte sich automatisch auch auf seine Beziehung aus. Der Künstler bemerkte, dass seine Partnerin ihm den Schatten spiegelte, den er bisher nicht in seinem Leben hatte haben wollen, nämlich Struktur, Disziplin, Planung und Ordnung. Weil er begonnen hatte, diese Eigenschaften willkommen zu heißen und anzunehmen, änderte dies automatisch die Spannung in der Paarbeziehung.

Wenn man sich bewusst ist, dass die Sonne immer auch einen Schatten wirft, dann fällt es einem leichter sich dem Schatten hinzugeben. Nach dem Prinzip des Rhythmus kommt der Schatten irgendwann ohnehin an die Oberfläche. Manchen gelingt es sogar, sich im Schatten auszuruhen, und schaffen damit automatisch eine »Work-Life-Balance« bzw. einen Ausgleich. Wenn man die Lebensprinzipien in sich selbst angenommen und verinnerlicht hat, fällt es einem leichter, das, was ist, zu schätzen. Dabei ist es völlig egal, ob es sich gerade um ein angenehmes oder unangenehmes Ereignis »C« – das für eine Kurskorrektur auf unserem Weg von »A« nach »B« sorgen will –, einen angenehmen oder unangenehmen Spiegel, einen Sonnenstrahl oder einen Schatten, ein hohes oder tiefes Reiten auf der Welle handelt.

Das Bewusstsein über das Gleichgewicht bewirkt, dass man sich für einen kurzen Moment aus der Illusion des Getrenntseins befreien und in den bewussten Zustand des Einsseins, der Liebe eintauchen kann. Die Synchronisation führt jedes Mal automatisch zu einem Gefühl, welches das Herz berührt und so ein Gefühl von Zufriedenheit, Glück und Lebensqualität auslöst.

> Das Verinnerlichen der Lebensprinzipien führt automatisch dazu, dass man das, was ist, als Vollkommenheit annehmen kann, und das wiederum ist Lebensqualität pur.
>
> *Irene Frei-Stadler*

Beziehungen und Familie

Beruf

Lebenssinn

Gesundheit

Finanzen

Die Kunst, innerhalb der verschiedenen Lebensbereiche
zu jonglieren, schafft Freude und Erfüllung

Das Gleichgewicht innerhalb der fünf wichtigsten Lebensbereiche finden

Das Bewusstsein über die Zusammenhänge der Lebensprinzipien führt automatisch zu einem Gefühl von Glück und Wertschätzung gegenüber »dem, was gerade ist«. Es genügt jedoch nicht, die Lebensprinzipien einfach nur theoretisch zu kennen. Selbst wenn man um sie weiß, muss dies nicht bedeuten, dass man sich ihrer auch im Alltag bedient. Bewusst zu sein im eigenen Leben ist ein Training, das zum Spiel des Lebens gehört. Bewusstsein ist unendlich ausdehnbar und bis zum Lebensende nicht abgeschlossen. Genauso ist es mit der Thematik des Glücks. Alle wollen glücklich, erfolgreich und anerkannt sein. Doch die wenigsten wissen, wie sich diese Attribute tatsächlich anfühlen. Dadurch entstehen viele Missverständnisse. Grundsätzlich geht es beim Begriff des Glücks um einen Gefühlszustand. Doch in unserer leistungsorientierten Gesellschaft werden Gefühle oft nur intellektuell im Kopf gedacht und in den seltensten Fällen mit dem Herzen gefühlt. Häufig stellt man sich mental vor, man wäre glücklich, wenn man eine bestimmte Sache oder einen Zustand besitzt bzw. erreicht hat. Ein Glücksgefühl wird jedoch nicht, wie fälschlicherweise oft angenommen, ausschließlich durch das initiiert, was im Außen liegt. Ein Glücksgefühl entsteht automatisch in dem Moment, da das energetische System in Harmonie schwingt.

Lebensqualität, Wertschätzung, Dankbarkeit und Glück entstehen wie von selbst dann, wenn der Mensch bewusst und aktiv etwas für das Gleichgewicht innerhalb der fünf Lebensbereiche tut, also sein Leben aktiv gestaltet. Aber auch dann, wenn er merkt, dass etwas stockt. Gibt er sich diesem Zustand bewusst hin und nimmt ihn an, um daraus wieder etwas Neues zu schöpfen, empfindet man ebenfalls Glück. Es geht also darum, einen Ausgleich zwischen bewusstem Tun und bewusster Hingabe zu finden. Es braucht beides. Gerade wenn einen gewisse »Cs« heimsuchen, geht es darum, diese im Verständnis der Lebensprinzipien dankbar anzunehmen.

Doch kennen Sie viele Leute, bei denen alle fünf Lebensbereiche gleichmäßig entwickelt sind? In der westlichen Zivilisation sieht man diesbezüglich meist sehr einseitige Ausprägungen. Die meisten Menschen sind sich nicht bewusst, dass sich ihre Lebenswaage in Schieflage befindet. Doch die Bilanz ist oft ernüchternd: »Beruflich top – privat ein Flop« lautet bei vielen das Motto. Personen, die zwar im Beruf sehr viel bewegen und auch finanziell sehr erfolgreich sind, doch sich im Innern leer fühlen, gibt es viele. Häufig haben die Betroffenen Ärger in der Beziehung oder sind vor lauter Arbeit sozusagen mit dem Beruf verheiratet und finden daher keine Zeit für Freunde. Aber auch das Gegenteil kann der Fall sein: »Privat top – beruflich ein Flop.« Diese Devise beschreibt Menschen, die ein harmonisches Sozial- und Familienleben haben, im beruflichen und finanziellen Bereich jedoch immer wieder an ihre Grenzen stoßen. Sie kommen finanziell kaum über die Runden, oder der Job macht ihnen nicht wirklich Spaß.

Die Natur gleicht ein Ungleichgewicht immer automatisch aus. Manchmal kommt der Ausgleich sehr schnell durch einen Schicksalsschlag, manchmal geschieht er aber auch nur langsam. Beim Entstehen des Ungleichgewichts ist es anders, denn das wächst schleichend und unmerklich, meist über einen längeren Zeitraum. Oft erkennt man eine Disbalance auch erst infolge eines Schicksalsschlags, der einem die Augen öffnen soll.

Als Metapher könnte man das System des Menschen mal als ein kleines Ruderboot betrachten, in dem sich die fünf Lebensbereiche in Form von fünf Personen befinden. Wenn sich eine Person auf einer Seite ganz weit über die Reling lehnt, so kann dies die Stabilität des ganzen Boots ins Wanken bringen. Im übertragenen Sinn könnte die Person beispielsweise für den Lebensbereich Partnerschaft oder

Finanzen stehen. Natürlich kann eine weitere Person im Ruderboot diese Disharmonie wieder ausgleichen. Dazu müsste sie jedoch aus ihrem eigenen Gleichgewicht herauskommen, sich im Boot verschieben und auf die andere Seite hinauslehnen. Das Resultat wäre eine Bootsfahrt, bei der sich zwei oder mehrere Personen verkrampfen müssten, damit das Boot nicht kippt. Wie im realen Leben wäre die Disharmonie auf den ersten Blick nicht gleich sichtbar und doch energetisch klar spürbar. Im übertragenen Sinn spricht man hier von einer fehlenden Erfüllung. Ein Ungleichgewicht erzeugt immer Druck, welcher automatisch irgendwie überkompensiert wird.

> Im Leben eines Menschen resultiert fehlende Erfüllung jeweils aus einem energetischen Ungleichgewicht heraus.

Wie bereits gesagt wurde, sieht es auf den ersten Blick viel schwieriger aus, die eigene Balance zu finden, als es tatsächlich ist. Die Herausforderung liegt darin, sich die Lebensprinzipien auch im Alltag bewusst zu machen. Bestimmt haben Sie durch die bisherigen Ausführungen bereits einige Reflexionen über Ihr eigenes Leben vorgenommen. Die Prinzipien leuchten ein und sind logisch nachvollziehbar. Sich dessen jedoch nicht nur in der Theorie, sondern auch im Alltag bewusst zu sein ist aufgrund der begrenzten menschlichen Wahrnehmung eine echte Herausforderung. Daher haben wir an dieser Stelle bewusst ein paar Trainingsbereiche eingebaut, die es jedem erlauben, sich im Bewusstsein des Gleichgewichts zu üben. Bei den fünf Lebensbereichen handelt es sich um die fünf Hauptbereiche unseres Daseins:

1. Familie, Beziehungen, soziale Kontakte,
2. Gesundheit, Wohlbefinden,
3. Beruf,
4. Finanzen sowie

5. Persönlichkeit und Lebenssinn (Glück, Freude,
   Harmonie, Einstellung etc.).

Überlegen Sie sich nun, welchem Bereich Sie bisher am meisten oder
am wenigsten Energie geschenkt haben. Es geht nicht darum, gleichzeitig an sämtlichen Bereichen herumzuschrauben. Da alle miteinander in einer Wechselbeziehung stehen, genügt es, einen Einzigen
davon genauer unter die Lupe zu nehmen, um einen Synergieeffekt
zu initiieren. Im Beispiel des brillanten Künstlers wurde auch nicht
an allen Lebensbereichen etwas geändert. Optimal wäre es, den
Bereich, der am meisten Energie erhält, oder den, dem am wenigsten
zugeteilt wird, genauer zu betrachten. Schafft man bewusst einen
Ausgleich in einem der Lebensbereiche, wirkt sich dies automatisch
auf die anderen aus. Zu jedem von ihnen finden Sie im Anschluss
Wissenswertes, um die Balance zu finden.

> Solange man sich nicht an dem freuen kann, was ist, wird man
> sich nicht an dem freuen können, was man sich wünscht.
>
> *Irene Frei-Stadler*

Das Gleichgewicht in Beziehungen

Das Gleichgewicht im Bereich Beziehungen zu finden beschränkt
sich nicht nur auf den Lebenspartner, sondern im Allgemeinen auf
die sozialen Beziehungen zu Freunden, Bekannten, Verwandten,
Nachbarn, Arbeitgebern, Mitarbeitern usw. Es geht um sämtliche
Beziehungen sowohl im privaten als auch im beruflichen Umfeld.
Hier spiegeln sich oft unbewusste Persönlichkeitsaspekte. Gestalten
sich die Freundschaften liebevoll, harmonisch oder erlebt man ständig Konflikte oder Stress? Wie sieht es in der Liebesbeziehung aus? Ist

das eigene Leben bereichernd oder eher anstrengend, ja sogar ener-
gieraubend? Und wie ist der Ausgleich zwischen der Partnerschaft
und den allgemeinen sozialen Kontakten?

Manchmal entstehen in einer Partnerschaft symbiotische Verbindungen, bei denen keine anderen sozialen Kontakte mehr Platz
haben. Und wenn gerade kein Lebenspartner präsent ist, stellen sich
dem »Solisten« die Fragen »Will ich keinen oder weshalb habe ich
den passenden Partner noch nicht gefunden?«, »Lehne ich den anderen Pol (weiblich oder männlich) ab?«, »Was sende ich aus, dass ich
unter den sechs Milliarden Menschen dieses Planeten immer einen
ganz anderen anziehe, als ich mir das wünsche?« etc.

Gerade im Lebensbereich der Beziehungen ergeben sich die größten Chancen, sich selbst zu erkennen und zu entwickeln. Bei zwi-
schenmenschlichen Schwierigkeiten sind bekanntlich nicht immer
nur »die anderen« schuld. Jeglicher Konflikt im Leben hat auch
immer etwas mit dem eigenen Resonanzfeld zu tun. Der Mensch
selbst steht jeweils in Resonanz mit seinen »Nächsten«. Diese unbewussten Aspekte seiner selbst zu erkennen und so zu verändern, dass
sie einem dienlich sind, gehört zur Kunst des Lebens.

> Der optimale Partner im Leben ist immer derjenige, der gerade
> da ist. Denn er spiegelt uns das eigene Innere wider. Selbst wenn
> keiner zugegen ist, ist diese Situation ein Spiegel.
>
> *Thomas Frei*

Die bedingungslose Liebe in der Partnerschaft

Wer kennt es nicht? Man verliebt sich, ist Feuer und Flamme und
möchte mit der auserwählten Person bis zum Tod und noch länger
zusammen sein. Ohne dass wir einen Einfluss darauf hätten, löst das

Verliebtsein die Ausschüttung bestimmter Hormone aus. Es sind Reize, die einen ähnlichen Rauschzustand wie Drogen hervorrufen.

Irgendwann stellt man ernüchtert fest, dass der Honeymoon vorbei ist und der mehr oder weniger graue Alltag wieder die Oberhand gewinnt. Vielleicht entschließt man sich trotzdem, weiterhin mit dieser Person eng verbunden zu bleiben. Vielleicht wird geheiratet oder eine gemeinsame Zukunft geplant. Doch warum entscheidet man sich dafür? Aus Gewohnheit? Aus Angst vor dem Verlust oder der Einsamkeit?

Warum heiratet man wirklich? Weil man sich *bewusst* und in *Liebe* entscheidet, den Weg weiterhin zusammen zu gehen? Was ist, wenn man sich nach einiger Zeit plötzlich in eine andere Person verliebt?

Was ist, wenn zum Beispiel ein »verbotener« Seitensprung passiert und man nun vom schlechten Gewissen geplagt wird, das man wiederum durch Verdrängung zu vergessen versucht? Wäre es nicht ideal, wenn man nun mit dem Partner darüber reden könnte? Er/sie sollte ja eigentlich der/die beste Freund(in) sein. Wer sagt, dass man sich in einer festen Partnerschaft nicht in eine andere Person verlieben darf? Grundsätzlich gilt die Liebe ja als bedingungslos. Folglich kann sich die Liebe nicht nur auf einen Partner allein beschränken, oder? Die bedingungslose Liebe müsste ja grundsätzlich zu sämtlichen Menschen schwingen dürfen …

Die Liebe wird so oft missverstanden. Dabei ist sie als allumfassende, stärkste Energie im Universum etwas vom Wunderbarsten überhaupt. Doch sobald eine Gegenleistung für die Liebe verlangt wird, wird ihre Bedingungslosigkeit verleugnet. Die Liebe wird unwahr, wenn vom Gegenüber etwas gefordert wird, was einem selbst nicht möglich ist. Beispielsweise wird verlangt, dass die Gegenseite uns glücklich machen soll oder uns die Liebe zu geben habe, die wir uns selbst nicht zu gewähren vermögen. Die einzig wahre Liebe verlangt keine Bedingungen; nicht einmal Treue. Nur auf diese Weise kann jeder aus sich selbst heraus und mit dem freien Willen entscheiden, treu zu sein oder eben auch nicht.

Die alldurchdringende Erfüllung in der Liebe und in der Partnerschaft kann daher erst dann erlebt werden, wenn man sich selbst bedingungslos zu lieben vermag! Erst wenn wir unseren vermeintlichen »Fehlern« mit einer Heiterkeit und einem Lachen begegnen und uns für unsere eigenen »Schatten« vergeben, sind wir frei genug, den Partner mit all seinen Eigenheiten anzunehmen und zu begehren.

Eine Beziehung sollte auch nicht erfordern, dass man immer eins und gleicher Meinung ist. Es braucht gerade auch den Balanceakt zwischen Spannung und Einheit. Denn ist keine Spannung da, wird es schnell langweilig, und keine Entwicklung findet mehr statt. Wenn jedoch aus zwei Menschen eine Einheit entsteht, sind nur noch zwei Hälften getrennt voneinander. Die Kunst des Liebens ist es, eins zu werden, sich ineinander zu verlieren, ohne sich selbst aufzugeben. Anzunehmen, was ist, um wieder anzukommen in einem heilenden Dasein. Verbindend nahe und verbindlich frei. So kann mit einer Einmaligkeit und Freundschaft gelebt werden und gleichzeitig über die Geheimnisse und Ungewissheiten des Daseins gestaunt werden. So wird es möglich, eine tiefe Erfüllung in einer freien Freundschaft und Partnerschaft erfahren zu können.

Das große Versprechen der ewigen Treue ...

In unserem westlichen Beziehungswertesystem der Monogamie wird dem Verhalten der Treue immer noch eine hohe Wertigkeit beigemessen. Doch wo beginnt diese Treue und wo endet sie eigentlich? Ist es bereits ein Fremdgehen, wenn man sich innerhalb einer Beziehung in eine Drittperson verliebt, oder muss erst ein »Seitensprung« körperlicher Natur passieren, damit es als ein »Fehltritt« bewertet werden kann? Wer oder was gibt einem Seitensprung denn die Bewertung und wessen Angelegenheit ist das »Fremdgehen« denn letztendlich?

In einem Film wird das »Happy End« häufig noch mit einer Hochzeit getoppt. Nicht selten hört man dabei Sätze wie: »Ja, ich schwöre ewige Treue, bis dass der Tod uns scheidet …« Wenn man die Statistiken betrachtet, dann erkennt man den Trend, dass über die Hälfte der Ehen mit einer vorzeitigen Trennung enden. Was also, wenn man sein Treueversprechen eines Tages nicht einhalten kann? Die Wahrscheinlichkeit, es nicht halten zu können, liegt ja zumindest bei fünfzig Prozent. So oder so, ein Nichteinhalten eines Versprechens oder einer Abmachung führt unbewusst automatisch zu einem schlechten Gewissen und zu Schuldgefühlen. Weshalb also geben sich die Menschen immer wieder Versprechen, wo sie doch genau wissen, dass sie diese nicht mit hundertprozentiger Garantie einhalten können?

Was ist der Sinn einer Beziehung?

Um diese Fragen zu beantworten, sollte man sich bewusst werden, was der Sinn und Zweck einer Partnerschaft oder Beziehung sein könnte.

Grundsätzlich ist der Sinn einer Beziehung immer derjenige, den man ihr selbst gibt. Doch aufgepasst: Es ist ein Trugschluss zu glauben, dass der andere einen glücklich machen soll – und kann. Wie oft werden solche Herausforderungen auf das Gegenüber projiziert oder abgewälzt?

Gemäß den Lebensprinzipien geht es bei Beziehungen im Allgemeinen darum, sich selbst im Gegenüber erkennen zu können. Man sollte nicht der Illusion unterliegen, dass eine Beziehung ständig in Harmonie sein muss. Je näher man sich in einer Partnerschaft kommt, desto mehr spiegelt man sich gegenseitig seine Schatten, was oft nicht ganz angenehm ist. Diejenigen, welche das Gefühl haben, eine Beziehung müsse ausschließlich »Friede, Freude, Eierkuchen« sein, verdrängen die Polarität und täuschen sich oft eine oberflächliche Harmonie vor. Leben bedeutet Bewegung, steiges Wachsen und Veränderung. Eine Beziehung, die nicht wächst, sich nicht verändert oder so bleiben soll, wie sie ist, stagniert und stirbt.

Es geht darum, die Eigenverantwortung über sein Leben innerhalb der Beziehung zu übernehmen. Sich des Augenblicks, der gerade ist, bewusst zu werden und im Spiegel des Partners die Seite seiner selbst zu erkennen, die aufgrund der begrenzten menschlichen Wahrnehmung gerade in der Dunkelheit liegt. Zu begreifen, dass sämtliche Herausforderungen und Probleme verpackte Geschenke sind, die aus Liebe entstehen.

Wir alle leben mit und in Beziehungen, nicht nur in der Partnerschaft, sondern auch im Alltag und im Berufsleben. Oft sind diese jedoch durch Unverständnis, Verletzungen oder Manipulationen geprägt. Besonders in vermeintlichen Freundschaften kommt es vor, dass man diese nicht aus reiner Liebe pflegt, sondern weil man eine Art Absicht (einen Nutzen) dahinter sieht. Gesunde starke und positive, verbindliche Beziehungen können aber nur durch Liebe aus freien Stücken entstehen und bestehen.

> Der Grundstein für jegliche Beziehungen ist die Beziehung zu sich selbst.
>
> *Irene Frei-Stadler*

Wie eine Beziehung sein kann

Es kann ganz einfach sein, einen anderen Menschen in Liebe anzunehmen. Es beginnt jedoch immer bei sich selbst. Denn alles, was man im Außen erkennt, ist der Spiegel der eigenen Person. Jemanden anzunehmen bedeutet, diesen Menschen so zu akzeptieren, wie er ist. Denn gerade das, was nicht so toll an ihm zu sein scheint, macht ihn ja erst zu einem vollkommenen Wesen im Sinne der Polarität. Dies gelingt jedoch nicht einfach durch den Willen im Kopf. Erst wenn man bei sich selbst beginnt, die nicht perfekten Aspekte anzunehmen, wird es einem gelingen, dies auch beim Gegenüber zu tun. Oft ist es sogar so, dass das Fehlverhalten einen beim Visavis dann gar nicht mehr stört, denn durch die Akzeptanz seiner selbst verändert sich automatisch auch die Resonanz im Außen.

In einer Beziehung sollte man sich bewusst werden, welche Bedürfnisse man hat. Man muss sich fragen, was man sich unbewusst vom anderen wünscht und wie er sein sollte. Es geht darum, sich bewusst zu werden, was Herzenswünsche und was Ego-Bedürfnisse sind. Ego-Bedürfnisse sind diejenigen, die ich gern durch das Gegenüber erfüllt haben würde. Dies kann vieles sein, wie Anerkennung, Bestätigung, Zuneigung, Gemeinsamkeit, Bewunderung, Sicherheit, Schutz, nicht allein zu sein usw. Das Bedürfnis und die Erwartung, etwas von außen zu erhalten, was einen selbst glücklich machen würde. Eine »Bedürftigkeit« ist wohl ein Gefühl, das von unserem Verstand (Ego/ Intellekt) so ausgelegt wird, als müsse dieses Bedürfnis von außen befriedigt werden.

Um einen ersten Schritt zu tun, muss man sich hier also seine Erwartungen bewusst machen und diese anschließend zurücknehmen. Wenn Sie beispielsweise jemandem dieses Buch mit der Absicht schenken wollen, damit er es lese und sich danach ändere, wäre dies nicht die ideale Voraussetzung. Besser ist es, wenn Sie es aus Liebe schenken und es nicht persönlich nehmen, wenn der Beschenkte es nicht liest. Damit nehmen Sie sich selbst wie auch Ihrem Gegenüber den Erwartungsdruck. Erst dann erhöhen sich die Chancen, dass sich bei ihm etwas bewegt. Werden Sie sich in der Beziehung also bewusst, in welchen Belangen Sie nur deshalb etwas tun, um eine Gegenleistung zu bekommen. Dann überlegen Sie einmal, warum es Ihnen so wichtig ist, genau diese Gegenleistung zu bekommen. Was bringt sie Ihnen? Und warum geben Sie es sich selbst nicht, um nicht in äußerliche Abhängigkeit zu geraten? Nur wenn Sie hier im Bedarfsfall etwas an Ihrer Einstellung ändern, erlangen Sie so etwas wie Freiheit im Leben.

Die Realität in einer Beziehung und die drei realistischen Möglichkeiten in einer Beziehungskrise

Wenn die Prinzessin ihren Prinzen gefunden hat und es wie im Film nach vielen Missverständnissen oder Turbulenzen doch noch zu einem glücklichen »Ende« kommt, könnte der trügerische Eindruck entstehen, dass nun wirklich alle zufrieden sind und bis an ihr Lebensende eine glückliche Beziehung leben. Doch wie sieht die Wirklichkeit aus? Der Schein der Hollywoodschinken trügt, denn dort, wo die Geschichten aufhören, da beginnt der Alltag: das wahre Leben einer Beziehung. Zugegeben, es wäre für die Einschaltquoten und die Kinobesucherzahlen nicht gerade förderlich, den Zuschauer am Ende mit einer Krise allein zu lassen. Daher enden die meisten Filme auch mit einem Happy End. Dies ist grundsätzlich auch in Ordnung. Wichtig ist aber, nicht der Illusion zu unterliegen, dies sei die Realität. Das wirkliche Leben beginnt wie gesagt nämlich oft erst dort, wo die meisten Filme enden.

Eine Krise in der Beziehung kann dann nach den drei folgend beschriebenen Mustern verlaufen:

1. *Trennung:* Wenn eine Beziehung zu viele Probleme oder Konflikte erzeugt, dann scheint oft der einfachste Ausweg zu sein, sich vom Partner zu trennen. Nach dem Motto »Aus den Augen, aus dem Sinn«. Das bedeutet, dass einer von beiden die Beziehung aus welchen Gründen auch immer beendet. Dies scheint sehr praktisch zu sein, denn damit geht man dem Problem aus dem Weg. Doch ist das wahre Problem damit nicht gelöst. Oft zieht man dann wieder eine ähnliche Partnerschaft an, die einem die eigenen Defizite spiegelt, damit man die Chance hat, an sich selbst zu arbeiten und sein grundlegendes Problem zu lösen.

   Die Schlaumeier erkennen das Muster und sagen sich dann innerlich: »Solch einen Partner will ich nie mehr haben«, und sie ziehen damit einen um 180 Grad entgegengesetzten Partner an, nur um ihre eigene Problematik auf diametralem Weg erneut gespiegelt zu bekommen. In beiden Fällen ist das Problem nicht wirklich behoben, sondern nur verschoben.

   Das kann natürlich nicht bedeuten, dass man beispielsweise in einer Beziehung verbleiben sollte, in der man mehr oder weniger massiv missbraucht wird. In einem solchen Fall ist die Trennung wohl unausweichlich. Dennoch sollte man auch in einem solchen Verhältnis die eigene Disposition einer genaueren Prüfung unterziehen, ohne dabei in Kategorien der »Schuld« zu denken, allein schon um eine Wiederholung möglichst auszuschließen.

2. *Resignation:* Wenn man Partnerschaften, die bereits über mehrere Jahren bestehen, genauer unter die Lupe nimmt, findet man leider sehr selten eine Beziehung, die wirklich glücklich ist. Im Gegenteil: Unsere Untersuchungen haben ergeben, dass, je »perfekter« eine Beziehung im Außen zu sein scheint, desto unsicherer sich die

Partner über ihre Verbindung im Innern sind. Sehr oft haben Partner in einer langjährigen Beziehung innerlich resigniert. Auch wenn einen das Verhalten des anderen furchtbar stört, ist man der Überzeugung, man könne eh nichts mehr daran ändern, und nimmt halt hin, was ist. Man ist einfach zu bequem. Viele würden gern den Partner verlassen, aber haben Angst vor Veränderung, Angst vor dem Alleinsein, Angst um die Existenz, Angst um das Wohl der Familie, der Kinder, Angst vor dem Verlust des gemeinsam aufgebauten Lebensstandards usw. Man lebt einfach wie gehabt und schaut, dass man über die Runden kommt.

3. *Die Heilung der Partnerschaft:* Die wenigsten aller Paare leben eine harmonische und glückliche Partnerschaft. Nicht viele haben es geschafft, die dritte Option zu verwirklichen, da sie den Weg dorthin nicht kennen. Langfristige, berührende, glückliche und lebendige Beziehungen sind diejenigen, in denen die Partner sich ihrer selbst bewusst werden. Oft wird dies als »Arbeit« an der eigenen Persönlichkeit bezeichnet. Es kann jedoch auch als ein Spiel betrachtet werden. Das Beziehungsspiel des Lebens auf dem Weg zu sich selbst. In diesem Spiel geht es mal lustig, aber auch mal traurig zu. Bewegung, Lebendigkeit oder auch das Vorwärtskommen bestehen nun einfach mal aus »Ups« und »Downs«. Dies hat nichts mit den schönen Leinwandschmonzetten zu tun, wo jeden Tag strahlender Sonnenschein ist.

Je rascher man sich das eingesteht, desto leichter kann man sich diesem Rhythmus anheimgeben. Es geht also darum, Konflikte, Herausforderungen oder Probleme als Chance zu erkennen und bei sich selbst nach Veränderungsmöglichkeiten zu suchen. Das Geschenk auszupacken und sich über den Partner entwickeln zu können.

Eine befruchtende, harmonische Beziehung fällt nicht einfach so vom Himmel. Miteinander einen Weg zu gehen ist ein riesiges Geschenk, das dazu dienen kann, sich seiner selbst bewusster zu werden. Eine langjährige, lebendige Beziehung bedeutet nicht, dass nicht auch mal Herausforderungen auf dem Plan stehen. Im Gegenteil, in zufriedenen Beziehungen gibt es keinerlei Dauerzustand, auch keinen Stillstand. Diese Beziehungen leben, bewegen und erlauben sich auch mal zu polarisieren. Sodass etwas, was spürbar nicht mehr im Gleichgewicht ist, bewusst wiederhergestellt werden kann. Das ist Heilung für die Beziehung und Heilung für die eigene Persönlichkeit.

Annahme und Heilung ist ein Prozess, der immer bei der eigenen Person beginnt.

> In einer Partnerschaft davonzulaufen ist nur eine Verschiebung der Probleme in die Zukunft.
> In einer Partnerschaft zu resignieren bedeutet, sich nicht mehr zu entwickeln und traurig zu werden.
> Die Lösung ist die Heilung in einer Partnerschaft, und die beginnt bei der eigenen Person.
>
> *Thomas Frei*

Das Gleichgewicht im Beruf

Wenn man den Begriff »Beruf« unter die Lupe nimmt, fällt einem gleich der Wortbestandteil »-ruf« auf. Beim Beruf geht es idealerweise also um eine Beschäftigung, zu der sich der Mensch hingezogen und b*erufen* fühlt, eine Arbeit, in der er seine Talente und Fähigkeiten in optimaler Weise einsetzt und damit einen bestmöglichen Nutzen für sich selbst und die Gesellschaft erbringen kann. Doch wie erkennt man, ob man bereits innerhalb seiner »Berufung« tätig ist?

Ein eindeutiges Zeichen dafür, dass man einen solcherart passenden Beruf schon ausübt, ist der Umstand, dass man montags mit

Freude aufsteht und beschwingten Herzens zur Firma geht. Wenn man sich also nicht davor graust und während der Ausübung seiner Tätigkeit nicht ständig auf die Uhr schaut und die Stunden zählen muss oder wartet, bis der nächste Freitag oder Urlaub ansteht. Gerade im Beruf ist es aufschlussreich, sich bewusst zu machen, was die Beweggründe sind, weshalb man gerade dieser Tätigkeit nachgeht. Hat man einfach nichts Besseres gefunden oder macht man es nur wegen des Geldes? Was freut oder nervt uns an der Arbeit? Wie verhält sich die Balance zwischen Freude und Schmerz innerhalb des Berufsfelds? Vielleicht befriedigt einen ja die Arbeit an sich, doch die Menschen, mit denen man dabei zu tun hat, rauben einem den letzten Nerv, oder der Job bringt einfach zu wenig Geld.

Auch wenn man bereits seinen idealen Beruf und ein geeignetes Betätigungsfeld gefunden zu haben scheint, stellt sich die Frage: Wie gut läuft es da? Wie zeigt sich die Balance zwischen Aufwand und Ertrag? Wie viel Zeit und Energie wird für die Arbeit tatsächlich eingesetzt? Stimmen die Einsätze im Verhältnis zum Ertrag? Wo gibt es Widerstände?

Der ideale Beruf

Ohne Ausnahme besitzt jeder Mensch diverse Talente und Fähigkeiten, die es zu erkennen und entsprechend zu fördern gilt. Doch leider wissen nur die wenigsten um ihre Stärken und Schwächen, geschweige denn um ihre Talente und Fähigkeiten. Häufig üben Menschen eine Tätigkeit aus, in der sie ihre Begabungen nur bedingt einsetzen können. Andere wiederum wissen zwar, was ihr idealer Beruf wäre, haben aber den Weg dorthin noch nicht gefunden oder trauen sich nicht, ihn konsequent auszuleben. Weshalb scheint es nur so schwierig zu sein, die eigene Berufung zu finden und dieser dann auch zu folgen? Unsere diesbezüglichen Untersuchungen ergaben, dass es einerseits unbewusste Blockaden sind, die den Weg versperren, und andererseits Ängste, die das Ausüben der Berufung verhindern.

Sehr viele Menschen, die in unsere Seminare kommen, wollen den optimalen Beruf für sich finden und erfahren, wie man darin erfolgreich wird. Wir empfehlen dann immer, sich mittels Intuitionstechnik aufzeigen zu lassen, welche Laufbahn sie einschlagen könnten. Die Intuition findet nämlich immer einen Weg, uns dem Ziel einen Schritt näher zu bringen, selbst wenn da noch Blockaden sind. Eine weitere Möglichkeit, um eine Idee von seiner optimalen Tätigkeit zu erhalten, ist es, kurz in sich zu gehen und sich folgende Fragen zu stellen:

❯ Was würde ich tun, wenn Geld und Anerkennung keine Rolle spielten und ich wüsste, dass ich nicht versagen könnte?
❯ Wenn ich genügend Geld für ein Projekt oder ein Vorhaben hätte, was würde ich dann am liebsten tun?
❯ Wenn ich keine Ängste hätte, was wäre mein liebstes Arbeitsgebiet?

Beziehungen im Beruf und am Arbeitsplatz

Beziehungen sind das halbe Leben. Kein Wunder, dass sich diese nicht nur auf das private Umfeld – Partnerschaft, Familie oder Freundeskreis – beschränken. Überall dort, wo Menschen miteinander zu tun haben, entstehen Beziehungen, also auch am Arbeitsplatz. Dies sind die Kontakte mit anderen Mitarbeitern, mit Vorgesetzten oder auch mit Kunden und Lieferanten. Sämtliche Verbindungen unterliegen den Grundsätzen der Lebensprinzipien. Die wenigsten Menschen sind sich jedoch bewusst, dass beispielsweise auch ein unangenehmer Kunde etwas mit ihnen selbst zu tun hat.

Immer wieder hört man von Spannungen oder Problemen am Arbeitsplatz. Sei es in Bezug auf die Kunden, die Lieferanten, den Chef oder die Kollegen. Die Begriffe »Mobbing« und »Bossing« sind heute sogar in unserer Gesetzgebung verankert. Doch auch ein Gerichtsurteil ist lediglich *eine* polarisierende Meinung, nämlich die des Richters, und muss nicht zwangsläufig gerecht sein. Denn selbst ein Urteil über »schuldig« oder »nicht schuldig« besteht jeweils aus zwei Seiten, auch wenn ein Gericht darüber urteilt, dass »es am anderen liegt«.

An der gescheiterten Beziehung der Parteien, die in den Konflikt verwickelt sind, ändert sich in der Folge von Gerichtsurteilen selten etwas. Tatsache ist: Wird aufgrund eines Konflkts lediglich die Stelle, der Chef oder der Mitarbeiter ausgewechselt, ist die Chance groß, dass man bei der nächsten Möglichkeit erneut denselben unerwünschten Gefühlen begegnet. Um dies zu verhindern, lohnt es sich, liebevoll, aber selbstkritisch zu hinterfragen, was das Ganze mit einem selbst zu tun haben könnte, wo und wie das eigene System in einem Ungleichgewicht steht und welche unbewussten Programme und Überzeugungen eine solche Situation angezogen haben könnten.

> Konflikte und Spannungen innerhalb der Arbeit sind immer ein Zeichen. Sie zeigen auf, dass innerhalb der Systeme, die in diesen Konflikt impliziert sind, ein Ungleichgewicht besteht.

Markus beispielsweise ist ein intelligenter, gebildeter Mitarbeiter, der sich über seinen Chef ärgerte. Er zog das unglückliche Los, dass dieser seine guten Ideen ständig verbal korrumpierte und ihn sein Potenzial nicht ausleben ließ. Markus ließ sich das nicht länger gefallen und wechselte einfach seinen Chef aus, indem er sich eine neue Arbeitsstelle suchte. Damit veränderte er zwar sein äußeres Umfeld, doch seine inneren Überzeugungen und Programmierungen blieben dieselben. Am neuen Arbeitsplatz stellte er bereits nach kurzer Zeit fest, dass sein neuer Vorgesetzter der Zwillingsbruder seines alten Befehlshabers hätte sein können. Auch beim neuen Chef konnte er sein Potenzial nicht ausleben. Er reflektierte kurz und fand heraus, dass er bei der Auswahl der neuen Arbeitsstelle viel zu wenig auf den zukünftigen Chef geachtet hatte, und entschied sich, erneut eine andere Arbeitsstelle zu suchen.

Dieses Mal wollte er jedoch bei der Auswahl äußerst genau auf den neuen Vorgesetzten achten. Er wurde fündig, erhielt die Anstellung, und schon bald genoss er eine Arbeitsstelle mit einem wunderbaren Chef, bei dem er sein volles Potenzial ausleben konnte. Es vergingen jedoch nur wenige Wochen, und der tolle neue Chef ließ Markus zu sich ins Büro rufen. Er teilte Markus mit, dass er nur noch eine kurze Zeit sein Vorgesetzter sein würde, da ihm eine neue Position innerhalb der Firma angeboten worden sei. Markus erhielt wieder einen neuen Chef vor die Nase gesetzt. Doch bei der Zusammenarbeit mit dem vierten Vorgesetzten empfand Markus genau dieselben unangenehmen Gefühle, die er bereits bei den beiden ersteren verspürt hatte, er wurde wieder in seiner Kreativität eingeschränkt.

Als Markus dann im Coachinggespräch gefragt wurde, wo er das Gefühl des »Eingeschränktwerdens« bereits in der Vergangenheit gefühlt habe, erkannte er sein Muster. Das Gefühl machte sich nämlich bereits seit seiner Kindheit durch die unterschiedlichsten Situationen bemerkbar. Er stand zu wenig ein für seine Bedürfnisse und lebte damit nicht seine eigene Schöpferkraft. Er erkannte, dass es nichts bringt, die Menschen, welche ihn in seiner Kreativität beschränkten, zu verurteilen oder sie zu beklagen. Auch der ständige Jobwechsel schien plötzlich keinen Sinn mehr zu machen. Mit dieser Erfahrung begann Markus die Zeichen zu verstehen, die ihm das Leben spiegelte. Er begriff, dass irgendetwas in seinem System energetisch gesehen im Ungleichgewicht stand, und erfasste das Prinzip der Resonanz von einer ganz neuen Seite.

Er verstand, dass es langfristig nichts bringt, die Außenwelt zu verändern und davonzulaufen. Auch dann nicht, wenn er sogar den neuen Vorgesetzten nach genauen Kriterien auswählte. Er realisierte, dass er etwas in seinem Inneren, seiner unbewussten Überzeugung verändern musste, um die Resonanzen im Außen zu verwandeln. Schließlich würden ihn seine unbewussten Programme, egal wie oft er eine neue Arbeitsstelle suchen würde, immer wieder einholen.

> Langfristig bringt es nichts, das Außen zu verändern. Bleibt das Innen dabei nämlich unverändert, wird es über kurz oder lang Resonanzen anziehen, die dieselben unerwünschten Gefühle auslösen wie die Situation zuvor.

Der blinde Fleck im eigenen System

Was geschieht, wenn man sich über einen Menschen oder eine Situation ärgert? Als Erstes löst die Emotion des Ärgers ein automatisches, oft unbewusstes Verhalten aus. Zudem macht man automatisch den anderen für den eigenen Ärger verantwortlich und ist dabei auch noch überzeugt, dass dies der Realität gemäß ist.

Bei solchen Gelegenheiten führen sich die Menschen selten die Lebensprinzipien vor Augen und fragen sich: »Könnte das wohl etwas mit mir zu tun haben? Was muss ich für unbewusste innere Überzeugungen haben, dass mir so etwas widerfährt?« Diese therapeutischen Gedanken werden zwar oft anderen empfohlen, doch wie beantwortet man diese Frage, wenn es einen selbst betrifft? Oft ist der Mensch, was ihn selbst angeht, betriebsblind und projiziert seine Schwachstellen auf das Außen. Es ist eine menschliche Tendenz, automatisch andere in Verantwortung zu ziehen, wenn etwas nicht so läuft, wie man es gern hätte. Andere Menschen zu ändern liegt jedoch nie in der eigenen Macht.

Wenn die Konflikte längerfristig anhalten und genügend negativer Stress aktiviert ist, wird oft als letzte Lösung die Notbremse gezogen. Es wird gekündigt! Als Mitarbeiter kündigt man dem Chef, als Chef kündigt man dem Mitarbeiter. Das Problem scheint nun gelöst zu sein. Unsere Erfahrungen sowie die Geschichte von Markus und ähnliche zeigen, dass eine Kündigung meist nur eine kurzfristige Lösung ist, fast wie in der Partnerschaft die Reaktion, sich zu trennen.

Das wäre etwas Ähnliches, wie wenn ein unsicherer Autofahrer einfach ein robusteres und sichereres Auto kauft. Nur mit dem Neukauf wird sich sein Fahrstil nicht verbessern. Was er braucht, ist mehr Fahrpraxis oder eine Schulung. Dies scheint logisch und nachvollziehbar zu sein, dennoch verhalten sich die Menschen, wenn es um Beziehungen geht, anders, als es klug wäre. Wie häufig wird in Beziehungen, egal ob beruflich oder privat, einfach der Partner ausgewechselt, ohne etwas an der eigenen Beziehungsfähigkeit zu verbessern? Vordergründig ist das Problem zwar vom Tisch, doch eines Tages wird es einen wieder einholen.

> Oft ist der Mensch in Bezug auf sich selbst blind und projiziert seine Schwachstellen auf das Außen.

Die Zeichen des Lebens verstehen lernen

Doch Achtung: Grundsätzlich gibt es keine richtigen oder falschen Verhaltensweisen. So geht es bei Konflikten am Arbeitsplatz auch nicht darum, dass man *nie* jemandem kündigt oder als Mitarbeiter *nie* eine Firma verlassen soll. Manchmal braucht es eine Notbremse oder eine Pause, um zu erkennen, was überhaupt passiert oder wie man sich neu justieren soll. Dazu kann eine Trennung oder ein Jobwechsel optimal sein. Je nachdem, wie sehr man sich in die unbefriedigende Situation hineingesteigert hat, kann eine Kündigung tatsächlich als Atempause genutzt werden, um sich wieder neu zu orientieren und weiterzuentwickeln. Auch hier gilt es, nicht alles auf die eine Waagschale zu legen, sodass ein natürlicher Ausgleich zwischen »kündigen« und »neu einstellen« entsteht.

Falls die Notbremse einer Kündigung gezogen werden muss, dann wäre es förderlich, gleichzeitig auch etwas an den inneren Überzeugungen zu optimieren. Alles, was einseitig umgesetzt oder betrachtet wird, führt zwangsläufig zu einem neuen Ungleichgewicht. Wenn es darum geht, die Zeichen im Leben zu verstehen, muss man nicht wie besessen alles hinterfragen und analysieren. Es soll vielmehr eine natürliche Aufmerksamkeit entstehen, bei der vor allem wiederkehrende Erfahrungen und Gefühle bemerkt und gegebenenfalls verstanden werden. Wenn sich unangenehme Muster immer wiederholen, lohnt es sich, genauer bei sich selbst hinzuschauen und die Botschaften dahinter zu erforschen. Das Leben selbst kommuniziert immer wieder mit uns. Daher wenden auch immer mehr Menschen die Mühe auf, die Sprache des Lebens zu lernen und zu verstehen.

Die Mitarbeiter sind ein Spiegel des Chefs

Die Lebensprinzipien gelten überall, auch im Beruf und am Arbeitsplatz. Jeder Situation geht immer eine Ursache voraus. Die Mitarbeiter sind der Spiegel des Chefs, der Chef ist der Spiegel der Mitarbeiter. Wer mit einem wachen Bewusstsein den Arbeitstag betrachtet, wird im Spiel des Arbeitsfelds sehr viele interessante Konstellationen bemerken. Ob ein Unternehmen erfolgreich ist oder nicht, hängt von der Summe der einzelnen Mitarbeiter ab. Und diese werden wiederum durch das prägende Feld des Firmeninhabers angezogen und eingestellt. Ein Schiff funktioniert nur so gut wie der Kapitän. Dessen Resonanzen sind entscheidend für den Erfolg oder Misserfolg.

Dies wurde deutlich erkennbar am Beispiel eines Unternehmers, der sich beklagte, dass er Mitarbeiter habe, die nur das Notwendigste erledigten. Es stellte sich sehr schnell heraus, dass er selbst ein Workaholic war und bis zu fünfzehn Stunden am Tag schuftete. Da er diesbezüglich in einem großen Ungleichgewicht lebte, erstaunt es nicht, dass er Mitarbeiter anzog, die ihm genau das spiegelten, was er bei sich selbst unterdrückte. Ihm wurde sein eigener Schatten reflektiert. Es ist also nicht so ungewöhnlich, dass das Arbeitstier Beschäftigte angezogen hat, die ihm sein Gegenteil präsentierten. Durch diesen Spiegel hätte der Unternehmer nun die Möglichkeit gehabt zu erkennen, dass irgendetwas bei ihm in Disharmonie war.

Doch wie so oft, wenn man selbst davon betroffen ist, war er sich seines hohen Arbeitspensums nicht bewusst, obwohl es sehr offensichtlich war. Er projizierte seinen blinden Fleck auf seine Mitarbeiter. Bei ihnen konnte er das Ungleichgewicht sofort erkennen, da sie seiner Meinung nach zu wenig leisteten und zu viel forderten. Trotz offensichtlicher Zeichen wurde es dem Unternehmer nicht bewusst, dass dieses »minimalistische« Verhalten, über das er sich so ärgerte, ganz klar etwas mit ihm zu tun haben musste.

Wird einem ein gegenteiliges Verhalten gespiegelt, fällt es einem oft schwer, es mit sich selbst in Verbindung zu bringen. Dem Manager ging es ebenso. Er war es gewohnt, die Zügel selbst in die Hand zu nehmen, wenn etwas nicht lief. Nach einem ähnlichen Muster wie Markus entschied er sich, sein Personal auszuwechseln, dazu programmierte er sich mental neue Mitarbeiter, die bereit waren, einen genauso hohen Arbeitseinsatz zu leisten wie er. Tatsächlich gelang es ihm über seine Absicht und Vorstellungskraft, neue Mitarbeiter zu finden, die bereit waren, ebenfalls einen überdurchschnittlichen Einsatz zu erbringen. Energetisch gesehen entstand so innerhalb des Unternehmens ein noch größeres Ungleichgewicht. Denn sowohl der Unternehmer als auch die Mitarbeiter leisteten jetzt einen überproportional hohen Einsatz.

Aus »physikalischer« Sicht muss in solch einem starken energetischen Ungleichgewicht irgendetwas passieren, damit das ganze System innerhalb des Unternehmens wieder den Ausgleich erfährt. Und tatsächlich, obwohl alles so zu funktionieren schien blieb dies nicht lange von Bestand. Bereits nach wenigen Monaten begannen seine Mitarbeiter nach und nach auszufallen. Der eine wurde krank, danach hatte ein anderer einen Unfall, eine weitere Mitarbeiterin wurde schwanger – usw.

Wie man es auch drehen und wenden will, man kommt um die Naturprinzipien einfach nicht herum. Diesen unterliegt alles, was Leben in sich birgt. Da der Unternehmer den Spiegel im Außen nicht erkannte und daher auch nicht selbst in die Balance kam, hat die Natur automatisch für den Ausgleich gesorgt. Das abwechselnde ungewollte Ausfallen seiner Mitarbeiter spiegelte dem Unternehmer einmal mehr den Pol des Ausruhens wider, den er in seinem eigenen Leben negierte und unterdrückte. Da einer der Mitarbeiter in der Zwischenzeit bei uns im Seminar war, erfuhr der Unternehmer von den Lebensprinzipien. Er buchte umgehend ein Coaching, und es gelang ihm dank seiner Intuition, sich seines Ungleichgewichts bewusst zu werden und die Ursachen seines Workaholismus derart in sein Leben zu integrieren, dass sie ihn fortan unterstützten und nicht mehr behinderten.

Ist die Weltwirtschaft im Gleichgewicht?

Eine disharmonische, ungesunde Entwicklung eines Unternehmens oder der Gesamtwirtschaft führt früher oder später stets zu einem Ausgleich. Unsere Wirtschaft dreht sich immer schneller, und in den meisten Unternehmungen geht es fast nur noch um den Output und um den Gewinn. Das Schlagwort vom Shareholder-Value ist in unserer Arbeitswelt kaum mehr zu ignorieren. Es bleibt somit kein Platz mehr für Zyklen und Rhythmen, auch wenn man diese eigentlich gar nicht umgehen kann. Diese Gewinnmaximierung um jeden Preis verursacht oft einen Leistungsdruck und Stress, welcher sowohl nach innen als auch nach außen spürbar wird. Eine äußerst ungesunde Gegebenheit, welche sich durch die natürlichen Prinzipien immer wieder auf irgendeine Art und Weise, meist mit einer Krise, ausgleicht. Nichts und niemand kann sich den Naturprinzipien entziehen. Wie im Kleinen, so im Großen. Ein geübtes Auge erkennt die Zeichen des Ausgleichs schnell. Dabei spielt es keine Rolle, ob es in einer Beziehung zwischen zwei Menschen oder innerhalb eines Teams kriselt. Es ist egal, ob ein Konflikt innerhalb eines Unternehmens, eines Konzerns oder innerhalb eines Landes, eines Kontinents usw. besteht. Die dem Konflikt unterliegenden Prinzipien sind überall dieselben …

Das Gleichgewicht in der Gesundheit und dem Wohlbefinden

Die chinesische Medizin lehrt uns, dass Gesundheit der natürlichste Zustand des Lebens ist. Sie entsteht und wird aufrechterhalten, wenn die Balance zwischen Körper, Geist und Seele hergestellt ist. In der traditionellen Heilkunde stehen die einzelnen Organe miteinander in enger funktioneller Verbindung. Harmonie zwischen den Organen bedeutet, gesund zu sein. Krankheit bedeutet eine Disharmonie bzw. ein Ungleichgewicht. Dabei bezieht sich Gesundheit nicht nur einseitig auf die körperliche Ebene, sondern auch auf die geistige und psychische. Körper, Geist und Seele bilden zusammen eine Einheit, in der das eine nicht separat vom anderen betrachtet werden darf.

Eine äußerliche, körperliche Disharmonie spiegelt sich im Inneren der Psyche wider, und ein inneres psychisches Ungleichgewicht findet sich auch im Körper. Spielen Geist und Körper ähnlich wie ein harmonisches Uhrwerk zusammen, läuft die »Mechanik« ohne Unterbrechung. Funktioniert ein physisches oder psychisches »Zahnrad« jedoch nicht mehr, kann dies fatale Auswirkungen auf den gesamten Gesundheitszustand eines Menschen haben.

> Es gibt keine körperliche Erkrankung, die von der Seele getrennt betrachtet werden kann.
>
> *Sokrates*

Was genau ist eine Krankheit?

Krankheiten resultieren immer aus einem Ungleichgewicht innerhalb eines Systems. Beim Menschen beispielsweise zeigt sich dies, wenn er über eine längere Zeit psychisch oder körperlich einseitig lebt. Durch Einseitigkeit oder auch Polarisierung entsteht die Disharmonie, und der Körper, die Psyche oder beide zusammen erkranken. Für uns ist der Körper ein Ausdrucksmittel des Unbewussten. Doch was machen die meisten Menschen, wenn sich Anzeichen einer Krankheit melden? Sie unterdrücken die äußeren Symptome, anstatt sich den Hilfeschreien ihres Systems zuzuwenden und sich der zugrunde liegenden Ursachen anzunehmen.

Solche Symptombekämpfungen sind vergleichbar mit einem Fahrzeugbesitzer, der beim Aufleuchten seiner Öllampe versuchen würde, lediglich das Warnlämpchen auszumachen, anstatt den Ölstand zu optimieren. Kein Fahrer würde auf solch eine Idee kommen. Beim Körper sind die meisten jedoch weniger realistisch. Jegliche Krankheit ist ein Zeichen dafür, dass etwas aus seiner natürlichen Ordnung gefallen ist. Diese Disharmonie fordert uns auf, den derzeitigen Weg kritisch zu überdenken und die Harmonie im Bewusstsein wiederherzustellen. Jede Krankheit ist ein Appell des Lebens. Eine Information des Unbewussten, die es zu verstehen gilt. Oft geht es darum, seine Gedanken und Einstellungen oder ein Verhalten bewusst zu machen, um sie dann verändern zu können.

Statistiken bestätigen, dass deutlich der geringste Prozentsatz aller Menschen an Altersschwäche stirbt, wohingegen über 90 Prozent der Todesfälle auf Krankheiten, Ernährungsgewohnheiten, Morde, Unfälle und so weiter zurückzuführen sind. Vieles in unserem Außen spiegelt unser unbewusstes Innenleben ganz nach dem Resonanz-, Spiegel- und Schattenprinzip. Der Körper stellt sich als Projektionsfläche für das Innenleben zur Verfügung.

Sich um die Gesundheit zu kümmern, wenn man bereits krank ist, ist ein ähnliches Verhalten, wie nach einem Brunnen zu graben, wenn man bereits durstig ist.

Chinesisches Sprichwort

Krankheiten erwecken oft den Eindruck, als würden sie uns wie ein Übel aus dem Nichts heraus überfallen. Häufig werden allerdings Zeichen, die das »Übel« im Voraus anzeigen, großzügig übersehen. Anstatt Krankheiten zu *bekämpfen*, wäre es – von akuten Notfällen einmal abgesehen – sinnvoll, sich ihnen zunächst einmal *zuzuwenden*. Der Körper ist ein unbestechliches und kostbares Alarmsystem, das wertvolle Signale sendet. Hinter solchen Signalen warten Freude, Lebensqualität und Gesundheit, wenn man die Zeichen richtig interpretiert. Die Signale des Körpers sind versteckte Geschenke für denjenigen, der sich zum Schüler und Entdecker seines Inneren macht, für den, der gerade dank dieser Signale sein Leben in Selbstverantwortung, als Schöpfer und nicht als Opfer der Umstände zu gestalten beginnt.

Woraus resultieren Krankheiten?

Besteht über längere Zeit ein starkes Ungleichgewicht, wird dies, wie wir wissen, von der Natur automatisch wieder ausgeglichen. Ein Beispiel hierfür ist jemand, der einem permanenten Druck im Job ausgeliefert ist, wo er beispielsweise Daten bis zu einem bestimmten Zeitpunkt abliefern muss. Im Allgemeinen erzeugen hohe Leistungserwartungen automatisch Druck. Je höher dieser Druck ist, desto mehr muss sich die angestaute Energie freisetzen. Dies könnte möglicherweise zu einer Entlastung nach außen führen: Aggression, Konflikte in der Partnerschaft oder dergleichen. Andererseits kann sich diese Druckenergie, wenn nicht nach außen freigesetzt, nach innen richten. Dies ist oft bei Menschen der Fall, die sich selbst und anderen gegenüber nicht eingestehen, dass der Druck sie belastet. Solche Druckverdrängung oder -verleugnung wirkt sich meist auf das schwächste Glied in der Organkette aus. Im Allgemeinen ist es das Organ, das zur Unterdrückung dieser bestimmten Angelegenheit eine Resonanz hat. Das Ungleichgewicht innerhalb des Druckausgleichs wird dadurch sichtbar oder besser gesagt: spürbar.

> Die Natur gleicht immer aus! Wer einseitig lebt, erhält erst kleinere und später deutlichere Zeichen. Wer diese Zeichen verdrängt, wird früher oder später massiver mit seinem Ungleichgewicht konfrontiert. Dies kann in Form einer Krankheit oder über Konflikte jeglicher Art geschehen.
>
> *Irene Frei-Stadler*

Wie erkennt man die Botschaft einer Krankheit?

Die Botschaften des Körpers wären grundsätzlich gar nicht so schwer zu verstehen. Vieles kann bereits mit dem sogenannten gesunden Menschenverstand erfasst werden. Doch dazu braucht es die Offenheit, eine Krankheit nicht nur als Feind zu betrachten. Es ist nicht immer einfach zu erkennen, wo eine Disharmonie im Leben stattfindet. Meistens besteht das Ungleichgewicht nämlich nicht nur zwischen zwei Polen, sondern im Zusammenspiel vieler komplexer Verbindungen. Die unangenehmen Muster bei sich anzuschauen setzt Ehrlichkeit voraus. Es ist eine Arbeit am eigenen Schatten. Der Schatten besteht aber aus dem, was wir nicht wahrhaben wollen, nicht akzeptieren, ablehnen oder eben verdrängen. Doch gerade bei der herzlichen Annahme der dunklen Seiten beginnen Heilung und Ausgleich.

Dazu werden im Folgenden einige nützliche Fragen aufgeführt, die dabei helfen, die Information verstehen zu lernen, die in einer Krankheit stecken kann. Voraussetzung für das Verständnis ist die innere Einstellung. Selbst wenn man im ersten Moment keine Zusammenhänge zwischen Krankheit und dem Innern erkennen kann, gilt es offen zu bleiben. Dazu sollte man die Krankheit in einem ganzheitlichen Zusammenhang betrachten:

❭ Wo findet die Krankheit statt – welches Organ ist betroffen? Welche Funktion bzw. Aufgabe hat dieses Organ? Wofür steht das Organ? Welcher Körperteil ist betroffen? Welche Funktion hat dieser Körperteil? Durch diese Fragestellungen erhält man bereits eine Idee, um welches Thema es sich handeln könnte. Hat man zum Beispiel Rückenschmerzen, »lädt man sich wahrscheinlich zu viel auf den Buckel«. Sind die Füße betroffen, geht es auch ums psychologische Standvermögen usw.

❭ Wozu zwingt einen die Krankheit? Was verändert sich dadurch im Leben? Was kann man dadurch nicht mehr tun? Welcher sekundäre Nutzen resultiert daraus? Die Dinge, die sich verändern, geben ebenfalls eine Idee zum Thema. Eine Krankheit will nie Schaden anrichten, lediglich ein Ungleichgewicht wieder in die Balance bringen.

❭ Was ist aus der Balance gefallen? Was ist aus der Ordnung gekommen?

❭ Zu welchem Zeitpunkt ist diese Krankheit sichtbar bzw. spürbar geworden? Welche Lebensthemen waren zu diesem Zeitpunkt gerade akut? Was ist dann gerade im Leben passiert? Womit steht dies im Zusammenhang?

Wer mit dem Verstand nicht auf eine Lösung kommt, sollte seine Intuition zurate ziehen. Dabei kann man über den Zugang zum Unbewussten fragen: »Was ist die Botschaft der Krankheit? Wo ist etwas im Ungleichgewicht? Was kann ich psychisch oder physisch tun, um wieder gesund zu werden?«

Durch die TRIASPower®-Intuitionstechnik beispielsweise kann man so über den Tellerrand hinausschauen. Bisher haben alle unsere Seminarteilnehmer eine Antwort erhalten, wenn sie nachgefragt haben, was die Gründe und Ursachen einer Krankheit sind (dazu später mehr).

Heilung

Hippokrates, der als Vater der Medizin gilt, soll gesagt haben: »Will jemand gesund sein, so sollte man ihn zuerst fragen, ob er bereit ist, die Ursachen seiner Krankheit zu beseitigen, erst dann kann ihm geholfen werden.«

Dies ist in der Tat die wichtigste Voraussetzung für eine nachhaltige Heilung. Man sollte beginnen, die Krankheit zu akzeptieren, sie nicht als Feind zu bekämpfen, sondern als Botschafter zu betrachten und wertzuschätzen. Dies geschieht automatisch, indem man die positive Seite erkennt, die auch einer Krankheit zu eigen ist. Nach und nach beginnt man dann die Botschaft der Krankheit zu verstehen. Was will der Körper uns mitteilen? Welches Ungleichgewicht besteht innerhalb des Zusammenspiels von Körper, Geist und Seele? Was braucht dieses Zusammenspiel? Was fehlt ihm?

Eine weitere wichtige Voraussetzung für Heilung ist die Überzeugung, dass man wieder gesund wird. Dies ist gerade auch dann wichtig, wenn die medizinischen Fachleute nur geringe Heilungschancen diagnostizieren. Sind zu viele Zweifel vorhanden, werden diese meistens die Oberhand gewinnen und sich bestätigen.

Gleichzeitig ist zu überlegen, was man auf der physischen Ebene tun kann. Manchmal kann eine Operation lebensrettend sein. Auch Medikamente, gezielt eingesetzt, können äußerst unterstützend wirken. Gerade wenn eine Krankheit schon sehr weit fortgeschritten ist, können Medikamente eine Besserung herbeiführen. Durch eine Besserung fällt es in der Regel leichter, sich zu besinnen und die Ursachen zu erkennen.

Immer noch viel zu wenig Beachtung wird dem Effekt der Vorstellungskraft geschenkt. Erwiesenermaßen hilft es, das gewünschte Endergebnis zu visualisieren. Sich vorzustellen, wie man wieder gesund und vital ist, nach dem Prinzip der Vorstellungskraft. Zusätzlich als Unterstützung hilft es, wenn man mit dem kranken Organ kommuniziert. In den TRIASPower®-Seminaren fragen wir jeweils die einzelnen Organe und Körperteile, welche Bedürfnisse sie haben. Dies wird auch dann gemacht, wenn man gesund ist. Selbst da gibt es ganz erstaunliche Antworten. Genau das Gleiche kann man tun, wenn man krank ist, indem man das kranke Organ befragt, was es braucht oder was es mitteilen möchte. Die eigene Intuition hilft, diese unbewussten Felder bewusst zu machen.

> *Das* ist der *größte Fehler* bei der *Behandlung* von *Krankheiten*, *dass* es *Ärzte* für den *Körper* und *Ärzte* für die *Seele gibt*, wo *beides doch nicht getrennt* werden *kann*.
>
> Plato

Ein Beispiel für psychosomatische Zusammenhänge

Kathrin war stark übergewichtig und hatte bereits einige erfolglose Diäten absolviert. Ab und zu gelang es ihr zwar für einige Monate, das reduzierte Gewicht zu halten, doch dann holte sie der ursprüngliche Zustand wieder ein. Im Gespräch zeigten wir ihr dann auf, welche möglichen psychischen Auslöser ihr Übergewicht bedingen könnten. Hier eine Auswahl:

- *Schutz vor Nähe:* Sie brauchte einen Schutzpanzer, damit ihr niemand *zu nahe kommen* konnte.
- *Wertigkeit:* Sie war es sich *nicht wert*, auf ihren Körper zu achten.
- *Körperliebe:* Sie wollte den Körper *nicht annehmen*.
- *Aufmerksamkeit:* Mit dem übermäßigen Übergewicht fiel sie auf, sodass sie überhaupt *wahrgenommen* wurde.

❭ *Angst vor einem Mangel:* Sie hatte die unterschwellige Befürchtung, zu wenig Essen zu bekommen oder einfach *zu wenig zu haben.*
❭ *Mangelnde Selbstliebe:* Sie hatte das Gefühl, immer etwas für andere tun zu müssen, aber nicht für sich selbst.
❭ *»Komfortzone«:* Sie war auch bequem und träge.
❭ Es fehlte im Inneren an Liebe und Freude, so versuchte sie, das innere Leben durch Naschwerk zu versüßen.

Durch diese Aufzählung wurde ihr so einiges bewusst, doch um es ganz genau zu verstehen, fragte sie mit der Intuitionstechnik nach, was die tiefere Ursache ihres Übergewichts sei. Ihr wurde in Erinnerung gebracht und aufgezeigt, dass sie in der Vergangenheit einmal missbraucht worden war, weil sie sehr erotisch wirkte. Damals beschloss sie unbewusst, nie wieder so auszusehen, damit sich niemand mehr an ihr vergreifen könnte. Das unbewusste Programm sorgte dafür, dass sie sich eine Art Schutzpanzer »anfraß«, um nicht zu attraktiv zu wirken. Dies hatte sie aber so sehr verdrängt, dass sie das nie mit dem Übergewicht in Zusammenhang gebracht hätte. Erst als sie dann den Übergriff und die damit verbundene Angst neutralisiert hatte, begannen die Kilos zu purzeln. Das Erstaunliche daran war, dass dies nun fast wie von selbst geschah.

Das Gleichgewicht in den Finanzen

Das Thema »Geld« ist für die meisten Menschen direkt an den Lebensbereich des Berufs geknüpft. Häufig wird nämlich das Finanzfeld durch die Arbeit gestärkt oder geschwächt. Dies hat natürlich auch wieder sehr viel mit der eigenen Persönlichkeit zu tun. Daher sind gerade bei den Finanzen die Gedanken, Programme und Überzeugungen, die man zum Thema »Geld« hat, sehr entscheidend. Es

lohnt sich also, sich mit seinen inneren Überzeugungen auseinanderzusetzen. Denn auch Geld ist im Grunde genommen nur eine Energieform. Und genau wie jede Energie kann man auch diese anziehen
oder abstoßen.

Der Grund, weshalb manchen Menschen mehr und manchen
Menschen nur wenig Geld zur Verfügung steht, liegt nicht zwangsläufig und ausschließlich an einer ungerechten Verteilung, sondern
auch an der individuellen Einstellung und dem persönlichen
Bewusstsein für Geld. Die Frage ist: Zieht eine Person diese Energie in
ihr Leben oder eben nicht. Viele Menschen denken, dass das Geld
dieser Erde ungerecht verteilt sei. Doch wenn man heute das gesamte
Vermögen, das derzeit auf unserem Planeten zur Verfügung steht,
gleichmäßig auf jeden Menschen aufteilte, wäre das Geld in relativ
kurzer Zeit doch wieder in denselben Händen wie vor der Verteilung.

Deutlich wird dies, wenn man Lottomillionäre betrachtet, welche
über Nacht zu einem höheren Vermögen kamen. Man kann immer
wieder feststellen, dass diese nach kürzester Zeit den Gewinn wieder
ausgegeben, verspielt oder sonst wie verloren haben. Andererseits
gibt es Finanzgenies, die auch nach einer Pleite binnen kurzem wieder zu Millionären wurden.

Falls man also etwas an seinem Finanzfeld verändern möchte, sollte man sich vor allem mit seinem Geldbewusstsein und seiner Einstellung zum Geld befassen.

Die Wirtschaft spiegelt die Gesellschaft wider

Der Mensch ist sich noch immer viel zu wenig über die energetischen
Zusammenhänge im Leben bewusst. Alles, was man im Außen wahrnimmt, sowohl das Gute als auch das Schlechte, hat immer eine
direkte Korrespondenz zu einem selbst. Auch wenn viele das Gefühl

haben, die Wirtschaftskrise habe nichts mit ihnen zu tun, trifft diese Einschätzung so nicht zu. Die Wirtschaftskrise ist eine direkte Spiegelung der disharmonischen Wertvorstellungen unserer Gesellschaft, in der Wertigkeiten wie »Leistung«, »Erfolg« oder »Gewinnmaximierung« dominieren. Sie überwiegen so sehr, dass es schwierig ist, darin eine gesunde Wechselwirkung herbeizuführen. Es wundert also nicht, dass das Ungleichgewicht unserer Wirtschaft sich in jedem privaten Finanzfeld widerspiegelt und umgekehrt. Der eine Haushalt reflektiert den Schatten, der andere die Sonnenseite unserer Wirtschaft. Nichts kommt von ungefähr. Jede Wirkung hat ihre Ursache.

Wenn also unser Finanzsystem krankt und förmlich nach Ausgleich schreit, dann ist dies nicht primär nur denjenigen zu verdanken, die in der ökonomischen Welt etwas zu sagen haben. Es ist ein Feedback auch an all diejenigen, die glauben, all dies habe nichts mit ihnen zu tun. Es ist eine Art Rückkopplung an unsere globalen Wertvorstellungen, die offensichtlich ziemlich aus der Balance geraten sind. Doch anstatt diese Zeichen ernst zu nehmen und zu hinterfragen, wird, ähnlich wie bei körperlichen Leiden, beim kranken Finanzmarkt lediglich eine Symptombekämpfung initiiert, anstatt gezielt zu versuchen, die Ursachen des Ungleichgewichts auszugleichen.

> Geld und Vermögen sind ein Spiegel der inneren Einstellung eines Menschen.
>
> *Thomas Frei*

Macht Geld glücklich?

Weshalb dreht sich in unserer Gesellschaft so vieles um Geld? Woher kommt dieses extreme Ungleichgewicht? Viele Menschen verknüpfen Geld mit Wunschvorstellungen und unterstellen dem Geld Aufgaben, für die es aber gar nicht gedacht ist. Sie sind der Meinung: »Wenn ich viel Geld habe, bekomme ich auch mehr Anerkennung und Wertigkeit im Leben«, »Wenn ich viel Geld habe, habe ich weniger Sorgen« oder »Wenn ich viel Geld habe, bin ich zufriedener und glücklicher«.

Egal, welcher Überzeugung man verfallen ist. Es ist und war noch nie die Aufgabe des Geldes, Menschen glücklich zu machen. Die Aufgabe des Geldes war seit jeher der Wechsel. Es ist ein energetisches Tauschmittel, nicht mehr und nicht weniger. Die Gesellschaft vergisst oft den wirklichen Zweck des Geldes. Dieses Missverständnis führte zu einem ungesunden Kampf, der mit einem gesunden Marktwettbewerb nicht mehr viel gemeinsam hat.

»Pro Geld«

Manche Menschen rennen Geld und Vermögen förmlich hinterher und stellen die Finanzen ins Zentrum ihres Lebens. Andere wiederum geben Geld überhaupt keine Wertigkeit, weil sie in diesem Spiel nicht mitmachen wollen. So oder so entsteht eine starke Polarisierung und somit eine Disharmonie, die früher oder später ausgeglichen werden will. Interessant ist, dass gerade Menschen, bei denen Geld eine sehr hohe Wertigkeit einnimmt, oft tiefe Verlustängste haben. Viele empfinden Angst, das Geld wieder loslassen zu müssen oder es sogar zu verlieren.

Nun haben wir ja gelernt, dass gerade Ängste zu unseren unbeliebten Schattenseiten gehören, die es im Leben zu integrieren gilt. Was passiert aber, wenn diese Ängste so sehr verleugnet werden, dass sie ihrem Besitzer gar nicht bewusst sind? Wenn also derjenige, der Geld und Besitz nachrennt, seine Verlustängste negiert und gar nicht mitbekommen hat, dass er diesbezüglich in einem starken Ungleichgewicht lebt? Eine solche Person benötigt einen hohen Energieaufwand, um die Angst auszublenden. Das Ausblenden hat also denselben Effekt, als würde man das Negierte aktiv programmieren (anziehen). So kommt es, dass es Menschen gibt, die wie aus dem Nichts heraus plötzlich viel Geld verlieren, obwohl sie gerade alles darangesetzt hatten, dass so was eben nicht passiert. Der eine verliert an der Börse, den anderen ereilt eine hohe Steuernachzahlung, wiederum andere gehen bankrott, bekommen einen hohen Bußgeldbescheid, erfahren eine Verteuerung des Lebensunterhalts, müssen unerwartet tief in die Tasche greifen, um den Lebensgefährten zu unterstützen, oder es kommt zu einer teuren Scheidung.

»Kontra Geld«

Aber auch die Hintergründe der gegenteiligen Überzeugungen sind aufschlussreich. Es geht um Menschen mit der Einstellung »Geld allein macht nicht glücklich«. Gerade bei Menschen, welche die Wertigkeit des Geldes negieren, treten nämlich häufig dieselben Verlustängste auf wie bei ihren »Antagonisten«, die das Geld ins Zentrum ihres Lebens setzen. Dieselben Ängste werden lediglich anders ausgelebt. Aussagen wie »Lieber glücklich und arm als reich und unglücklich« wirken sich meist als selbsterfüllende Prophezeiungen aus, wobei das Glück natürlich nicht zwangsläufig mit einer wie auch immer gearteten Armut einhergeht.

> Es ist nicht die Aufgabe des Geldes, Menschen glücklich zu machen.
>
> *Irene Frei-Stadler*

Finanziell unabhängig zu sein ist
weder gut noch schlecht

Finanziell unabhängig zu sein ist in erster Linie wertneutral, denn die Vor- und Nachteile halten sich die Waage. Für denjenigen jedoch, der viel Geld erwirtschaftet, bringt es unter Umständen sehr viel mehr Lebensqualität, wenn er sich der Beweggründe für seinen extensiven Gelderwerb bewusst wird.

In unseren Coachings erleben wir häufig, dass Menschen, die sehr erfolgreich sind, unbewusst ein Programm haben, das sie erfolgreich werden lässt. Von außen betrachtet mag so ein Programm wünschenswert erscheinen. Doch wie alles im Leben hat auch dieses seine Schattenseiten. Genau jene Schattenseiten können sich wiederum negativ auf die Lebensqualität auswirken. Denn wer viel Geld erwirtschaftet, ist meistens unbewusst getrieben von bestimmten Programmen wie einem sehr starken Bedürfnis nach Anerkennung, Macht, Bestätigung oder Freiheit. Geld sorgt auch dadurch für eine gewisse Befriedigung, weil es vielen ein höheres Selbstwertgefühl verschafft.

Entweder löst das Erfolgsprogramm eine freudige Anziehung auf Geld aus, oder es ist die Angst, die einen antreibt, Erfolglosigkeit, Armut oder Nichtanerkennung nicht erleben zu müssen.

Wer solchen Programmen jahrelang unterliegt, wird selbstverständlich finanziell erfolgreich werden, denn diese sind der Motor und der Antrieb dafür. Doch ist der Erfolg einmal da, verschwinden diese Antriebsängste nicht einfach so. Ist eine Angst der Antrieb für wirtschaftlichen Erfolg, ist sie auch dann noch da, wenn der Betreffende finanziell unabhängig ist. Selbst wenn der Erfolg sich schon manifestiert hat, verspürt diese Person immer noch ein Gefühl des »Getriebenseins«. In einer solchen Konstellation ist es zudem unmöglich, das, was bereits erreicht wurde, richtig zu genießen. Spätestens hier sollte man die Hintergründe, weshalb man so getrieben ist, genauer unter die Lupe nehmen, da ansonsten nicht nur der Lebensgenuss oder die Lebensqualität leiden, sondern durchaus ernsthafte Probleme entstehen können.

In dem Moment, in dem ein erfolgreicher Mensch für sich verstanden hat, was die dominierende Ursache für seinen Erfolg ist, in dem Moment hat er die Möglichkeit, nicht nur den positiven, sondern auch den negativen Pol des Programms in seinem System zu integrieren, sodass sich beispielsweise das Gefühl des »Getriebenseins« in ein Gefühl der Ganzheit transformieren kann. Der Erfolg bleibt bestehen, doch zusätzlich weiß man auch seine Situation richtig einzuordnen und Verantwortung im Umgang mit den erworbenen Gütern zu entwickeln.

Ein Beispiel aus der Praxis

Als Alexander neunzehn Jahre alt war, verlor er seinen Vater. Dieser hatte über viele Jahre hinweg eine mittelständische Firma aufgebaut, die nun ohne Chef dastand. Ohne lange zu überlegen, stieg der junge Mann in die Fußstapfen seines Vaters. Alexander musste so bereits als junger Erwachsener Verantwortung für die ganze Familie und die Firma übernehmen und war dabei auf Anhieb sehr erfolgreich! Bereits nach kurzer Zeit hatte sich das Familienunternehmen vergrößert.

Der junge Mann heiratete und wurde Vater mehrerer gesunder Kinder. Das Unternehmen ging an die Börse, und Alexander zählte schnell zu den vermögendsten Männern im Lande. Die Kinder wurden erwachsen, und der Manager war ein gesellschaftlich angesehener Mann. Dabei blieb er stets bescheiden. Von außen betrachtet schien alles optimal zu laufen. Doch zunehmend tauchten die Herausforderungen im Leben dieses Mannes auf. Zuerst war es die Ehefrau, dann die Kinder, die ihm Sorgen bereiteten, dann seine Mutter sowie sein Bruder usw.

Um nicht genauer hinsehen zu müssen, stürzte er sich noch mehr in den Bereich, in dem er sich so gut auskannte, den Bereich des Business. Die Herausforderungen im Außen wurden immer intensiver, bis es ihm letztendlich auf seine eigene Gesundheit schlug. Mit dem Alter wurde er zunehmend depressiv und konnte in seinem Leben keinen Sinn mehr erkennen. Nun stand er also da, hatte so ziemlich alles erreicht, was sich ein Mann wünscht, und war dennoch kreuzunglücklich.

Als er von den Lebensprinzipien erfuhr, reflektierte er seine Programme. Er wurde sich bewusst, dass er im Grunde genommen ein Leben lang nichts anderes als überdurchschnittlich hohe Verantwortung getragen hatte, an der er jetzt zu zerbrechen drohte. Zudem stellte er fest, dass er damals mit neunzehn Jahren nur deshalb in die Fußstapfen des Vaters gestiegen war, um seiner Mutter damit einen Gefallen zu tun. Es war die Liebe und die Anerkennung der Mutter, die er dadurch unbewusst suchte. Obwohl der Mann sehr viel Anerkennung, Bestätigung und auch Liebe in seinem Leben erntete, war dies nie ein Ersatz für die Liebe seiner Mutter.

Er wurde sich bewusst, dass sein Erfolgsantrieb die Angst davor war, zu wenig Liebe und Anerkennung zu erhalten. Im Laufe der Jahre hatte er zudem den Zugang zu seinen Schattengefühlen, wie Schmerz, Traurigkeit, Angst und Wertlosigkeit, verschlossen und dabei gar nicht gemerkt, dass er sich damit auch den Zugang zu seinen sonnigen Gefühlen verriegelte.

Das Einzige, was er unter Kontrolle hatte und vor dem er sich nicht zu fürchten brauchte, war sein Verstand und die Logik, sodass er seine Emotio bis auf ein Minimum ausgeschaltet hatte. Obwohl er äußerst erfolgreich war, verkümmerte sein Inneres, da seine ganze Energie auf das Außen, auf sein Unternehmen gelegt wurde. Seine

Ehe wurde zerrüttet, und die Beziehung zu seinen Kindern wurde zunehmend geschäftlicher und kalt.

Über seine Intuition fand er dann wieder den Zugang zu seinen Gefühlen und begann Schritt für Schritt, sowohl den positiven als auch den negativen Empfindungen ihre Daseinsberechtigung zuzugestehen. Dies bewirkte, dass er sich selbst zunächst wieder in eine Gefühlsbalance bringen konnte, sodass keine Depression mehr nötig war. Mit Hilfe seiner Intuition trat er eine Reise in sein Inneres an. Dabei begann er die Zusammenhänge seines Lebens zu verstehen.

Allmählich war er auch wieder so weit, einen Schritt auf seine Frau und seine Kinder zuzugehen. Diese warteten nur sehnlichst darauf, dem Ehemann und Vater endlich wieder von Herz zu Herz begegnen zu können. Über sein Inneres ließ sich der Unternehmer gänzlich neue Perspektiven aufzeigen. Beispielsweise, wie er sein Leben erfolgreich im Gleichgewicht und ohne Dauerverantwortung gestalten könne. Durch das Bewusstwerden der Polarität seines Erfolgsantriebs gelang es ihm, seinen Schatten zu integrieren. Dadurch verspürte er das erste Mal in seinem Dasein das Gefühl, im Leben angekommen zu sein, sich innerlich frei und glücklich zu fühlen und seinen Erfolg auch genießen zu können.

Die Illusion des Geldes

Die Vorstellung, Erfolg und Geld würden einem bestimmte Gefühle bescheren, ist nur eine Illusion, die sich auf den Verstand und das Außen bezieht. Die »Gefühle«, die aus dem Gewinn von Reichtümern entstehen, werden so ausschließlich im Kopf vorgestellt und nicht wahrhaftig im Herzen empfunden. »Kopfgefühle« sind aber ebenso eine Illusion wie die Vorstellung, dass Geld und Erfolg in der

Außenwelt innerlich glücklich machen. Auch im Beispiel von Alexander war der Erfolg lediglich auf das Außen gerichtet. Von daher erhielt er zwar Anerkennung, Bestätigung und Macht. Da er sich aber seinen Gefühlen verschlossen hatte, konnte er seinen Erfolg emotional nicht genießen. Er fühlte schließlich nichts mehr. Er bemerkte nicht einmal, wie er über die Jahre, ähnlich wie ein Drogensüchtiger, von seinem Erfolg emotional abhängig war. Und in dem Moment, in dem er sich infolge seiner Depression aus dem Geschäftsleben zurückzog, blieben auch die Gefühle im Außen aus.

Der Grund, weshalb so viele Menschen Geld und Erfolg ins Zentrum ihres Lebens stellen und damit ein großes Ungleichgewicht schaffen, liegt in der Illusion, die einen glauben lässt, Geld und Erfolg können so viel bewirken. Alles, was man im Leben vom Außen zu bekommen versucht, wird immer in einer Form der Abhängigkeit enden und langfristig nicht befriedigen.

> Glück ist niemals von äußeren Umständen abhängig. Das wahrhaftige Gefühl, glücklich zu sein, ist verknüpft mit einer tiefen inneren Wertschätzung für das, was ist.
>
> *Irene Frei-Stadler*

Kein Geld haben?

Gerade beim Thema »Geld« geht es darum, das optimale Gleichgewicht zu finden. Schließlich ist das Leben gänzlich ohne Geld in der zivilisierten Welt auch nicht erstrebenswert. Betrachten wir nun den Gegenpol der finanziellen Unabhängigkeit an der Stelle, an der es Menschen an Geld fehlt, stellt sich die Frage, weshalb diese Menschen so wenig Geld besitzen. Geld ist schließlich »nur« eine Energie. Und als solche kann man sie anziehen. Doch warum ziehen diese Menschen das Geld nicht in ihr Leben; schließlich gibt es genügend davon? Was sind die Gründe dafür?

Wie bereits gesagt wurde, spielen die eigenen Gedanken, das Resonanzprinzip und das Prinzip von Ursache und Wirkung eine sehr zentrale Rolle. Das eigene persönliche morphische Feld funktioniert wie ein Radiosender, der 24 Stunden täglich on air ist. Die Frage ist nur, welche Programme der Radiokanal aussendet. Bewirken diese eine Geldanziehung oder -abstoßung?

Durch das Bewusstwerden seiner inneren Überzeugungen und Programmierung kann man erkennen, welche Programme man zum Thema »Geld« in sich hat. Nur wenn man sich dieser Programme bewusst ist, kann man selbst entscheiden, ob man sie so beibehalten oder verändern möchte.

Die »Anti-Geld-Programme«

In unseren TRIASPower®-Seminaren stellen wir immer wieder fest, dass es vor allem die unbewussten Überzeugungen sind, die das Geld anziehen oder abstoßen. Aus unserer Praxis haben wir hier einmal eine Liste der häufigsten »Anti-Geld-Programme« erstellt, die unsere Teilnehmer über ihr Unbewusstes an die Oberfläche gebracht haben. Einige davon sind weiter vorne schon angeklungen:

❭ »Geld ist nicht wichtig, es bedeutet mir nichts.«
❭ »Geben ist seliger als Nehmen.«
❭ »Geld macht nicht glücklich, darum ist es mir nicht wichtig.«
❭ »Man muss arm sein, um gut zu sein.«
❭ »Viel Geld zu haben bringt nur Ärger und Probleme.«
❭ »Geld ist ein knappes Gut.«
❭ »Geld ist die Wurzel allen Übels.«

❭ »Hinter jedem großen Vermögen steht ein Verbrechen.«
❭ »Die ganze Welt ist korrupt.«
❭ »Erfolgreich sein ist mühsam und stressig.«
❭ »Geld verdirbt den Charakter.«
❭ »Wenn ich viel Geld habe, dann kann ich auch viel verlieren.«
❭ »Ich bin es nicht wert, viel zu bekommen.«

Haben Sie sich beim einen oder anderen Satz wiedererkannt? Über-
prüfen Sie selbst, welche Glaubenssätze bei Ihnen verankert sind,
denn diese prägen Ihr Finanzfeld. Häufig sind Menschen in Sachen
Geld Analphabeten. Wer hat schon jemals richtig gelernt, wie das mit
der Anziehung und der Abstoßung funktioniert? Im allgemeinen
Schulsystem wird einem zwar vieles beigebracht, doch das, was das
Leben und die Persönlichkeitsentwicklung betrifft, bleibt oft auf der
Strecke. Würden Kindern bereits im Schulalter als Ergänzung zum
Physikunterricht die Prinzipien des Lebens beigebracht, wäre dies ein
erster Schritt zum Ausgleich bei der Vermittlung von wissenschaftli-
chen Themen und solchen des Bewusstseins.

Wir sind gespannt, wie lange es noch dauert, bis die ersten mutigen
Behörden und Lehrer die Wichtigkeit dieses Zusammenhangs erkennen. In unseren TRIASPower®-Kinderseminaren jedenfalls beobachten wir bereits innerhalb von nur drei Tagen, wie sehr sich die Kinder
entwickeln und welche Fortschritte sie in Bezug auf ihr Selbstver-
trauen und in der Einschätzung ihrer Wertigkeit machen. Einem
Menschen, der sich selbst und seiner Wahrnehmung vertrauen kann,
fällt es wesentlich leichter, seine Talente und Fähigkeiten zu entdecken
sowie Visionen zu folgen. Dies passiert automatisch, indem man
beginnt, sich seiner selbst bewusst zu werden, und sich von seiner
Intuition beraten und führen lässt.

Wie viel sind Sie sich wert?

Stellen Sie sich doch einmal die Frage, wie viel Sie sich selbst wert sind und wie viel Geld Ihnen zusteht. Vereinfacht ausgedrückt steht dem, der nicht zu Geld steht, das Geld auch nicht zu. So erging es jedenfalls Klara. Sie ist Kunstmalerin und durfte in einem Hotel ihre Bilder ausstellen. Leider konnte sie ihre Werke nicht verkaufen, obwohl sie sehr schön waren. Daraufhin besuchte sie unser Seminar. In einer Intuitionssession fragte sie nach, wie sie ihren Finanzfluss stärken könne. Einige Ideen hatte sie bereits im Kopf und dachte dabei an ein besseres Marketing wie schöne Werbeflyer etc. Doch dies war eben nur ein Produkt des Verstands, und die Intuition zeigte ihr etwas anderes. In ihrer Trainingseinheit wurde ihr vermittelt, dass es nicht viel bringen würde, wenn sie Flyer versendete. Sie erkannte nämlich, dass sie die unbewusste Überzeugung hatte, ihre Bilder seien nicht das Geld wert. Unbewusst signalisierte sie also bei jedem Bild die Information, es würde sich nicht lohnen, den ausgewiesenen Preis zu zahlen.

Im Gespräch kam heraus, dass der hohe Preis, den die Kunden entrichten sollten, nach Meinung der Künstlerin in keiner Relation zu dem geringen Arbeitsaufwand stünde, den sie selbst erbracht hatte. Der Ertrag schien ihr für ihren relativ bescheidenen Einsatz einfach zu hoch. Darüber hinaus erkannte sie, dass sie ihrer Arbeit keine Wertigkeit beimaß, und sie realisierte, wie wenig Wertschätzung sie ihrem Talent, dem Malen, überhaupt entgegenbrachte.

Die Puzzleteile begannen sich eines nach dem anderen zusammenzusetzen. Am gleichen Abend transformierte sie dieses Feld durch eine Neutralisation und veränderte so ihre Ausstrahlung.

Als sie am nächsten Morgen zum Seminar kam, staunten alle Teilnehmer nicht schlecht, während sie erzählte: »Ihr werdet es kaum glauben! Ich habe doch gestern dieses Feld neutralisiert, und was ist passiert? Heute Morgen riefen sie mich aus dem Hotel an und sagten, dass gestern Abend ein Gast gleich zwei Bilder gekauft hat! Ich bin überglücklich und staune, wie schnell sich Resonanzen transformieren können.« Klara erkannte, dass die inneren Programme sich sofort im Leben auswirken.

Solche Phänomene erleben wir immer wieder. Sie sind der Beweis dafür, dass sich Resonanzfelder über das Bewusstwerden sowohl langsam wie auch schnell verändern können.

Wie auch immer, wenn es also um das Thema »Finanzen« geht, sollte man das Gleichgewicht zwischen Geben und Nehmen, Anziehen und Ausgeben, Erhalten und Investieren finden.

> Reichtum entsteht nicht durch eine bestimmte Menge an Geld, sondern durch die Annahme eines neuen Geldbewusstseins.
>
> *Thomas Frei*

Das Gleichgewicht in der Persönlichkeit und im Lebenssinn

Beim Gleichgewicht innerhalb der eigenen Persönlichkeit und Individualität geht es in erster Linie um das allgemeine Bewusstsein. Dabei bezieht sich das Bewusstsein sowohl auf uns selbst als auch auf das, was in unserem Umfeld geschieht. Denn es gilt ja das Prinzip »Wie im Innen, so im Außen« – und umgekehrt: Das Gleichgewicht innerhalb der eigenen Persönlichkeit ist im Außen schnell erkennbar. Eine Person, die eine ausgeglichene Individualität aufweist, fällt auf. Allerdings nicht dadurch, dass sie besonders attraktiv ist, intelligent oder sonst durch eine ungewöhnliche Fähigkeit beeindruckt. Oft unterscheidet sich dieser Mensch auf den ersten Blick nicht mal von anderen. Dennoch spürt man seine Besonderheit. Er strahlt nämlich etwas aus, was mit Worten kaum zu beschreiben ist. Etwas, was einen tief in seinem Inneren berührt und beeindruckt.

Auch dieser Person widerfahren immer wieder Herausforderungen und Schicksalsschläge. Doch anders als die meisten Menschen weiß so jemand, dass jede Medaille zwei Seiten hat, und kann sich dementsprechend schnell aus einem Ungleichgewicht zurück in Balance bringen.

Die Kunst, sich in einer Situation beider Pole bewusst zu sein, gehört zur Meisterschaft des menschlichen Lebens. Sie führt automatisch zu einer tiefen Wertschätzung für das, was gerade ist. Solche bedingungslose Zufriedenheitsgefühle berühren und stecken das Umfeld an. Diese Menschen strahlen die Bedingungslosigkeit der Liebe aus, die jeden an seinen Ursprung erinnert. Diese besondere Ausstrahlung setzt sich aus folgenden Punkten zusammen:

❭ Selbstbewusstsein
❭ Lebenssinn
❭ Freude und Dankbarkeit
❭ Vollkommenheitsbewusstsein

= Liebe

Sich seiner selbst bewusst werden

Wie gesagt, geht es bei der Balance der eigenen Individualität um Bewusstsein bzw. darum, sich seiner selbst bewusst zu werden. Dabei ist nicht gemeint, sich nur oberflächlich über seine Stärken und Schwächen gewahr zu werden. Vielmehr gilt es, seine individuellen Felder, Resonanzen, seine »coolen« wie auch seine »uncoolen«, seine Schatten- und Sonnenseiten kennenzulernen. Die Persönlichkeit setzt sich sowohl aus der Gesamtheit der Charaktereigenschaften und

Gemütslagen eines Menschen zusammen als auch durch seine Muster, Programme, Einstellungen und Verhaltensweisen.

Selbstbewusstsein hat viel mit dem bewussten Wechselspiel zwischen dem Außen und dem Innen zu tun. Gerade durch das Verständnis der Naturprinzipien fällt es einem leichter, sich seiner selbst bewusst zu werden. Plötzlich beginnt man, Zusammenhänge im eigenen Leben zu verstehen, die bisher noch unentdeckt waren.

Es geht nicht darum, eine »gute« Persönlichkeit zu haben. Denn dies wäre ja bereits eine polarisierende Bewertung. Grundsätzlich gibt es keine rein guten wie auch keine nur schlechten Individuen. Jede Persönlichkeit ist generell wertneutral. Sie ist prinzipiell immer so, wie sie sich aufgrund der eigenen Erfahrungen und Felder des Betroffenen entwickelt hat. Je mehr man die energetischen Zusammenhänge jedoch versteht, desto leichter fällt es einem, sich für sich selbst, aber auch für andere zu interessieren und dabei wahrhaftiges Verständnis und Wertschätzung zu verspüren. Gerade das Prinzip der Spiegelresonanz macht es unumgänglich, sich nicht nur für unsere eigene Person, sondern ebenso für das zu interessieren, was in unserem Umfeld passiert. Nur wer sich interessiert, ist auch interessant. Menschen, die sich nur mit sich selbst beschäftigen, sind für andere uninteressant.

Den Sinn
seines Lebens kennen

Oft beschäftigen sich die Menschen erst dann mit ihrem Lebenssinn, wenn sie mit dem Tod, einer Krankheit oder anderen Schicksalsschlägen konfrontiert werden. Doch nur die wenigsten geben sich dabei die Antworten auf Fragen zum Lebenssinn oder zur Spiritualität selbst. Gern werden solche Fragen an Religionen, Institutionen, »Propheten« oder Gurus gestellt und die Antworten nicht selten unkritisch übernommen.

Zugegeben, es kann einem leichter fallen, die Verantwortung anderen zu übertragen, als selbst Stellung zu beziehen. Doch gerade wenn es um den Sinn des eigenen Daseins geht, ist es für die Lebensqualität unerlässlich, sich diese Frage auch selbst zu beantworten. Für jeden Menschen ist nämlich der Sinn des Lebens immer derjenige, den er selbst seinem Dasein gibt. So unterschiedlich, wie die Menschen sind, so mannigfach kann der Sinn des Lebens aussehen.

Doch wie findet man seinen Lebenssinn? Folgende Fragestellungen können bei dieser Frage hilfreich sein:

> »Wozu bin ich hier?«
> »Wer oder was erhält durch mein Handeln grundsätzlich Wirkung?«
> »Wenn ich am Ende meines Lebens angekommen bin, was möchte ich bewirkt haben?« Ähnlich, als würde man am Ende einer langen Reise zurückschauen: Wie wünscht man sich diese Reise beschreiben zu können?

Meist sind es die immateriellen Dinge, die dem Leben einen Sinn geben. Denn wenn Materielles zum Daseinszweck gemacht wird, was würde dann passieren, wenn man diese Dinge plötzlich wieder verliert? Verliert dann auch das Leben den Sinn? Materielle Güter können Ziele sein, die uns motivieren oder Spaß bereiten, aber niemals den Sinn unseres Lebens ausmachen sollten. Über die eigene Intuition kann man sich aufzeigen lassen, welchen Sinn man dem Leben bisher gegeben hat und für welche Sinnfindung man sich in Zukunft entscheiden wird. Unsere Erfahrungen zeigen, dass sich der Sinn des Lebens ändern kann und zunächst mit der eigenen

Entwicklung und dem Bewusstsein eines Menschen zusammen-
hängt.

Glück, Freude und Wertschätzung
im Leben empfinden

Eine Frage, die wir immer wieder von den Seminarteilnehmern
hören, ist: »Wie gelangt man denn zu Glück und Freude im Leben?«
Unzählige Bücher und wissenschaftliche Abhandlungen sind bereits
über dieses Thema verfasst worden. Viele Menschen begeben sich auf
die Suche, um den Universalschlüssel zum Glück zu finden. Erfolglos
suchen sie jahrelang, obschon der unsichtbare Öffner die ganze Zeit
vor ihrer Nase liegt. Um glücklich zu sein, braucht es keine Korrektu-
ren im Leben. Man muss nicht warten, bis Probleme, Blockaden oder
Ängste gelöst sind. Das wäre viel zu kompliziert. Die Natur wächst
und ist ständig in Bewegung, sodass tagtäglich wieder neue Resonanzen entstehen. Nicht mal ein Menschenleben würde daher genügen,
um sämtliche Ängste, Probleme und Blockaden zu lösen. Um Glück
zu empfinden, muss man weder vollkommen rein sein noch sonst
einem Klischee entsprechen.

Die Antwort liegt also, wie so oft, ganz nah! Glück empfindet man
in dem Moment, in dem man das, was ist, von Herzen annehmen
und wertschätzen kann – jetzt gerade diesen Augenblick. Einfach das
Jetzt genießen. Dies ist zugegeben eine große Herausforderung, denn
die meisten Menschen leben in ihren Gedanken entweder in der
Zukunft oder hängen sich an die Vergangenheit. Man trauert Dingen
nach und denkt dabei, die Erfahrungen und Schmerzen früherer Tage
seien dafür verantwortlich, dass es einem heute so schlecht geht. Oder
man denkt an die Zukunft, die vermeintlich besser sein wird als das
jetzige Leben. Statt den Moment zu genießen, wartet man, bis eine

mögliche Situation in der Zukunft eintreffen könnte. Oder man projiziert die Ängste in die Zukunft und überlegt sich, was fürderhin Schlimmes geschehen mag, und fürchtet sich vor dem, was kommen könnte.

Egal, ob die Gedanken gerade in der Zukunft oder der Vergangenheit hängen, solche Fiktionen sind stets nur Projektionen, die vom jetzigen Moment wegführen. Dabei wird ganz vergessen, dass das Einzige, was zählt, immer die Gegenwart ist.

Konkret wird man nie in der Zukunft oder in der Vergangenheit leben, sondern immer nur im Jetzt, ob man das nun will oder nicht. Selbst wenn man etwas in der Zukunft erreichen möchte, wird es im Moment des Erreichens wiederum ein Jetzt sein. Und dieses Jetzt gilt es stets bewusst zu erleben.

Weitere Folge: Wer über Monate hinweg in Zukunftsvorstellungen lebt, wird im Moment der Zielerreichung nicht einfach auf die Gegenwart umschalten können, da er das ja nie gelernt hat. Es wundert daher auch nicht, dass so viele Menschen nach Erreichen eines größeren Ziels emotional in ein Loch fallen. Es bleibt dann oft nur noch die Frage: Und nun? Wie geht es weiter? Viele brauchen gleich das nächste Ziel und hetzen von einem zum nächsten. Diese Tendenz ist anstrengend, und die Tage und Jahre ziehen vorbei, während man einfach älter wird und immer noch nicht gelernt hat, die Gegenwart zu genießen. Egal, was gerade für Sorgen, Probleme oder Herausforderungen bestehen, geht es darum, sich vermehrt des Augenblicks, der gerade »ist«, bewusst zu werden.

Glücklich sein bedeutet, das anzunehmen, was ist.

Irene Frei-Stadler

Es geht darum, sowohl die positiven als auch die negativen Gefühle, die zurzeit herrschen, anzunehmen und ihnen den Raum zum Leben zu geben. Wem das gelingt, der wird automatisch in seine Mitte kommen und feststellen, dass es im Jetzt keinerlei Probleme gibt. Im Jetzt ist es einfach, und aus diesem »Neutrum« können wiederum neue Rhythmen, neue Ideen und neue Lösungen gefunden werden.

Der Ausgleich

Bei der Persönlichkeit eines Menschen geht es darum, das Gleichgewicht der Felder zu pflegen, die Balance zwischen den Polen zu finden und sich frei bewegen zu können. Es geht darum, die ausgeglichenen Schwingungen zwischen den verschiedenen Polen zu erkennen. Beispiele hierfür sind Druck und Loslassen, Freude und Trauer, weibliche Kraft und männliche Kraft, Vertrauen und Kontrolle, Genuss und Arbeit, Härte und Weichheit, Innen und Außen, Erfolg und Misserfolg, Sonnen- und Schattenseiten, Fokus auf andere und Fokus auf sich selbst, Arbeit und Freizeit, Gemeinsamkeit und Alleingang, Körper und Geist, verbunden sein und doch frei, Lockerheit und Sturheit, Nehmen und Geben, Fluss und Festhalten – und dergleichen mehr.

Ein wichtiges Merkmal ist dabei, dass sich der Ausgleich im übergeordneten Sinn immer von selbst einstellt bzw. bereits da gewesen ist. Wir brauchen uns dessen nur bewusst zu werden. In dem Moment, in dem wir uns dieses Vollkommenheitsprinzips bewusst sind und es spüren, entsteht automatisch das Gefühl der Einheit und des Alleins-Seins. Ein Gefühl, wonach sich die Menschheit so sehr sehnt – wobei es einzig und allein etwas Bewusstheit bräuchte, um es wieder zu fühlen.

Jeder Mensch hat eine unbewusste Sehnsucht nach der Einheit.

Thomas Frei

Wie gesagt, bräuchte der Mensch für den Ausgleich an sich nichts zu tun. Die Natur gleicht nämlich automatisch sämtliche Disharmonien aus. Dies geschieht über die Resonanzen, denn dort, wo in einem System etwas im Ungleichgewicht schwingt, zieht der dominierende Pol automatisch Dinge an, die helfen, das Ursprungssystem wieder zum Ausgleich zu bringen. Dies geschieht jedoch oft nicht in dem Sinne, wie es sich der Mensch wünscht. Nicht selten kündigt sich solch ein Arrangement nämlich über ein unangenehmes Ereignis an (ein »C« auf dem Weg von »A« nach »B«). Gerade in einem solchen Fall wehrt sich der Betroffene oft mit Händen und Füßen gegen das vollkommene System der Natur. Durch das abwehrende Verhalten blockiert er die Energieflüsse und versperrt sich damit erst recht den Zugang zu einer inspirierenden Lösung.

Dadurch ist es nahezu unmöglich, das, was ist, wahrhaftig anzunehmen. Da in diesem Prozess die Botschaft, die »Message« des unangenehmen Ereignisses noch nicht verstanden ist (das Ursprungssystem also immer noch in Disharmonie schwingt), zieht der Mensch automatisch weitere Erfahrungen an, die allesamt dieselbe Aufgabe haben, nämlich dem Betroffenen zu helfen, sein System wieder in Einklang zu bringen.

Hat man sich jedoch das Bewusstsein geschaffen für die Zusammenhänge, die zum Problem, der Krise oder dem Schicksalsschlag geführt haben, kann man das, was einem widerfahren ist, nicht nur im Kopf, sondern auch im Herzen dankend annehmen. Einzig durch die wahrhaftige und herzliche Annahme wird der Ausgleich, die Neutralisation vollzogen.

Innerhalb dieses Buches haben wir immer wieder darauf hingewiesen, dass wir mit Teilnehmern und Kunden gewisse Programme, Blockaden, aber auch Ängste neutralisiert haben. Verständlich, dass Sie nun wissen möchten, wie diese Neutralisation funktioniert. Am liebsten hätte man einen Leitfaden, an dem sich der Verstand festhalten kann. Eine Wegbeschreibung, mit deren Hilfe jede unangenehme Situation, jedes unangenehme Gefühl per Knopfdruck neutralisiert, um nicht zu sagen ausgelöscht ist.

Doch genau hier liegt der Haken! Je mehr man nämlich das, was ist, nicht haben möchte, desto schwieriger wird es, dies zu neutralisieren. Das »Nichthabenwollen« ist ein Phänomen des Verstandes. In der Natur gibt es außer dem Menschen nämlich keine einzige Spezies, welche die Möglichkeit des »Nichthabenwollens« in diesem Sinne kennt.

Im Gegensatz zum Menschen nimmt die Natur sämtliche Gegebenheiten nämlich bedingungslos an. Daher passiert der Ausgleich dort automatisch und ohne Bewertungen. Diese Bedingungslosigkeit verursacht die ganze Neutralisation. Es ist eine Fehlinterpretation des Menschen, wenn er meint, die Natur würde sich am Menschen rächen. Wie könnte sie auch? Der Mensch ist ja Teil der Schöpfung. Die Natur unterliegt lediglich den energetischen Naturprinzipien. Nicht aber einem abstrakten bewertenden Intellekt.

Ein Tsunami oder ein Erdbeben haben nichts damit zu tun, dass die Natur wütend auf den Menschen ist. Auch wenn durch solche Naturereignisse für unser Verständnis einiges zerstört wird, ist das für die Natur keine bewertende Zerstörung, sondern lediglich der bedingungslose Ausgleich eines Ungleichgewichts. Um eine Idee von der Neutralisation zu erhalten, ist es daher wichtig zu wissen, dass der Neutralisierungsprozess auf der Frequenz der Bedingungslosigkeit basiert, die nicht vom Kopf oder durch Willenskraft beeinflusst werden kann. Obschon der Prozess eine grobe Struktur besitzt, ist es kaum möglich, ihn über unsere begrenzte Sprache nachzuvollziehen. Mindestens die Hälfte des Prozesses passiert nämlich feinstofflich; von der meint man zwar, sie intellektuell erklären zu können, sie ist aber intellektuell nicht reproduzierbar.

Der erste Schritt zum Ausgleich ist das Bewusstwerden der Verbindung zwischen Kopf und Herz, zwischen Yin und Yang und zwischen der weiblichen und der männlichen Kraft.

Irene Frei-Stadler

Die Voraussetzung einer Neutralisation ist die Balance zwischen Ratio und Emotio. Obschon die Neutralisation zu 50 Prozent feinstofflich auf der Gefühlsebene passiert und sie auch als »energetischer Prozess« bezeichnet wird, muss der Verstand gleich mit einbezogen werden. Genau dies ist die große Herausforderung. Wir haben festgestellt, dass in unserer westlichen Zivilisation die Mehrheit der Menschen linkshirnlastig, disharmonisch schwingt. Das heißt, der Verstand wird überproportional eingesetzt, und die emotionale, die Gefühlsebene liegt quasi im Tiefschlaf. Doch gerade diese Gefühlsebene braucht es zur Neutralisation. Daher muss bei 80 Prozent der Menschen zuerst die emotionale Hälfte wieder reaktiviert werden.

Dies ist ein Training, wie wenn man Muskelaufbau betreibt. Damit der Verstand während des Gefühlsaufbaus nicht in Panik gerät, es würde ihm durch die Reaktivierung etwas weggenommen, muss er während des Prozesses integriert werden. Sonst »kommt er auf dumme Gedanken« und sabotiert die Neutralisierung. Es geht also nicht darum, die Ratio auszuschalten, doch sie muss beschäftigt sein, während sich der Betroffene auf seine Gefühle einlassen kann. Mit den Gefühlen ist es so eine Sache, da die meisten sich zwar intellektuell Gefühle vorstellen, sich aber nicht immer wahrhaftig und von Herzen auf Gefühle einlassen können. Einmal mehr resultiert dieses Phänomen aus dem natürlichen Verdrängungsmechanismus des Menschen heraus.

Wer keine negativen Gefühle empfinden will, kann positive Gefühle ebenfalls nicht wahrhaftig erleben. Grundsätzlich sind Gefühle nämlich wertfrei auf ein und derselben Frequenz zu empfinden. Da der Mensch sich ungern auf negative Gefühle einlässt, muss er sich den Gegenpol oft im Kopf einbilden. Das heißt, er stellt sich vor, wie sich die positive Empfindung anfühlen könnte. Auch wenn die Vorstellungskraft grundsätzlich Wirklichkeit schafft, haben solche Imaginationen bei weitem nicht denselben Effekt wie das tiefe Empfinden von wahrhaftigen Gefühlen, die man wirklich in seinem energetischen System spürt. Damit es zu einer Neutralisation kommen kann, muss der Betroffene bereits etwas Übung im Umgang mit Gefühlen haben, sonst ist der ganze Prozess eine Selbstbefriedigung des Intellekts.

Emotional hilft dies aber kaum weiter und frustriert am Ende nur. Daher empfehlen wir, eine erste Neutralisation in einem Einzelcoaching zu durchlaufen. Der geschulte Coach kann dabei darauf achten, dass die Gefühle nicht nur im Kopf, sondern wahrhaftig im eigenen System empfunden werden. Der energetische Ausgleich kann nur vollzogen werden, wenn man sich auf die Gefühle einlässt, dies gelingt oft nur durch Bewusstsein.

Da Bewusstsein ein sehr weiter Begriff ist, wollen wir an dieser Stelle genauer auf die Punkte eingehen, die beim bewussten Ausgleich dienlich sind, den wir »Neutralisierungsprozess« nennen. Wenn die Neutralisation nur im eigenen Prozess erfahrbar wird, wollen wir zumindest die intellektuellen Zusammenhänge der Neutralisation vermitteln, denn wie bereits erwähnt passiert die Neutralisation nicht nur über die Emotio, sondern gerade durch die Balance zwischen Intellekt und Gefühlen.

Der Neutralisierungsprozess®

Bewusst erkennen, dass da ein Ungleichgewicht ist (Verstand)

Das beste Feedback über das eigene Gleichgewicht erhalten wir über den Grad unserer Zufriedenheit. Ein Ungleichgewicht wird nämlich oft dann bewusst, wenn einem etwas nicht mehr passt. Also dann, wenn eine Beziehung, die Gesundheit, das Finanzfeld oder die Persönlichkeit krankt. Werden Sie sich als Erstes bewusst, wo ein Ungleichgewicht besteht oder welche Angst vorhanden ist.

Gefühle zulassen

Die Gefahr beim Erkennen des eigenen Ungleichgewichtes ist folgende: Erkennt der Mensch eine Disbalance, versucht er automatisch, nach logischen Lösungen für den Ausgleich zu suchen. Nicht selten resultiert daraus folgende rationale Überlegung: »Wenn ein Ungleichgewicht besteht, also auf der einen Waagschale zu viel Gewicht lastet, muss lediglich mehr Gewicht auf die andere Seite gelegt werden, damit sich alles wieder ausgleicht.«

Hat man beispielsweise erkannt, dass man zu wenig für sich selbst einsteht und zu allem Ja und Amen sagt, müsste man theoretisch nur mehr an sich selbst denken, um wieder ins Gleichgewicht zu kommen. Oder jemand, der zu viel arbeitet, müsste einfach weniger tun.

Oberflächlich betrachtet eine logische Schlussfolgerung. In der Praxis passiert es jedoch nicht selten, dass sich bei einem Ausgleichsversuch das Ungleichgewicht vom einen Pol auf den anderen verlagert. Das Für-sich-Einstehen beginnt zu dominieren, sodass es nicht mehr angenehm ist, mit dieser Person zusammen zu sein. Oder der

Workaholic wird zum Faulpelz und lässt nur noch andere für sich schuften.

Eine energetische Überkompensation wird nicht einfach so ausgeglichen. In den seltensten Fällen lässt sich ein Ungleichgewicht nachhaltig einzig durch die Willenskraft balancieren. Die Resonanzen, die zum Ungleichgewicht geführt haben, sind nämlich meist komplexer. Meist liegen zwischen dem, was man bewusst will, und dem, was dann tatsächlich passiert, erfolgverhindernde Blockaden, unbewusste Glaubensätze und Programme.

Beobachten Sie sich also selbst. Wie reagieren Sie auf unangenehme Situationen? In der Regel werden folgende Verhalten ausgelöst: Flucht (Davonlaufen), Resignation (Ausblenden) oder Angriff (als vermeintlich »beste Verteidigung«). Solche Verhalten führen jedoch nicht zum Ausgleich, sondern lediglich zu einer Symptomverdrängung oder -bekämpfung. Und falls Sie jetzt gerade feststellen sollten, dass Sie sich schlecht fühlen, weil Sie bisher genau so versucht hatten, bestimmte Situationen zu ändern, dann seien Sie beruhigt. Genau diese Gefühle gilt es willkommen zu heißen und zuzulassen, denn sie gehören zum Menschsein dazu.

Die Resonanzen und Muster hinter dem Ungleichgewicht erkennen

Wenn der Ausgleich also durch aktives Verhalten im Außen nicht zustande kommt, wird man nicht darum herumkommen, die Zusammenhänge, die zum Ungleichgewicht geführt haben, genauer unter die Lupe zu nehmen. Unbewusste Programme lassen sich erst transformieren, wenn man sie verstanden hat.

Ein amerikanisches Sprichwort besagt: »If you always do, what you have always done, you will always get, what you always got« (»Wenn

du stets das tust, was du immer schon getan hast, wirst du genau dasselbe ernten, was du bereits in der Vergangenheit geerntet hast«).
Genauso verhält es sich, wenn man Resonanzen und Muster wandeln
möchte. Wer also seine Resonanzen nicht kennt, wird sie nicht transformieren können und künftig weitere Ungleichgewichte anziehen.

Die Resonanz transformieren –
der Gefühlsprozess

Beim Transformieren der Resonanzen entstehen oft Missverständnisse. Häufig wollen die Menschen nämlich beim Erkennen eines Ungleichgewichts das Außen verändern und meinen, damit ihre Resonanzen gewandelt zu haben. Doch das Außen ist das Resultat dessen,
was durch die inneren Überzeugungen ausgestrahlt wird. In den
wenigsten Fällen werden Resonanzen durch Veränderungen im
Außen gewandelt. Schon gar nicht, wenn einem etwas nicht passt
und man es dann auswechselt, wegschickt, vor ihm davonläuft oder
versucht, es einfach auszublenden.

Bei der Transformation der Resonanzen geht es nicht darum, ein
Muster einfach auszulöschen oder sich um 180 Grad zu drehen. Viel-
mehr geht es bei der Transformation darum, die Vollkommenheit der
Resonanz zu erkennen.

Das heißt, anzunehmen, dass die Resonanz, das Muster, die Überzeugung nicht nur zu 100 Prozent negativ ist, sondern auch zu 50
Prozent Positives besitzt. Dies ist ein Ausgleich, der noch immer viel
zu wenig eingesetzt wird. Es braucht dazu Bewusstsein. Schließlich
geht es nicht darum, die negative Seite auszublenden und plötzlich
alles positiv zu sehen. Es geht darum, gleichzeitig die Dualität in der
Sache, der Resonanz oder Überzeugung zu erkennen, die zu dem
aktuellen Ereignis geführt hat. Durch das Verständnis der Polarität

innerhalb der Ganzheit kann sich jegliches Ungleichgewicht rasch neutralisieren. Es geht darum, dass das, was ist, an Ort und Stelle angenommen werden kann. Nur indem man das, was man nicht mag, wertschätzen lernt, kann es sich im Ursprung transformieren.

Doch wie gelingt es, das, was uns nicht passt, wertzuschätzen und anzunehmen? Wie macht man etwas, was mit dem begrenzten Verstand als negativ bewertet wird, zu einem liebenswerten Freund? Auf den ersten Blick ein Ding der Unmöglichkeit. Denn allein über den Verstand kann man innerhalb eines Pols nämlich nicht gleichzeitig zwei gegensätzliche Pole wahrnehmen, geschweige denn diese annehmen und wertschätzen. Dies kann nur durch einen Bewusstseinswechsel gelingen. Dann, wenn das intellektuelle System nicht dominieren muss, sondern im Einklang mit den Emotionen schwingt. Es gibt verschiedene Möglichkeiten, wie man Ratio und Emotio in Kongruenz bringt. Die wohl verbreitetste Art und Weise ist der Weg über die bewusste Entspannung. Dabei kann es passieren, dass man sogenannte Geistesblitze im Wachbewussten, aber auch in den Träumen erhält. Solche Eingebungen werden auch »Intuition« genannt.

Wenn Sie also in einer bestimmten Situation gerade nicht wissen, was zu tun ist, das Ungleichgewicht wohl erkannt, doch die Zusammenhänge noch nicht verstanden haben, dann lohnt es sich, »sein System hinunterzufahren« und vollumfänglich zu entspannen.

Fragen Sie sich dann: »Was ist jetzt der nächste Schritt zur Neutralisation dieser unangenehmen Situation?« Gerade wenn man sich über den Verstand noch so sehr bemüht, ist es manchmal der Fall, dass man trotz Kenntnis der Lebensprinzipien einfach keine Verbindung zwischen dem, was einen »nervt«, und sich selbst findet. Es ist, als wäre man betriebsblind und würde vor lauter Bäumen den Wald nicht mehr sehen. Die Dinge können noch so offensichtlich sein, der Betroffene erkennt sie einfach nicht. Wenn es also darum geht, seiner selbst bewusster zu werden, ist es ganz wichtig, sich immer wieder vor

Augen zu führen, dass über den begrenzten Verstand ein großer Teil der eigenen Wahrnehmung ausgeblendet wird. Dies ist menschlich und passiert viel öfter, als man denkt. Nicht selten geschieht es, dass man theoretisch zwar die Zusammenhänge versteht, praktisch jedoch den blinden Fleck bei sich selbst nicht findet. In solchen Fällen hilft der Zugang zum Unbewussten über die Intuition.

Die Intuition ist der beste Berater und Coach, den jeder Mensch von Geburt an besitzt. Die eigene Inspiration zeigt einem ganz genau auf, was man individuell für die Neutralisation wissen muss. Dabei spielt es keine Rolle, in welcher Phase des Ausgleichs man sich gerade befindet. Egal, ob es erst mal darum geht, ins Fühlen zu kommen, oder grundsätzlich um das eigene Bewusstsein. Oder darum, die eigenen Resonanzen zu erkennen oder herauszufinden, was die »Message« der Sache ist, die einem nicht passt. Der innere, intuitive Coach vermittelt einem immer genau das, was im Moment wichtig ist. Liebevoll, spielerisch, aber doch sehr klar und direkt. Gerade wenn es um die eigenen blinden Flecken geht, können Menschen diese am einfachsten erkennen und annehmen, wenn sie sie über ihre Intuition gezeigt bekommen. Die Intuition steht einem 24 Stunden 365 Tage im Jahr zur Verfügung. Doch wie kommt es zu diesem intuitiven Zugang?

> Der Zugang zum Unbewussten über den sechsten Sinn ist die genialste Möglichkeit, auf alle Fragen im Leben punktgenaue Antworten zu bekommen.
>
> *Thomas Frei*

Das, was ist, in seiner ganzen Vollkommenheit annehmen können

Gern erinnern wir daran, dass es bei jeglicher Transformation darum geht, die Vollkommenheit wieder in sein eigenes System zu integrieren. Dies geschieht, wenn man sich innerhalb des »uncoolen« Gefühls emotional in die Tiefe sinken lässt. In dem Moment, wo die Logik nicht mehr dominiert und man vollumfänglich mit dem Herzen fühlt, ist man tief genug. Es wird möglich, beide Seiten des Ereignisses zu erkennen. Die gleichzeitige Wahrnehmung kann jedoch nur mit dem Herzen empfunden werden, nicht über die Logik bzw. über den begrenzten, einseitigen Verstand. Dies ist für den westlichen Menschen die größte Herausforderung, denn es geht darum, die Verbindung vom Kopf zum Herzen und umgekehrt bewusst wahrzunehmen und nicht nur so zu tun, als ob.

Dadurch, dass man sich »dem hingibt, was ist«, wird es möglich, sich der Ganzheit einer jeglichen Situation nicht nur im Kopf, sondern wahrhaftig im Herzen gewahr zu werden und somit »das, was ist«, bedingungslos anzunehmen. Dort, wo die Pole einseitig schwingen, findet sich die Balance direkt an Ort und Stelle wieder. Das Gleichgewicht wirkt sich dann wie bei einem Mobile sofort auf das ganze System aus. Dieser Prozess ist für alles anwendbar, was einen sowohl im Innen wie auch im Außen »nervt«.

Dieser Ablauf, in Kombination mit der Intuition, ergibt dann die Neutralisation. Diese wirkt wie ein Nach-Hause-Kommen. Ein Zurückkommen zum »Neutrum« des Ursprungs. Man nimmt an und liebt, was ist – ohne Wertung oder Bedingung.

Wer den »uncoolen« Schattenanteil annehmen kann, erhält automatisch mehr Energie. Dies geschieht, da nicht mehr ständig Energie aufgewendet werden muss, um den unangenehmen Aspekt zu unterdrücken. Die Annahme des Schattens macht uns innerlich frei und bringt automatisch mehr Lebensqualität und Freude ins Dasein.

Die Neutralisation ist ein wirksamer Weg, um inneren Frieden und Glück zu erlangen. Es ist ein Prozess, der in Kombination von Herz und Verstand energetisch abläuft. Gerade weil beide Hälften, sowohl die Ratio wie auch die Emotio, in Harmonie mit einbezogen werden, führt dies zum Ausgleich im System. Dies wiederum bewirkt, dass man den Prozess eben auch nur zur Hälfte theoretisch erklären kann. Die 50 Prozent, die energetisch passieren, können mit dem Verstand nicht nachvollzogen werden, sondern werden nur über das eigene Verhalten erfahrbar gemacht.

> Es ist das Geburtsrecht eines jeden Menschen, sich in seiner Vollkommenheit wiederzuerkennen.
>
> *Irene Frei-Stadler*

Das Intuitionstraining

Sicher haben auch Sie immer wieder mal eine zündende Idee gehabt oder plötzlich Lösungen auf Probleme erhalten, nach denen Sie zuvor vergeblich gesucht hatten. Wenn Sie sich einmal genau daran zurückerinnern, werden Sie merken, dass solche Eingebungen immer dann kommen, wenn man entspannt ist, beispielsweise unter der warmen Dusche, beim Spaziergang in der Natur oder direkt nach dem Aufwachen. Unsere Untersuchungen haben ergeben, dass gerade bei den intuitiven Eingebungen das Gleichgewichtsprinzip eine elementare Rolle spielt. In dem Moment, in dem nämlich die rechte und die linke Gehirnhälfte harmonisch, ausgeglichen schwingen, öffnet sich wie ein neuer Informationskanal der Zugang zum Unbewussten.

Der Zugang zum eigenen Unbewussten über die Intuition

Der Zugang zum eigenen Unbewussten über die Intuition kann mit dem Zugang zum World Wide Web verglichen werden. Für einen Bruchteil von Sekunden wird es möglich, Informationen außerhalb des eigenen Systems zu empfangen und direkt von der Ursprungsquelle zu lernen. Wenn die Gehirnhälften synchron schwingen, können neue Ideen, Lösungsansätze und Antworten gefunden werden. Über Gedankenimpulse werden so Bilder und Gefühle empfangen, die uns effektiv zur Sinnfindung verhelfen. Je öfter es einem Menschen also gelingt, seine Verstandes- und Gefühlsebene in Balance zu bringen, desto häufiger ist er am morphischen Feld des großen Unbewussten angeschlossen.

Da jedoch die westlichen Menschen von klein auf konditioniert sind, überdurchschnittlich verstandesmäßig zu denken, besteht beim Einsatz unseres Gehirns zwischen Gefühl und Verstand eine große Disharmonie. Doch keine Angst, diese Disharmonie kann genauso wie jegliches Ungleichgewicht ausgeglichen werden. Jeder Mensch trägt nämlich von Natur aus diese intuitiven Fähigkeiten in sich. Sie sind ja nur durch die Sozialisierung, meist schon während der Kindergarten- und Schulzeit, unterdrückt worden. Dennoch kann der Zugang zur eigenen Intuition wieder angeregt werden. Ähnlich, wie wenn man eine schon lange nicht mehr gesprochene Sprache durch Übung reaktiviert, kann die Intuition trainiert werden. In der Praxis als Trainer und Coaches stellen wir immer wieder fest, dass das Gehirn durchschnittlich zwei bis fünf Tage Training braucht, bis es wieder daran gewohnt ist, synchron zu schwingen. Für dieses Training haben wir fürs Selbststudium hier eine Anleitung zusammengestellt, wobei darauf hingewiesen werden muss, dass die Verständigung mit der eigenen Intuition ähnlich funktioniert wie das

Kommunizieren in einer Fremdsprache. Eine Fremdsprache lässt sich zwar theoretisch über grammatische Regeln und Vokabeln aus Büchern erlernen, für das Sprechen braucht es dann aber den persönlichen Einsatz. Genauso verhält es sich mit der Intuition. Man kann zwar eine Anleitung zum Training geben, dieses ersetzt aber nicht die Umsetzung in die Praxis.

Die persönliche Einstellung

Die Einstellung ist das Wichtigste! Sie müssen innerlich davon überzeugt sein, dass Sie Ihrer Intuition zu 100 Prozent vertrauen können. Danach gilt es, den Glauben und Willen aufrechtzuerhalten, dass jeder Mensch diese natürlichen Fähigkeiten in sich trägt und sie auch umsetzen kann. Intuition hat sehr viel mit der eigenen Persönlichkeit zu tun. Menschen, die sich beispielsweise damit schwertun, Gefühle zuzulassen, fällt es oft nicht leicht, auf ihre Intuition zu hören. Solche, die sich selbst oder andere immer wieder belügen, haben oft Schwierigkeiten, sich und somit der eigenen Intuition zu vertrauen. Und oft liegen einer »Nicht-Wahrnehmung« der inneren Stimme Ängste oder Blockaden zugrunde, die es zu erkennen und zu verändern gilt.

Das Ego muss also in den Urlaub. Wenn Sie eine Frage stellen, muss Ihnen die Antwort egal sein. Das heißt, auch wenn Ihnen die Antwort sehr wichtig ist und Sie sich eine Bestätigung für das erhoffen, was Sie sich wünschen, müssen Sie damit umgehen können, wenn Ihre Intuition Ihre Absicht verneint. Wenn Sie zwanghaft denken: »Hoffentlich wird es ein Ja werden«, dann projizieren Sie unbewusst auch ein Ja als Antwort und merken vielleicht nicht, dass Sie einer Selbsttäuschung unterliegen.

Richtige Fragen stellen

Die häufigsten Fehler geschehen, indem man die Frage zu unpräzise stellt. Was wollen Sie genau wissen? Stellen Sie eine punktgenaue Frage, denn Sie bekommen immer die Antwort auf die Frage. Ist sie ungenau oder unklar, wird auch die Antwort unklar. Lassen Sie sich also genügend Zeit, um die optimale Frage zu formulieren.

Stress abbauen

Über die rechte Gehirnhälfte (Emotio) fließen die intuitiven Informationen. Damit diese Gehirnhälfte aktiviert wird, braucht es Entspannung. Nur aus der inneren Ruhe heraus werden Sie Informationen bekommen. Nun gehen Sie in die Ruhe, spüren Sie in Ihren Körper hinein. Am besten geht dies, wenn Sie vom Alltagsstress entspannen können und ganz in Ihre Mitte kommen. Legen Sie sich dazu hin oder setzen Sie sich bequem auf einen Stuhl. Atmen Sie tief durch und beginnen Sie den Körper zu entspannen, danach den Verstand. Kommen Sie zuerst in eine Art innere Leere …

Empfang der Intuition

Nachdem Sie losgelassen haben und auf Empfang eingestellt sind, bekommen Sie nun Informationen in Form von Gefühlen und Bildern. Während des Empfangs der Informationen ist der Verstand vollständig im Hintergrund. Lassen Sie die Gefühle auftauchen, ohne zu bewerten. Schreiben Sie anschließend alles auf, was Sie wahrnehmen. Meist kommen die Informationen in Metaphern, das heißt in einer Art Bildersprache.

Die Auswertung der Informationen

Die Sprache der Intuition muss zuerst erlernt werden. Sie ist ähnlich wie die Sprache in den nächtlichen Träumen. Dabei geht es darum, die Gefühle zu beschreiben. Diese Gefühle sind der Schlüssel für die Auswertung. Doch dazu muss man die Sprache der psychischen Welt verstehen, und die ist sehr individuell. Wer alle Eindrücke immer aufschreibt, ohne zu werten oder zu manipulieren, wird die Sprache schneller verstehen, denn dadurch kann man alle intuitiven Eingebungen auch verifizieren. Jederzeit können Sie dann später nachlesen und überprüfen, was Sie tatsächlich so im Voraus wahrgenommen haben.

Das Training im Alltag

Trainieren Sie auch mit kleineren Dingen im Alltag, zum Beispiel wenn jemand anruft, überlegen Sie sich, bevor Sie den Hörer abnehmen: »Wer könnte das sein?« Achten Sie darauf, wer Ihnen dann als Erstes, ganz spontan, in den Sinn kommt. Oder wenn Sie ein Fußballspiel schauen, fühlen Sie hinein und fragen Sie sich selbst: »Wer wird heute wohl gewinnen?« Wenn Sie mit dem Auto unterwegs sind und eine Straße suchen ohne Navigationssystem, dann spüren Sie, ob es nach links oder nach rechts geht. Werfen Sie eine Münze und spüren Sie im Voraus, ob es Kopf oder Zahl wird. Dabei ist wichtig, dass Sie Ängste abbauen und das Ego in seine Schranken verweisen, ansonsten passieren Ihnen immer wieder dieselben Fehler.

> Der Zugang zum Unbewussten über den sechsten Sinn ist ein sehr effizienter und erfolgreicher Weg, um sich persönlich zu entwickeln.

Die Aktivierung der Intuition ist ein so wertvoller Schatz, dass es kaum in Worten auszudrücken ist. Gerade über den Zugang der Intuition sind uns die Lebensprinzipien via Tag- und Nachtträume zuteilgeworden. In unseren Seminaren ist es uns seit vielen Jahren eine große Freude, Menschen darin auszubilden, dass sie ihren intuitiven Zugang wieder reaktivieren und öffnen. Unser Wunsch ist es, dass jeder über diesen Kanal selbständig und unabhängig mit dem eigenen Unbewussten kommunizieren und sich selbst vom inneren Berater coachen lassen kann.

Liebe

Die Liebe ist die treibende »neutrale« Kraft, die allem innewohnt. Das Ziel des Lebens kann also nicht sein, in der Liebe zu leben. Denn in der Liebe leben wir sowieso, egal, ob wir uns dessen bewusst sind oder nicht. Die Liebe ist nämlich die Zusammenfassung sämtlicher Prinzipien – und somit der Ausgleich. Auch wenn es darum geht, die Mitte zu finden, ist die Mitte als Dauerzustand dennoch unmöglich, denn dann wäre kein Leben und damit auch keine Liebe mehr denkbar.

Das Ziel des Lebens ist es, möglichst viele Erfahrungen zu machen und sich mit jedem Erlebnis wieder etwas mehr daran zu erinnern, was man in Wirklichkeit ist. Dies bedeutet, zwischen den Polen die unterschiedlichsten Positionen auszuprobieren und sich dabei immer wieder daran zu erinnern, dass wir an keiner Stelle von der Liebe getrennt sind. Jeder Mensch hat gleich viel Liebe und ist ein Teil dieser bedingungslosen Liebe. Je mehr sich jemand entscheidet, die Sonnenseiten des Lebens zu leben, umso mehr entscheidet er sich auch gleichzeitig dafür, die Schattenseiten zu erfahren. Das Pendel schwingt von links nach rechts und von rechts nach links. Es bleibt nirgends stehen, auch nicht in der Mitte.

Wer also nur einen Teil erfahren möchte, wird den anderen Teil verdrängen oder unterdrücken müssen. Dies benötigt enorm viel Kraft und bringt letztendlich doch nichts. Denn das Pendel muss ja immer wieder zurückschwingen, sodass irgendwann, meist zu einem späteren Zeitpunkt, automatisch auch der andere Pol an die Oberfläche kommt und somit für den Ausgleich gesorgt wird.

Die Vorstellung, sich von »negativen« Energien befreien zu müssen, ist eine Illusion. Wer dies anstrebt, hat das Gleichgewichtsprinzip noch nicht wirklich verstanden. Es braucht wie gesagt kein Loslassen, kein Befreien, auch kein Abschneiden oder Zerstören. Denn Energie lässt sich nicht abschneiden, loslassen oder zerstören. Energie lässt sich lediglich transformieren. Transformation ist so einfach, man braucht sich nur ein Bewusstsein zu schaffen über die andere Seite des Pols. Automatisch resultieren daraus dann der Ausgleich und die Akzeptanz. Die wahre bedingungslose Liebe kann nicht von uns getrennt sein. Sie lebt immer beide Pole gleichermaßen und wertet nicht.

Beginnen Sie doch heute mit der Liebe und werden Sie sich einfach bewusst, dass Sie selbst Teil dieser *Liebe* sind!

Nachwort: Das Lebensspiel

Das Leben gleicht einem Spiel. Alle Menschen spielen das Lebensspiel, doch die wenigsten kennen die genauen Spielregeln. Wer die Gesetzmäßigkeiten und Prinzipien des Lebens kennt, wird einfacher und glücklicher zum Zug kommen. Können Sie ein Schachspiel gewinnen, ohne die genauen Spielregeln zu kennen? Wohl kaum. Doch viele Menschen spielen das Spiel des Lebens ohne Anleitung. Wer aber diese Regeln kennt, wird es einfacher haben und schneller zum Erfolg kommen. Denn diese Regeln sind die Anleitung zum Leben.

Doch wenn jemand die Regeln nicht kennt, wird das Spiel nicht einfach unterbrochen oder sogar abgebrochen. Es geht weiter, und wer das Spiel ohne Bewusstsein über die Spielregeln spielt, wird nicht selten zum Spielball, also zu jemandem, der nicht mehr selbst bestimmen kann, in welche Richtung der Ball rollt. Als Spielball fühlt man sich ausgeliefert und in der Opferrolle.

Ab und an passiert dies jedem Menschen einmal, doch durch das Bewusstsein der Lebensprinzipien kann das einseitige Opfergefühl relativ schnell transformiert werden, und es kann sich zum Gefühl des Schöpfens wandeln. Wie im Innen, so im Außen. Jedes Individuum unterliegt denselben Grundprinzipien.

Egal, ob Gewinne oder Verluste daraus resultieren. Wie bei jedem Spiel wechseln sich Gewinner und Verlierer ab. Einer, der die Prinzipien kennt, kann entsprechend agieren. Die Sonne wirft immer auch ihren Schatten, und wer das eine nicht kennt, kann das andere nicht wertschätzen. Ausschlaggebend dafür, wie sehr man sich über beide Seiten erfreuen kann, sind die innere Einstellung und das eigene Bewusstsein.

Alle Prinzipien sind miteinander verbunden und spielen wie ein Uhrwerk zusammen: Dreht man an einem Zahnrad, bewegt es auch immer alle anderen Räder mit. Durch das bewusste Anwenden dieser Lebensgesetze versteht man vieles – und ähnlich wie beim Schachspiel erkennt man die Aufgaben der einzelnen Figuren und ihre Bedeutung. Das Leben beginnt Spaß zu machen, und Sie werden der eigene Regisseur im Film Ihrer Biografie. Sie können das Drehbuch schreiben und gleichzeitig die Hauptrolle spielen. Und gefällt Ihnen eines Tages diese Rolle nicht mehr, dann ändern Sie das Drehbuch und drehen Sie eine neue Szene.

Durch die Kenntnisse der Lebensprinzipien wird Ihr Alltag in Zukunft zwar auch nicht ganz ohne Probleme sein, da Herausforderungen und Krisen ebenso dazugehören wie der Tag zur Nacht. Die Frage ist nur, wie man damit umgeht.

Beim Spiel des Lebens geht es darum, das Leben in seiner Ganzheit zu verstehen und mit jeder Erfahrung sich seiner selbst bewusster zu werden. Dies ist der Grund, weshalb dieses Spiel so interessant ist und auch ein Leben lang andauert.

Glauben Sie daran, dass auch Sie immer öfter das Leben aus der Sicht der bedingungslosen Liebe betrachten können und damit Lebensqualität, Energie und Zufriedenheit erfahren. Sie sind Ihr eigener Schöpfer! Werden Sie im Spiel des Lebens nicht nur zum Schauspieler, sondern auch zum Beobachter und gleichzeitig zum Regisseur.

Herzlichst,
Ihre Irene und Thomas Frei

Gut zu wissen ...

Liebe Leser, durch das Bewusstwerden der Lebensprinzipien und deren Zusammenhänge werden Sie künftig einige Dinge im Leben besser verstehen können. Wenn Sie nun auch noch auf die Stimme Ihres Herzens hören, dann haben Sie den besten Coach und können sich durch Ihr Inneres führen lassen. Gern informieren wir Sie an dieser Stelle, welche weiteren Lernmöglichkeiten es zu den Lebensprinzipien gibt.

Website zum Buch:
Das Lebensspiel

 Zu diesem Buch gibt es eine Website. Sie können sich mit anderen austauschen und viele Tipps gratis herunterladen. Zudem finden Sie auf dieser Seite auch noch zusätzliche Kapitel, welche in diesem Buch noch nicht veröffentlicht wurden. Diese können Sie gratis downloaden. Mehr Infos auf www.DasLebensspiel.com.

Falls Sie Interesse haben, mit anderen Lesern in Kontakt zu treten, können Sie sich ganz einfach im Forum anmelden und sich umgehend untereinander austauschen. Übers Forum können auch Fragen gestellt werden, die jeweils rasch beantwortet werden. Weiter besteht die Möglichkeit, sich im Gästebuch einzutragen oder einfach zu lesen, was andere über diese Themen bereits geschrieben haben. Wenn Sie sich für den Newsletter anmelden, dann erhalten Sie Gratis-Informationen und Nachrichten via Mail. Ein Besuch auf www.DasLebensspiel.com lohnt sich. Wir begegnen uns ...

Die Website zu TRIASPower®

 Auf der TRIASPower®-Website finden Sie viele wertvolle Tipps zu den Seminaren über Mental- und Intuitionstraining und zur Persönlichkeitsentwicklung. Es gibt auch einen Downloadbereich, wo Presseartikel gratis runtergeladen werden können. Zusätzlich besteht die Möglichkeit, sich für den Tipp des Monats anzumelden.

Mehr Infos auf www.triaspower.com.

Sie können sich für einen Newsletter eintragen und erhalten danach die neuesten Informationen zu den Themen »Intuition (sechster Sinn)«, »Zugang zum Unbewussten«, »Mentale Erfolgssteuerung und Programmierung«, »Emotionale Blockaden oder Ängste lösen«, »Stress abbauen«, »Glücklich sein« und allgemeine Inputs zum Thema »Lebensqualität«, »Traumforschungen«, Hilfe und Tipps für den Alltag und die neuesten Daten über Vorträge, Spezialveranstaltungen, Seminare, Bücher, DVDs und so weiter etc.

Das Wort »**TRIAS**« geht auf das Griechische zurück und bedeutet »**drei**« bzw. »**Dreiheit**«. Diese Dreieinheit findet sich in sämtlichen Beziehungen wieder. Es existieren immer drei Elemente: Person A, Person B und dazwischen die Energie C. Wer das Gleichgewichtsprinzip einer solchen Dreiheitsbeziehung kennt und weiß, wie er damit umzugehen hat, wird in seinem Leben sehr viel Kraft und Power generieren können. In dieser Kombination ist das Wort »**TRIASPower®**« gemeint.

Ein Besuch auf www.triaspower.com ist sehr empfehlenswert. Bis bald also ...

Die Website zum Lehrfilm
»Der Film DEINES Lebens«

Zum Buch über das Lebensspiel gibt es auch einen Film. Er heißt »Der Film DEINES Lebens«. Dieser Film wurde in Deutschland und Spanien sehr aufwendig produziert und zeigt auf unterhaltsame Art und Weise die Lebensprinzipien auf. In der Hauptrolle spielen Patrik Fichte, Jutta Fastian und Francis Fulton-Smith sowie weitere 23 Schauspieler.

Mehr Infos auf www.DerFilmDeinesLebens.com.

Mehr als achtzig Beteiligte haben an diesem Film mitgewirkt. Die Entwicklungszeit dauerte circa drei Jahre. Der unterhaltsame Film zeigt die sieben Spielregeln des Lebens eindrücklich auf. Sehen Sie sich doch gleich einmal den Trailer an auf www.DerFilmDeinesLebens.com.

Seminare

Im TRIASPower®-Seminar lernen Sie, die Lebensprinzipien im Alltag anzuwenden. Dies geschieht vor allem durch die Intuitionstechnik (sechster Sinn), durch die man den Zugang zum Unbewussten erreicht. Es ist unser meistbesuchtes Seminar und dauert fünf Tage. Nach dieser Ausbildung sind Sie selbständig in der Lage, mit Ihrer Intuition zu arbeiten. Mehr Infos auf www.triaspower.com.

Seminarinhalte der TRIASPower®-Ausbildung
Durch das Abrufen der Intuition (sechster Sinn) erhalten Sie den Zugang zum Unbewussten. Sie können dadurch einfach optimale Entscheidungen treffen oder auf alle Fragen punktgenaue Antworten bekommen.

Über Ihr Unbewusstes erfahren Sie, was die für Sie optimalen Ziele in Beruf, Partnerschaft, Gesundheit, Lebenssinn, Finanzen und so weiter sind:

❱ *Für den Beruf:* Was ist meine Berufung? Was sind meine ungeahnten Talente und Fähigkeiten? Wie werde ich noch erfolgreicher im Beruf?
❱ *Für die Partnerschaft:* den optimalen Partner finden und eine glückliche und zufriedene Beziehung leben. Konflikte als Chancen erkennen. Eine harmonische Partnerschaft leben.
❱ *Für die Finanzen:* Was muss ich wissen, um meine Finanzfeld zu stärken?
❱ *Gesundheit:* Wie kann ich meinen Gesundheitszustand optimieren?

❱ Aktuelle Herausforderungen wie Probleme, Ängste, emotionale Blockaden oder zwischenmenschliche Konflikte verstehen und neutralisieren.

❱ Durch die mentale Erfolgsprogrammierung die Wünsche und Träume im Leben realisieren, das Leben selbst gestalten und dadurch glücklicher und zufriedener leben.

❱ Und vieles mehr.

Vorträge, Workshops, Kongresse

Auf den Vorträgen, Workshops oder Kongressen zeigen wir nebst den Lebensprinzipien auch den Zugang zur Intuition auf. Oder wie man durch mentale Erfolgsprogrammierung ganzheitlich zum Erfolg kommt. Durch die Kraft der Gedanken kann man Ziele einfacher und schneller erreichen. Zusätzlich zeigen wir auch einen Ausschnitt vom Mental- und Intuitionstraining von TRIASPower®. Mehr Infos auf www.triaspower.com unter der Rubrik »Vorträge«.

Für Kongresse oder größere Vorträge können Sie uns auch buchen. Auf der Website wird eine DVD angeboten, die zeigt, wie Sie uns auf einem Kongress erleben können.

Einzelcoaching

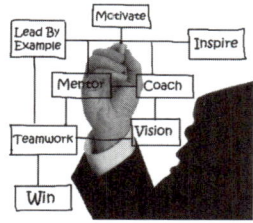

Wir bieten Einzelcoaching für TRIASPower®-Teilnehmer an, also für Personen, die das Fünf-Tage-Seminar besucht haben, denn die Erfahrung hat gezeigt, dass es einfacher ist, wenn man sich zuerst die Grundlagen und den Zugang zur Intuition und damit zum Unbewussten angeeignet hat. Ab einem bestimmten Zeitpunkt hilft nur noch die Intuition, weil man mit der Logik nicht mehr weiterkommt. Als einzige Ausnahme gibt es das VIP-Coaching, bei dem Sie persönlich zwischen sechs und zwölf Monate von Irene und Thomas Frei gecoacht werden. Dieses VIP-Coaching ist aber pro Jahr nur auf wenige Personen limitiert. Mehr Infos auf www.triaspower.com unter der Rubrik Einzelcoaching (VIP).

Kostenloses Telefoncoaching
mit Irene und Thomas Frei

Die Autoren des Buchs »Das Lebensspiel« bieten 3x jährlich ein Telefonseminar an. Bequem von zu Hause aus können Sie direkt mit den Buchautoren am Telefon sprechen und Fragen stellen. Sie bekommen wertvolle Ratschläge, Erklärungen und Alltagstipps aus dem Buch zu den Themen Partnerschaft, Beruf, Gesundheit, persönlicher Erfolg, Finanzen, etc.

Machen Sie doch mit und lernen Sie die Autoren des Buchs »Das Lebensspiel« persönlich kennen. Sie bekommen von uns einen Gutschein für ein Telefonseminar im Wert von Euro 65.– (Gutscheincode: FBU 571-30)

Anmeldung und weitere Infos auf www.triaspower.com/telefonseminar.

Fragen

Haben Sie Fragen zum Buch oder einzelnen Themen? Auf der Website zum Buch können Sie sich wie gesagt mit anderen Lesern austauschen. Zudem werden unsere Coachs oder wir selbst auch immer wieder Fragen beantworten.

Sind Sie interessiert an einem Seminar oder Vortrag, dann senden Sie uns einfach ein Mail an info@triaspower.com oder besuchen Sie die Website www.DasLebensspiel.com.

Unsere Anschrift ist:
TRIAS Power® GmbH
Hertizentrum 6
Postfach 3213
6303 Zug (Schweiz)

www.triaspower.com
info@triaspower.com

Tel. +41 43 5350035
Fax +41 43 5350036

Auf Facebook können Sie sich mit uns verbinden. So sind Sie laufend informiert, was es gerade Neues gibt: www.facebook.com/triaspower.

Dank

Unser persönlicher Dank geht ganz besonders an Alexandria, Arcos, Hermes und das Leben selbst. Danke, dass ihr uns begleitet und darin unterstützt. Unsere tiefe Dankbarkeit und Wertschätzung gilt euch.

Zudem haben folgende Menschen uns auch immer wieder Anregungen gegeben und unterstützt: Colin Tipping, Hina Fruh, Margrith Hardegger, Harald Wessbecher, Franz Minister, Christina Kössner, Fred Dodson, Puja und Raja Richardson.

Ein besonderer Dank geht auch an unsere Eltern, die uns einerseits das Leben geschenkt haben und uns zu dem gemacht haben, was wir heute sind. Gerade durch sie konnten wir auch sehr viel lernen, Danke für alles!

Und auch allen, die uns auf diesem Weg begleitet haben, möchten wir Dank sagen. Dies sind insbesondere unsere Teilnehmer von TRIASPower®, denn wir waren einerseits Lehrer, aber immer auch gleichzeitig Schüler. Durch euch konnten wir die Techniken ausprobieren, und ihr habt bewiesen, dass die Lebensprinzipien auch im Alltag funktionieren. Durch eure kritischen Fragen haben wir uns entwickeln dürfen und werden uns auch in Zukunft weiterentwickeln.

Ein ganz herzliches Dankeschön geht ferner an alle anderen, die uns nahe waren während der letzten Jahre, insbesondere unsere Nannys Daniela, Sue und Andrea, wie auch viele Freunde und Bekannte. Und natürlich auch an unseren Sohn Thando Elenio Rubin, der uns diese Arbeit machen lässt.

Ein herzliches Dankeschön gebührt unserem Illustrator Boris Krauss und unseren Lektoren Linda Freutel und Ralf Lay für ihre tolle Arbeit sowie Usha Swamy, Gerhard Riemann und dem ganzen ARKANA-Team.

Eine ganz spezielle Wertschätzung und Dankbarkeit empfinden wir gegenüber unserer Hündin Joya. Durch sie haben wir erfahren, dass nicht alle Lebewesen die Gegensätzlichkeiten bewerten. Sie hat uns die bedingungslose, wertfreie Polarität vorgelebt, sodass wir begonnen haben, uns empathisch mit ihrer Wahrnehmung auseinanderzusetzen. Dadurch sind wir erst auf den entscheidenden Unterschied zwischen intellektuellem Menschen und den Lebewesen gekommen, die keinen Intellekt besitzen. Unsere Joya hat uns sehr vieles gelehrt und auch gespiegelt. Sie erinnert uns immer wieder an die Lebensprinzipien. Bei der Wahrnehmungsänderung hilft sie uns jedes Mal aufs Neue, indem sie die wertfreie nonduale Realität stets vorlebt.